金牌指南

实用经济学

全攻略

案例解析经济学常见300问

经济学理论·经济学模型·热点经济案例

刘文秀/编著

北京理工大学出版社

BEIJING INSTITUTE OF TECHNOLOGY PRESS

图书在版编目（CIP）数据

实用经济学全攻略：案例解析经济学常见300问 / 刘文秀编著 . —北京：北京理工大学出版社，2014.9

ISBN 978-7-5640-9280-1

Ⅰ.①实… Ⅱ.①刘… Ⅲ.①经济学 – 问题解答 Ⅳ.①F0 – 44

中国版本图书馆CIP数据核字（2014）第112356号

出版发行/北京理工大学出版社有限责任公司

社　　址/北京市海淀区中关村南大街5号

邮　　编/100081

电　　话/（010）68914775（总编室）

　　　　　82562903（教材售后服务热线）

　　　　　68948351（其他图书服务热线）

网　　址/http://www.bitpress.com.cn

经　　销/全国各地新华书店

印　　刷/保定市中画美凯印刷有限公司

开　　本/710毫米×1000毫米　1/16

印　　张/21

字　　数/380千字

版　　次/2014年9月第1版　2014年9月第1次印刷

定　　价/35.80元

责任编辑/陈莉华

文案编辑/陈莉华

责任校对/周瑞红

责任印制/边心超

前　言

　　在这个世界上，有很多人富甲一方，也有不少人一贫如洗，而更多的人则活在温饱和小康的生活水平上。造成这一切的原因是什么？

　　有人将这归咎于祖辈的财富留存，但是白手起家的富豪比比皆是；有人认为是时代和环境的原因，但任何地方都有富人，任何时代也都有穷人。

　　那么，造成贫富差距的根本原因是什么呢？

　　是人们对经济所持的态度。

　　经济，是人们最常接触到的生产和交换活动，是财富的源泉。只有充分地给予关注，人们才能获得最大的财富积累。

　　但是，有人会说，经济好复杂，我看不懂。也许，在多年以前这确实是困扰人们的难题，但是今天，这已经不能成为人们不去关注经济的借口了。

　　在过去的200年间，经济学得到了飞速的发展。从亚当·斯密的看不见的手到凯恩斯拯救大萧条之中的美国，经济学在历史长河中的无数案例中体现出了它的价值。经济学家跻身在政府机构之中，不断地获取着经济运行的第一手资料，并通过分析得出结论，参与各项重大经济决策的制定。经济学家通过与执政者合作获取经济数据和实验结果，后者在制定经济政策的时候需要听取前者的建议，两者互相依赖、和谐共生。这在保证宏观经济稳定健康发展的同时，不断推动着经济学本身的进步。

毫无疑问，经济学能够指导人们去一步步地认识经济，了解经济，并借此创造财富。

然而，我们不得不承认的是，经济学发展到今天，其内容已经相当庞杂。因此，很多人在学习经济学的过程中，被其分支众多、层次繁多的特性所迷惑，学习的效率受到很大影响。但另一方面，人们又确实离不开经济学。那么，怎样才能更有效地学习经济学呢？

为了让更多的人能够借助经济学知识来帮助自己在经济社会中获得更好的结果，我们编写了这本《实用经济学全攻略》，希望给受困于经济学知识体系的读者以帮助。

本书试图抛开那些看似高深的经济学定理，转而从常识的角度来讲述经济学的内容。在本书中，我们将呈现给读者300个鲜活生动的经济案例，每个案例背后都有一个经济学常识供读者去发掘，而且文后有针对这些常识展开的详细解说。

编者通过在每个案例中提出一个针对经济本身的疑问，引出后面的分析，把经济学常识和现实生活紧密地联系到了一起。不仅如此，在每个常识后面，我们还附上了针对该常识的应用建议。这样一来，读者无须勉强自己辛苦钻研，只需通过阅读一个个有趣的案例，就能够学到实用的经济学常识，并在之后的生活中轻易地学以致用。

每一门学问都是一个独特的化外空间，里面充满了各具特色的元素和逻辑。希望本书能够为各位读者开启通向经济学知识宝库的大门，并伴随读者满怀喜悦地畅游其中。

目 录
CONTENTS

一、经济学入门

（一）经济学基本概念

（二）博弈论，经济学家的思维方式

（三）热点现象经济学

二、宏观经济学

（一）宏观经济学

（二）市场经济学

（三）信息经济学

（四）国际贸易经济学

（五）金融货币经济学

三、职场中的经济学

（一）投资理财经济学

（二）管理经济学

（三）营销经济学

（四）财务经济学

四、日常生活中的经济学

（一）消费经济学

（二）就业经济学

（三）职场经济学

（四）社交经济学

一

经济学入门

（一）
经济学基本概念

¥ 经济人："利他不利己"的商品交易方式存在吗？

现实困惑

清代小说家李汝珍的作品《镜花缘》是一部堪比《西游记》的带有神话色彩、浪漫气息的古典长篇小说。小说里杜撰了一个奇特的国家——君子国。顾名思义，这个国家里的人行事都带有君子风范，"耕者让田畔，行者让路。土庶人等，无论富贵贫贱，举止言谈，莫不慕而有礼"。在这里，人人大公无私，都为他人着想。

君子国的商品交易也透露着君子风范。这里的商人不仅不唯利是图，还争抢着以低廉的价格出卖上等货；这里的买家不仅不斤斤计较，还争抢着用高价格购买低等货。人人都想以高倍的付出，得到低倍的回报，这种世风真是美煞人也。

问题是，君子国独特的商品交易方式在现实生活中存在吗？

要点解析
YAODIANJIEXI

君子国里的商品交易很特别，卖家

低价卖，买家高价买。从市场经济的角度来看，这种"利他不利己"的商品交易方式显然有失理性，在现实生活中是不复存在的。

小说家李汝珍生活在清朝乾隆、嘉庆年间，因为对八股文不屑而终生不显达。他感于世风日下而写就《镜花缘》，以此来否定专横跋扈、贪赃枉法的封建官场和尔虞我诈、苟且盛行的现实社会，借助"君子国"来表现他理想中的社会。

专家支招

经济学认为，人是有理性的，人们的行为目标是使自己的利益最大化。因此，亚当·斯密提出了"经济人"的概念。而我们也应该建立起经济学的世界观：

1.人是自利的，人们为了满足自己的最大利益而与他人进行交换，于是人与人之间在"利己"的基础上形成了一种交换关系。

2.每个人都知道如何才能使自己的利益最大化，这种理性起初被描述为"完全理性"。但是人们的经济活动经常会受到环境、感情等因素的影响，完全的理性几乎是不存在的。

3.君子国里的"利他不利己"的商品交易方式，显然有失理性，长期下去会使买家和卖家亏损严重，失去交易的动力。因此，君子国在现实生活中是不存在的，这反映了小说家一种美好的社会理想。

¥ 稀缺性：萨达姆为什么重视石油的作用？

现实困惑

1990年8月2日，伊拉克大军入侵科威特，不久后吞并了科威特。警告无效后，以美国为首的联合国军队于1991年1月16日开始进攻伊拉克军队。2月28日，联合国军队取得决定性胜利，伊拉克被迫从科威特撤军。

很多人说石油问题在这场战争中扮演了重要的角色，这是为什么呢？原来，海湾地区原油资源非常丰富，素有"世界油库"的美誉。其中，伊拉克和科威特的石油储量尤其大。伊拉克总统萨达姆一直以来窥视着科威特的石油财富。他的如意算盘是，如果伊拉克吞并科威特，不仅能够弥补两伊战争给伊拉克带来的创伤，而且还能拥有世界石油总储量的20%。这样，伊拉克在欧佩克内就可占据举足轻重的地位，甚至有可能掌握国际油价的控制权。掌握了油价的控制权，萨达姆就可以窥视中东地区的霸权了。

萨达姆为什么如此看重石油的作用？

要点解析
YAODIANJIEXI

石油，又被人们称为"黑色黄金"、"经济血液"，在全球经济的发展中起着重要的作用。油价与全球经济状态息息相关，过高的油价对经济的影响非常可怕。迄今为止，全球发生了三次石油危机，主要工业化国家的经济增长都明显放慢，工业生产值严重下降，通货膨胀率升高，失业率上升。尤其是第二次石油危机，造成了20世纪70年代末西方经济的全面衰退。

可以说，掌握了石油，就掌握了全球经济的命脉。石油对于全球经济的发展如此重要，萨达姆重视它就不足为怪了。

专家支招

石油问题凸显了资源的稀缺性，即"物以稀为贵"。相对于人类需求的无限性而言，有限的资源是稀缺的。"稀缺"，一是指稀有的，二是指紧缺的。

资源的稀缺性，意味着资源不能免费得到，必须通过劳动或者其他产品来交换。

资源的稀缺性会引起竞争，甚至恶性竞争，竞争就是争夺资源的配置权。良性的竞争会引起资源的最优配置，从而弥补资源稀缺所带来的限制。因此，人们应当习惯竞争，而不是拒绝它。

基于资源的稀缺性，经济学要研究如何最有效配置资源，使人类的福利达到最大化。这也是人类的一个永恒话题。

¥ 选择：如何选择才能让自己的利益最大化？

现实困惑

小宋是一家公司的业务员，因为表现突出而被公司定为一个部门主管的候选人。小宋很高兴，决定更加努力地表现一番，早日在几个候选人中胜出，成为部门主管。当然，到时候他的薪水也将会翻一番。

恰巧这个时候，一家培训机构找到了小宋。原来他们看中了小宋的业务能力，想请他去给学员们讲几堂课。小宋这时候有点犯难，因为现在是升职的关键时刻，实在是不应该出现意外情况，可是培训机构开出的条件让他难以回绝，讲一堂课的回报差不多相当于他目前一个月的薪水。小宋权衡了一下，决定接受讲课邀请。他对自己的能力很有信心，已经开始幻想升职与私活收入同时得到的美妙时刻。

小宋白天忙业务，晚上讲课，回家后还得备课。刚开始的几天，他还能坚持下来，可是时间一久，小宋就吃不消了。由于休息不好，他白天在工作中老是出错，业务量越来越少。这个节骨眼出现了这样的错误，小宋很是焦心。于是，他晚上讲课的时候也会想工作，以致常常前言不搭后语，遭到学生们的投诉。小宋很无奈，后悔当初的选择，可事到如今，只有勉强坚持了。

一个月后，公司考核结果出来了，小宋由于在这段时间内的糟糕表现而失去了部门主管的职位。同时，他因为多次遭到学生投诉而被培训机构扣了许多钱。这个时候，小宋非常懊恼自己贪心。他什么都想得到，最后却得不偿失。

小宋怎样选择才能让自己的利益最大化呢？

要点解析
YAODIANJIEXI

鱼和熊掌不可兼得，这是古人千年前就告诉我们的道理。人们虽懂道理，可是当"鱼"和"熊掌"同时摆在人们面前的时候，人们常常会因为贪心而迷失自己，不懂得什么才是自己需要和想要的，因此做出了错误的选择。

专家支招

人生总是处于选择中，在经济活动中，如何选择显得尤其重要。经济学是一门理性选择的学问，它告诉我们：

1.从对自己、对社会最有利的角度去分析、解决问题。

2.世界上美好的东西是数不尽的，我们穷尽一生所得者不过二三。这个时候，懂得取舍就显得很重要。有舍才有得，才能让我们把自己有限的精力集中在最可能取得成功的事上。

3.无论是什么选择，适合自己的才是最佳的选择。

¥ 机会成本：购买iphone 5的同时会失去什么？

现实困惑

2012年12月14日，苹果手机最新产品iphone 5在中国大陆上市，苹果抢购潮再次来临。小王是一个"果粉"（对苹果品牌执着追求的人），在14日的这场抢购热潮中，当然少不了他的身影。可是5 200元的价格让他有点犹豫，一部iphone 5的价格差不多是他两个月的工资。小王只是一个普通工薪者。他攒了五千多块钱，原打算是用这些钱买一台笔记本电脑或者报个photoshop培训班。这下，小王要面临一个痛苦的选择了。

笔记本可以为他带来愉悦的游戏、观影体验，培训班可以使他学习到新知识，iphone 5可以满足他对苹果产品的需求，这三样东西真是各有各的好处。经过一番比较后，小王选择了购买iphone 5，这样对得起自己"果粉"的称号。iphone 5买到后，小王着实欢喜了一阵子。可是新鲜感过去后，小王就有点后悔当初的选择了。他经常想，要是当时选择学习photoshop的话，自己现在已经掌握了一些绘图技术，将受到公司更多的重视；要是选择电脑的话，平时不仅可以玩游戏，看电影，还可以用它来练习操作photoshop。

小王觉得购买iphone 5这个选择使自己失去了一些东西。这些失去的东西是什么呢？

要点解析
YAODIANJIEXI

小王面临3个选择——iphone 5、笔记本电脑、photoshop培训班，而他最终选择了购买iphone 5，那么显然他失去了笔记本电脑或者photoshop培训班能够给他带来的收益。其中，photoshop培训班可以提高小王的绘图技能，小王可以用这些技能赚取更高的薪酬。因此，photoshop培训班给小王带来的收益是最高的。

上一篇文章我们讲到人生处处充满选择，"有得必有失"，选择什么，相应地就会失去别的东西。这种为了得到某种东西而要放弃另一些东西的最大价值，在经济学上叫作"机会成本"。小王为选择iphone 5而放弃了笔记本电脑和photoshop培训班。因为其中的photoshop培训班给小王带来的预期收益是最高的，因此它就是小王选择iphone 5的机会成本。

专家支招

机会成本是经济学原理中一个重要的概念，有选择或者决策的地方，就会有机会成本。那么，机会成本对人们的经济活动有什么指导意义呢？

1.经济学教人在做选择时，力求机会成本小一些，这是经济活动的最重要的准则之一。

2.机会成本越高，选择越困难，因为人们心里不愿轻易放弃可能得到的东西。

¥ 沉没成本：《人在囧途》中，牛耿被人骗而不计较合乎情理吗？

现实困惑

在电影《人在囧途》里，生性善良的牛耿与大老板李成功在机缘巧合之下一起走上了"囧途"。路途中，牛耿被路边乞讨女的故事深深感动，把身上的钱全部捐出来。李成功进行劝阻，却没有成功。后来事实证明，乞讨女的故事是编造的，牛耿被骗了。这时候李成功挖苦他说："你这样的傻瓜活该被人骗。"牛耿则反驳说："我愿意！骗了才好呢，骗了说明没人病，没人病更好！"

善良的牛耿被人骗了，他没有计较损失，而是"庆幸"没人生病。这在经济学里是一种不计较成本的行为，这合乎情理吗？

要点解析

YAODIANJIEXI

牛耿的行为是一种电影艺术表达形式。抛开这个不谈，牛耿的行为在经济学理论中也是讲得通的。牛耿被乞讨女的悲惨故事打动，他想帮助这个不幸的人。虽然被骗，但是这时候抱怨损失已经晚了，没有什么意义了。再抱怨钱财也不会主动回来，还不如潇洒地说目的已经达到——牛耿本来就是想帮助乞讨女摆脱不幸的，既然乞讨女没有不幸，那么目的已经达到。牛耿被骗去的钱财在经济学里叫作"沉没成本"。沉没成本就是不可收回的成本。当成本产生时，一再的抱怨就变得没有意义了。

案例中提到的沉没成本是经济学里一个重要的理论，沉没成本是指由于过去的决策已经发生了，而不能由现在或将来的任何决策改变的成本。

沉没成本是一种历史成本，一旦产生即不可收回。人们在做决策的时候，应该排除沉没成本的干扰，这不会影响决策的结果。

举一个很简单的例子：你在网上订了一张电影票，却在观影当天临时有事，不能去看电影，而且电影票不能退换，因此，你的钱白花了。这时候，买票的钱就是沉没成本。虽然你没去看电影，但是这个钱依然花出去了。

专家支招

当沉没成本出现时，人们应当如何处理？

1.把着眼点从该沉没处转移到能够带来更大收益的地方。

2.不去考虑沉没成本。对沉没成本的追悔本身就是另一轮成本的沉没。

¥ 价值与价格：一个普通发型要价1.2万元合理吗？

现实困惑

2008年，河南郑州的一家理发店闻名全国。这不是因为这里的理发师技艺高超，而是因为它的天价理发让人咂舌。

事情是这样的，在郑州一家警校上学的两名学生张怡和袁莎莎利用周末的时间相约逛街。两人看到路边有个叫"保罗国际"的理发店，便走进去理

发。两个人选择剪几十块钱的普通学生发型，理发师给她们进行了剪、烫、吹等一系列整理后，向她们要价1.2万元！钱交不上，便不让她们离开。张怡和袁莎莎无奈之下，只好打电话让同学帮忙凑钱。直到晚上10点，几个同学把钱送过来，理发店才放这两人离开。

张怡和袁莎莎把这件倒霉事告诉了各自的父母。随后，双方家长联合把保罗国际理发店告上了法庭。法官审理案件时问保罗国际的负责人："在你们店里，理发消费数百元、数千元的现象常见吗？"该名负责人回答说："说句实话，我对几百元根本不屑。不瞒你们，我帮人做次头发收两三万很正常。"

请问，一个普通发型要价1.2万元合理吗？

要点解析
YAODIANJIEXI

随着社会的发展，理发的花样也越来越多，价格也从几块钱到几百块钱不等。但是，一个普通的学生发型要价1.2万元，这在全国是闻所未闻的事情。全国人民在震惊的同时，纷纷指责保罗国际理发店利欲熏心，欺诈消费者。郑州市民自发赶往该理发店门口，高举"反对高价头"的标语，表示对"天价头"的抗议。

"天价头"案例充分显示了价格不符合价值的情况。价值是指凝结在商品中无差别的人类劳动，是商品的本质属

性。商品的价格是由价值决定的。在其他条件不变的情况下，价值越大，价格越高，相反价格则越低。商品的价格并非只受价值决定而一成不变。由于其他因素的影响作用，商品价格围绕价值上下波动。

专家支招

那么，对于保罗国际一次普通理发收费1.2万元这种情况，消费者应如何处理呢？

首先要确定该行为是否违背了价值与价格关系，然后请主管部门介入，使商家受到法律的制裁。

¥ 收益与成本：天下有免费的午餐吗？

现实困惑

古时候，齐国有个南郭先生，此人从小不学无术。别人用来读书的时间，他用来骗吃骗喝，以致长大后一事无成。南郭先生听说齐国的国君齐宣王喜欢听吹竽，而每次听吹竽的时候，总是让数百人合奏。场面越壮阔，齐宣王就越感觉自己很威严。他给乐师们的赏赐也极其丰厚。南郭先生并不会吹竽，但是他的骗术很高明。他跑到齐宣王面前说："大王，我想为您吹竽，我吹出

的乐声，鸟儿听了会起舞，花儿听了会摇摆。"齐宣王一听很高兴，就收留了他，用几百人的粮食供养他。

南郭先生混在数百乐师中，卖力摆动着身体，看上去很投入的样子。他从来没被别人识破过。南郭先生就这样不劳而获地混日子。他觉得自己不用付出就能得到丰厚的回报，因此整天扬扬得意。

但是好景不长，齐宣王不久就死了。继承国君之位的是齐湣王。虽然齐湣王也喜欢听吹竽，可是他不喜欢听一群人合奏，只喜欢听独奏。他让乐师们一个一个前来吹竽给他欣赏。南郭先生听到这个消息后，害怕新国君知道他的骗术，连夜收拾行李逃走了。

南郭先生为何会急忙逃走？

要点解析
YAODIANJIEXI

齐宣王时期，南郭先生利用数百乐师合奏的机会滥竽充数。而齐湣王喜好独奏，南郭先生冒充不下去了。如果继续留下来，他会被新国君揭穿他的骗术。那时候，等待他的就是牢狱之灾了，所以他只好匆忙逃走。

天下没有免费的午餐，没有投入就不会有产出。

南郭先生的故事体现了经济学中的收益与成本问题。要想获得后期的收益，前期的投入成本是必不可少的。人人都想获得最大的收益，必然要遵循成

本最小化原则。但是，成本最小化不代表没有成本，而是在合理的范围内最小化。南郭先生就是因为前期不肯花时间学习技能，才导致后来一事无成，只能骗吃骗喝。

专家支招

收益与成本是经济学的基本概念，它们告诉人们如下道理：

1.天下没有免费的午餐，任何收益都是有一定的成本的。

2.如果天上掉馅饼，一定不要占这个便宜，因为馅饼的下面一定有一个陷阱。想不劳而获，掉进陷阱后所付出的代价一定会远远大于正常情况下所付出的代价。

￥ 激励：狼为什么会跑赢兔子？

现实困惑

森林中住着一群动物。一天，它们召开森林大会，讨论谁跑得最快。

小猪说："我觉得狼跑得最快，它跑起来谁也追不上。在咱们森林里，从来都是狼追别人，我们还没看到过别人追狼呢。"

兔子不屑地说："哼，狼跑得再快，也没有我快。你没看见上次它追了我半天也没追上我吗？"

狼听了兔子的话很生气，它说："我那次没有尽全力。我仅仅是为了一顿饭而已，你却是为了性命而跑啊！"

兔子说："追不上我就不要找理由了。不信，咱们来一场比赛试试。"

其他动物纷纷赞同兔子的话，希望看看狼跟兔子谁跑得最快。谁跑得快，谁就可以做森林之王。狼想做森林之王已经很久了，既然赢了兔子就可以做森林之王，于是狼痛快地答应了比赛的要求。

于是，狼和兔子开始了赛跑。虽然兔子一开始跑得挺快的，可是不知怎么的，兔子感觉自己就是跑不出那天狼追自己时候的速度，而且越跑越慢了。狼一心要当森林之王，虽然它感觉很累，可是在诱惑之下，还是坚持了下来，并最先跑到终点。

兔子很不解，狼明明追不上自己，为何今天跑赢了自己？

要点解析
YAODIANJIEXI

狼追兔子的时候，兔子为了活命而跑，狼为了一顿饭而跑。兔子只有比狼跑得快才会活命，所以它才会玩命地跑；狼仅仅是为了一顿饭而跑，追不上兔子意味着少吃一顿饭而已，而少吃一顿饭又不会饿死，因此他不会玩命地跑，所以跑不过兔子。

狼与兔子比赛的时候，两者争的是森林之王的荣誉。相比较森林之王的荣誉来说，兔子当然更看重自己的生命，所以这个激励不足以使他玩命地跑；但是对于狼来说，这个荣誉显然比一顿饭要重要，因此他会比以前跑得卖力，所以会跑赢兔子。

同样是狼与兔子的赛跑，不同的激励因素会产生不同的结果，这说明了激励的效用。经济学认为，人们行为的目标是个人利益的最大化，而好的激励制度可以有效满足个人利益需求，激发团队成员的无限工作动力。

专家支招

激励对人取得成功是很重要的，那么，我们可以从哪些角度利用激励呢？

1.一般来说，激励主要有以下几种：物质激励、精神激励、任务激励、数据激励、强化激励等。

2.一个团队要想取得成功，离不开每一位成员的努力。一个好的激励制度可以增强成员的责任心，提高成员的工作积极性，从而帮助团队更好地取得成功。

¥ 效用：猴子为什么会满意"朝四暮三"？

现实困惑

春秋时期，宋国有个老头特别喜欢猴子，他在家里养了一群猴子。老人对这些猴子特别好，这些猴子跟人一样吃家里的粮食，因此老人家里的粮食常常不够吃。老人虽然很想让猴子们吃饱，奈何心有余而力不足，他不得不考虑减少猴子的口粮了。有一天，老人对猴子们说："以后啊，我要重新给你们分配栗子，早上给你们三个，晚上呢，再给你们四个。好不好啊？"猴子们一听很生气，都跳了起来，以表示对这种分配方式的不满意。老人一看这种情况，就改了口说："要不这样吧，早上给你们四个栗子，晚上给三个，这样行不行？"猴子们听后，为早上的栗子由三个增加到四个感到开心，马上点头同意，对那老人服服帖帖的。

栗子总量不变的情况下，猴子为什么会对"朝四暮三"的分配方式感到满意？

要点解析
YAODIANJIEXI

该故事揭示了老人愚弄猴子的骗术。无论是朝三暮四，还是朝四暮三，猴子每天吃的栗子的总数没有变，都是七个。"朝三暮四"的故事出自庄子的《庄子·齐物论》。庄子之所以讲这个故事，是为了告诫人们做事情要注重实际效果，不要被花言巧语所蒙骗。

古人认为朝三暮四和朝四暮三是一样的，但是从经济学的角度来看，二者给猴子带来的效用是不一样的。一天之计在于晨，猴子在白天有大量的活动，只有早上吃饱了，一天才会有精神。因此，对于猴子来说，"朝四"比"朝三"更能满足一天的需求。而到了晚上，猴子睡觉后消耗就少了，有"暮三"就够了，"暮四"则是浪费。

专家支招

"朝三暮四"的故事引出了今天要讲的经济学中一个基本概念——效用。一般来说，效用是指消费者通过消费或者享受闲暇等使自己的需求、欲望得到满足的一个度量。我们应当如何衡量效用呢？

1.效用是消费者的主观感觉，比如对于喜欢二锅头酒的人来说，二锅头的效用是最大的；对于喜欢喝五粮液的人来说，效用就低多了；对于不喜欢喝酒的人来说，它的效用很低，甚至是负效用。从这个角度来说，效用是一个抽象的概念，不是一个客观的尺度。

2.效用具有普适性。一件衣服标注"原价200元，现价100

元"，比这件衣服只标注100元更容易卖出去。商家利用"原价200元"来提高这件衣服的预期效用，使得消费者对这件衣服更加满意，更有购买的欲望。

¥ 边际效用：连任三届总统是什么滋味？

现实困惑

罗斯福是美国家喻户晓的名人，他是美国历史上唯一蝉联四届的总统。他因为在经济大萧条和第二次世界大战中的卓越表现，而被评为美国最伟大的三位总统之一，同华盛顿和林肯齐名。

在罗斯福任第三任总统的新闻发布会上，曾经发生了一件有趣的事情，让世人见证了罗斯福的风趣幽默。事情是这样的，有个记者问："尊敬的总统先生，请问您对于连续三次当选总统这件事有何感想？"罗斯福笑了笑没有说话，接着拿出一块三明治面包请这个记者吃。这位记者很惊讶总统竟然请自己吃三明治面包，因此非常高兴地接过来吃掉了。罗斯福看见记者吃完，又拿出第二块。记者虽然不明白总统的用意，但还是礼貌地接受了。紧接着，总统拿出第三块。这次记者实在是吃不下了，他对罗斯福说："总统先生，很荣幸您请我吃面包，但是我的肚皮快撑破了。

我只能谢绝您的好意。"这时候，罗斯福对这个记者笑了笑，然后说："现在你知道我连任三届总统的滋味了吧。"

请问，罗斯福连任三届总统是什么滋味?

要点解析
YAODIANJIEXI

罗斯福总统用记者连吃三块三明治面包的感受来比喻自己连任三届总统的滋味，第一次当选美国总统，就像记者吃第一块面包，惊喜中带着荣幸;第二次当选总统，就像记者吃第二块面包，适应中带着勉强;第三次当选总统，就像记者拒绝吃第三块面包一样，总统之位带给罗斯福的已经不再是惊喜和荣幸，而是辛苦和重担。

记者连续三次吃面包的感受是不一样的，罗斯福总统用这个例子形象地说明了自己连任三届总统的滋味，显示出了他的风趣幽默。今天我们就用这个例子引出经济学里面一个重要的概念——边际效用。

专家支招

如何看待生活中出现的边际效用呢?

1.单位化。边际效用指在一定时间内，每新增单位商品或服务所增加的效用。记者吃第一个面包的效用是10单位;第二个面包吃完后的两个面包总效用是15单

位;第三个面包吃完后的三个面包总效用还是15单位。记者吃第一个面包的边际效用是10单位，吃第二个面包的边际效用是5单位，吃第三个面包的边际效用是0单位。这说明随着面包数量的增加，面包对于记者的边际效用是递减的。

2.经济学通常认为，随着商品或服务的量增加，边际效用将会逐步减少，称为边际效应递减定律。

道德风险：如何看京东自伤打苏宁?

现实困惑

2012年，老百姓觉得最开心的新闻是什么?相信很多人都会回答，是电商大战。没错，2012年的电商大战，尤其是京东商城和苏宁电器的比价风波，确实是当年最大的商战看点。

8月14日，京东商城CEO刘强东在微博上表示，京东大家电三年内零毛利，从今天开始，京东所有大家电保证比国美、苏宁连锁店便宜至少10%以上。他随后还在微博上发布了"招募令"说，京东要以不低于3 000元的月薪，在全国招收5 000名价格情报员，在每家苏宁、国美门店派驻2名，用以监控苏宁和国美电

器的报价，并随时调整京东商城对应产品的价格。

商家打价格战，老百姓是最开心的。但是任何时候，总有社会精英站出来提出质疑：京东这样打价格战，会使自己也亏很多。刘强东为什么要做亏本的买卖呢？

要点解析
YAODIANJIEXI

京东之所以敢以自伤的方式打苏宁，一方面是因为京东有风投在背后撑腰，另一方面也是因为苏宁和自己在价格战中的关键产品——大家电上的份额不同。京东的家电占自身的比例以及市场的份额都不高，而苏宁就很高。京东亏1毛，苏宁要亏1块。刘强东以壮士断腕的形式，瓦解对方的有生力量。

当然，对此，有人认为京东有不道德之嫌。可是商场如战场，兵家之事，又怎能用道德来束缚呢？不过刘强东此举，确实是冒着一定的道德风险的。

专家支招

道德风险是20世纪80年代西方经济学家提出的一个经济哲学范畴的概念，即"从事经济活动的人在最大限度地增进自身效用的同时做出不利于他人的行动"，或者说是"当签约一方不完全承担风险后果时所采取的自身效用最大化的自私行为"。道

德风险亦称道德危机。道德风险并不等同于道德败坏。针对道德危机，我们的建议是：

1.涉及道德危机的经济行为，应以适度为宜。

2.注意防止别人以道德危机的形式侵犯自己的利益。现实中，我们偶尔会在新闻中看到某人为了骗保而放火烧了自家的房子的消息。而保险公司就应该做好相应的防范。

3.为了避免更多的人出于一己私利做出于他人、社会不利的行为，国家相关的法制建设需要大力加强。

派生需求：芭比娃娃如何不断吃进一家人的钞票？

现实困惑

一天，当母亲将价廉物美的芭比娃娃买下作为生日礼物送给丽丽后，很快就忘了此事。

直到有一天晚上，丽丽回家对母亲说："芭比需要新衣服。"原来，丽丽发现了附在包装盒里的商品供应单，它提醒小主人，芭比应当有自己的一些衣服。做母亲的想，让丽丽在给娃娃换穿衣服的过程中得到某种锻炼，再花点钱也是值得的。于是，她又去那家商店，

花了45美元买回了"芭比系列装"。

过了一个星期，丽丽又说得到商店的提示，应该让芭比当"空中小姐"；还说一个女孩在她的同伴中的地位，取决于她的芭比有多少种身份；还噙着泪花说她的芭比在同伴中是最没"份"的。于是，母亲为了满足丽丽不算太过分的虚荣心，又掏钱买了空姐制服。接着又是护士、舞蹈演员的行头。这一下，母亲的钱包里又少了35美元。

然而事情并没有完。有一天，丽丽得到"信息"，说她的芭比喜欢上了英俊的"小伙子"凯恩。不想让芭比"失恋"的丽丽央求母亲买回凯恩娃娃。为了不给丽丽留下"棒打鸳鸯"的印象，母亲忍痛破费让丽丽为芭比的婚礼"大操大办"。母亲想，谢天谢地，这下丽丽总该心满意足了。谁知有天丽丽又收到了商品供应单，说她的芭比和凯恩有了爱情的结晶——米琪娃娃。天哪，现在又冒出个会吃美金的"第二代"洋娃娃！

从旁观的角度来看，芭比娃娃是如何不断吃进这个倒霉妈妈的钞票的？

要点解析
YAODIANJIEXI

芭比娃娃是全球最经典的营销案例之一，它利用了经济中的一种现象——派生需求。

很多大人认为给孩子买个不算太贵的娃娃并不算什么，但是他们很快发现这一个娃娃被消费之后，许多附生于这个不起眼的娃娃的需求被派生出来。

专家支招

"派生需求是魔鬼"，这是消费者的看法，但对于生产者来说，"派生需求是天使"。具体而言，作为买者和卖者，应该如何对待派生需求呢？

1.作为买者，应注意购买的产品中隐藏的派生需求陷阱。

2.对于卖者而言，把派生需求精巧地隐藏进产品里，是增长利润的法宝。

¥ 金融危机：金融危机的触角有多长？

现实困惑

小伟于2008年大学毕业，是名校的高才生。没毕业的时候他已经和一家位于深圳的大型EMS企业签约，毕业后就直接来到了这家公司。

来到新环境，一切都那么有意思，小伟很开心。入职培训、军训、科室培训一样接一样地进行，小伟乐此不疲。但是很快消息传来，由于全球金融危机，应届生需要下产线实习3个月。

对于这个消息，小伟并不高兴。因为自己是作为技术人员被招聘进来的，合同上对他的职位也有"管理人员"此类字样的说明。为什么一定要下产线干活呢？不过不满归不满，小伟还是按照要求去产线参加劳动实习了。但在几个星期之后，小伟因为"无故旷工"而被辞退了。

当小伟去人力部门询问的时候，他被告知，实习期间，周六、周日都需要考勤，而小伟在不知情的情况下，周六、周日根本就没有去上班，还是按照管理人员的工作作息去参加实习。

小伟因为旷工而被辞退的事件传到科室同事那里的时候，经理助理来告诉他们了这件事背后的真正原因。原来，由于全球突发金融危机，导致该公司的生产订单大量减少，而人力部门还是按照危机前的生产预期进行的校园招聘。这样一来，最终到岗的应届生就远多于需求。公司人力方面根据上级指示，严格执行各项规章制度，并以此为借口清退冗余人员。

要点解析
YAODIANJIEXI

金融危机和大学生被辞退，两者听起来很遥远，实则联系紧密。大学生被辞退是因为企业订单减少，而企业订单减少是因为市场需求不振，市场需求不振的源头则是全球消费能力差。

全球消费能力为什么会突然降低呢？就是因为发生了金融危机，银行大量倒闭，侥幸没有倒闭的银行等金融机构也收紧了放贷政策。企业和个人资金链断裂，缺少了金融机构的输血，自然也就无钱可花，消费能力自然就变差了。

金融危机又称金融风暴，是指一个国家或几个国家与地区的全部或大部分金融指标（如短期利率、货币资产、证券、房地产、土地价格、商业破产数和金融机构倒闭数）的急剧、短暂和超周期的恶化。

因此，在全球化的经济体系中，金融危机和就业不仅相关，而且关系密切。

专家支招

对于金融危机，人们如何防范呢？

1.首先要了解金融危机的概念和范围。金融危机并不限于银行破产，银行破产也不一定会导致金融危机。

2.对于金融危机，我们的着眼点应在金融本身，而非金融机构。但是治理金融危机，又离不开金融机构。比如，2008年的金融危机，美国曾试图对金融机构进行救助，但是在国会方面并未得到全面通过。

3.对于个人来说，即便是遥远的金融变动，也不可以掉以轻心，因为它随时可能通过经济全球化的纽带影响到所有人的切身利益。

¥ 经济危机：经济危机如何抢走你的饭碗？

现实困惑

有一个人非常机灵，很善于把握商机。他们家附近新开了一家工厂，他就支个摊位卖夜宵给下班的工人。后来，工人生的孩子越来越多，又促生了子弟学校，他就兼卖玩具和文具。后来发生了经济危机，人们开始失业，他又贩售职位日报。

但是经济危机并没有很快结束，工厂里的人越来越少，直到最后工厂倒闭了。没有了主顾，他的摊子也无法维系，于是，他也开始到处找工作。

这天，他碰巧经过一个正在开工的工地。当他快要走过去的时候，突然有一个工人从尚未完工的楼顶掉了下来。看到这个情况，他没有像其他人一样只是惊诧和惋惜，而是找到工地的负责人说："刚才掉下来的那个人的工作由我来接替吧。"

"很遗憾，我们可能无法提供给你这个职位。"负责人告诉他。

"为什么？那个人摔死了，他的职位应该空缺了才对啊？"

"恰恰相反，已经有人接替了他的工作。"

"是谁？"

"你知道他是怎么掉下来的吗？"

"不知道。"

"他是被人推下来的。"

"哦。那又怎样？"

"就是说，推他下来的那个人已经接替了他的工作……"

由此可见，经济危机对人们生活的影响有多大呀！

要点解析
YAODIANJIEXI

经济危机指的是一个或多个国民经济或整个世界经济在一段比较长的时间内不断收缩（负的经济增长率）。

上面的故事虽是虚构，但确实凸显出了经济危机中失业的普遍性和严重性。经济危机可以有多种表现形式，但最常见的经济危机还是以萧条和紧缩为主要特点的。在萧条中，企业不愿承担损失的风险，从而缩减生产，工人由此失业，而失业带来的收入下降又加剧了萧条。

专家支招

经济危机对整体经济的危害是严重的，对个人也是如此。那么，如何在经济危机中维护自己的利益呢？

1.在严重的经济危机中，社会生产严重萎缩，城市人口甚至购买不到足够的食品来维持生命。而同期的农业生产者却可能选择销毁农产品以维持其产品的高价格。

2.一旦遭遇严重的经济危机，当交易活动被危机所冲毁，人们可以选择自己充当生产者的方式来维持生计。

¥ 纸币：3元面值人民币有价值吗？

奇闻异事天天有，前段时间，家住石家庄的陈先生回忆起小时候在家里见过3元的人民币。现在工作了，他回想起来这件事，认为可能有收藏价值，就特意回了趟老家，翻箱倒柜之后终于找到了这张3元面值人民币。

常见的人民币面值为1元、5元和10元。这3元是怎么回事？专家介绍，这张纸币很可能是1953年我国发行的第二套人民币中的一张，是当年周总理亲自点名发行的。由于我国的印刷技术不过关，委托苏联代为印刷，因此被收藏爱好者们称为"苏三币"。后来中苏交恶，苏联利用手中的印版继续印刷"苏三币"，并大量投放到我国境内，给我国的金融市场造成了一定程度上的混乱。中国人民银行被迫宣布收回"苏

三币"，要求持有者限期兑换，过期作废。当时虽然大多数人按照国家要求去银行兑换，但是仍然有少量的"苏三币"沉寂在了民间。陈先生的这张3元人民币很可能就是沉寂在民间的"苏三币"。

自第二套人民币之后发行的第三、第四、第五套人民币以及第一套人民币中，都没有3元面值的人民币，因此陈先生手中的这张3元人民币就成了"苏三币"的孤本，极具收藏价值。这张3元人民币本身有价值吗？能够买东西吗？

要点解析
YAODIANJIEXI

现在市面上常见的人民币面值有1元、5元、10元以及不常见的2元，可是从来没有人见过3元面值的人民币。陈先生的这张3元面值人民币因为是历史上的"苏三币"的孤本，具有历史收藏价值，但是它本身没有价值，更不能去市场上购买商品。因为说到底，这张3元面值人民币只是历史上曾经流通过的一种纸币，早已退出市场流通。即便是现在市场上流通的人民币本身都不具备价值，何况是"苏三币"。

纸币是由国家发行并强制使用的一种货币符号，它本身不具有价值。作为一种货币符号，其不能直接行使价值尺度职能，而是由国家对其面值进行定义。由于这张"苏三币"具有历史收藏价值，陈先生可以把它卖给收藏家，换

取有价值的东西。

专家支招

鉴于无法流通的纸币会失去交换价值，我们应如何对待纸币呢？

1.通过投资、消费等方式消耗掉纸币，让纸币的交换价值真正得到体现。

2.不要迷信纸币的收藏价值，这种虚无的东西，得到的保障是很低的。

¥ 货币危机：为什么会发生东南亚金融货币危机？

1997年7月2日，泰国宣布放弃固定汇率制度，实行浮动汇率制度，泰铢与美元正式脱钩。此消息一经宣布，顿时引起全世界的惊叹，当日泰铢汇率果然"不负众望"，狂跌20%。仅过了9天，抗不住压力的菲律宾宣布比索与美元脱钩，比索当即贬值11.5%。同样地，印尼盾贬值了14%。

直到此时世人才意识到，东南亚金融货币经济出现了严重的问题。人们还没有想出办法解决东南亚经济问题的时候，中国台湾经济又出现问题了。10月20日，台币贬值至30.45元兑1美元，台湾

股市暴跌301.67点。受此影响，美国纽约交易所9年来首次使用暂停交易制度。10月28日，日本、新加坡、韩国、马来西亚和泰国股市分别跌4.4%、7.6%、6.6%、6.7%和6.3%。金融货币危机继续扩展，11月下旬，韩国经济受到重创，韩元汇率下跌30%，股市跌幅超过20%。紧接着，日本宣布日元贬值17.03%，当天有数家银行和证券公司破产和倒闭。

货币危机发生以来，人们纷纷"谈钱色变"，民间流传，是因为太多的国际热钱流入了东南亚，造成了如此规模的货币危机。东南亚金融货币危机真的是因为钱太多了吗？还是因为别的原因？

要点解析
YAODIANJIEXI

20世纪90年代，印度尼西亚、韩国、马来西亚、泰国等亚洲国家为了吸引外资，促进经济发展，承诺保持固定汇率制度，并且金融自由化。国际上的热钱看到有机可乘，纷纷流入这几个国家，从1986年到1990年期间的平均1.4%上升到1990年到1996年期间的6.7%。巨大的资本流入导致国内利率的上升和外汇储备的下降，而东南亚各国没有充足的外汇储备来弥补外资"入侵"所造成的漏洞，货币贬值在所难免。东南亚各国只能宣布实行浮动汇率制度。汇率完全由市场决定，这样的汇率变动频繁且幅度大，从而加剧了投机活动，引起金

融货币市场的动荡。

经济学研究的货币危机是指，实行固定汇率制的国家，在经济情况恶化或者遭遇强大的投机攻击情况下，对本国的汇率制度进行调整，转而实行浮动汇率制。由于浮动汇率水平远远高于固定汇率水平，这种汇率变动的影响难以控制、难以容忍，容易引起金融货币市场的动荡。

专家支招

经济全球化时代，货币危机往往不是某一个国家的"私人事情"，一国危机常常会波及数国。一些有效的应对危机的措施对他国有着重要的借鉴意义：

1.控制资本外流。

2.实行本币管制。

3.迅速调整金融与强力监管金融。

4.及时地、一步到位地调整币值。

5.防止商业银行连锁倒闭。

6.争取国内民众的理解与支持。

福利：人们为什么热衷于报考公务员岗位？

现实困惑

近十年来，当公务员已经成为大学生毕业后的主要择业方向之一。正在积极备考公务员的往届生小敏列出了当公务员的好处：

公务员工作时间有规律、相对清闲；公务员的薪水水平目前在我国处于中等偏上的水平，而其劳动强度不算太高，"性价比"还是比较高的；公务员的公费医疗更加全面，而且不用缴纳养老保险金，国家全额承担。

此外，公务员的社会地位比较高等因素也是引发公考热的原因。

从人们热衷于报考公务员的现象来看，你认为小敏分析的有道理吗？

要点解析
YAODIANJIEXI

从小敏的说法来看，她看中公务员岗位，并不是着眼于该岗位的收入本身，而是看重这种工作在其他方面能够提供给她的好处，如工作环境、工作强度、养老支出、多项生活费用的补贴等。这些工资之外的收益，在经济学中被称为福利。

相对地，传统的"香饽饽"——外企，虽然工资高，但是劳动强度大，而且不够稳定，随时有失业的可能。2008年金融危机爆发以来，外企纷纷裁员，于是素来稳定的公务员职位便超越外企员工职位，成为人们求职中的首选目标。

福利是员工的间接报酬，一般包括健康保险、带薪假期或退休金等形式。

这些奖励作为企业成员福利的一部分，奖给职工个人或者员工小组。

与员工的收入不同，福利一般不需纳税。由于这一原因，相对于等量的现金支付，福利在某种意义上来说，对员工就具有更大的价值。福利适用所有的员工，而奖金则只适用于高绩效员工。福利的内容很多，各个企业为员工提供不同形式的福利。我们可以把各种福利归为以下几类：补充性工资福利、保险福利、退休福利、员工服务福利。

专家支招

福利必须被视为全部报酬的一部分，而总报酬是人力资源战略决策的重要方面之一。从管理层的角度看，在实现以下目标时，可考虑使用福利手段。

1. 协助吸引员工；

2. 协助保持员工；

3. 提高企业在员工和其他企业心目中的形象；

4. 提高员工对职务的满意度。

出口与进口：光伏出口受限为何引发葡萄酒进口增税?

现实困惑

2013年6月4日，欧盟委员会决定，将从6月6日到8月6日对产自中国的光伏产品征收11.8%的临时反倾销税，随后的4个月里，对应税率将升至47.6%，以限制区域内部对中国光伏产品的进口。

阿特斯阳光电力首席执行官瞿晓华向人们介绍，欧盟一旦征收惩罚性关税，势必导致大批光伏企业破产，这将给我国造成超过3 500亿元的产值损失，超过2 000亿元的不良贷款风险和超过50万人的直接人口失业。同时，反倾销措施将造成欧盟当地损失近30万个就业机会。

尽管欧盟不依不饶，但中国政府仍坚持自己的立场，并迅速反击。中国商务部5日随即宣布启动对欧盟葡萄酒反倾销和反补贴立案审查程序，主要目的为触动葡萄酒出口大国法国的利益，以期该国政府引导欧盟撤销该决议。中欧光伏双反案由于涉及金额巨大，火药味浓烈，成为中欧迄今为止最大的贸易摩擦和全球涉案金额最大的贸易争端。

一种产品的进口与出口，缘何能够引发大国之间的贸易争端?

要点解析
YAODIANJIEXI

一种产品的进口意味着进口国需要对外支付货币，而出口则意味着对外卖出产品并收获货币。国家级别的进出口贸易，就如同微观领域的商品买卖一样，是实现其经济目的的主要手段。

不过，对于进出口贸易依赖性越强的国家，其外贸依存度就越高，国内经济受到国外力量的影响也就越大，这并不利于一国经济的自主化和国内宏观调控的实施。

专家支招

既然进出口贸易对一国经济既有正面作用，也有负面作用，那么人们应怎样利用和操作进出口贸易呢？

1.虽然目前我国要进行经济发展，确实需要在外贸方面得到助力，但是也应进行长远规划，以避免国内经济过分依赖商品的进口和出口。

2.一旦己方的进出口行为受到贸易伙伴的限制，一国的经济目的的实现必然会受到不利的影响。因此，为了保证国家利益，政府间才会爆发争端。为此，国家和政府应做好打贸易战的准备。

¥ 需求曲线：微软为何考虑调降Win8系统的OEM价格？

现实困惑

2013年第一季度，市场调研公司IDC发布报告称，今年第一季度全球PC出货同比下滑14%，创出史上最大的跌幅。由于PC是微软公司操作系统的销

售基础，因此微软股价周四逆市下跌4.44%，惠普股价下跌6.45%，英特尔股价下跌1.95%。

微软在PC领域一直扮演着强势的角色，不愿承认自己的失误。不过，国外媒体发表分析文章称，整个PC生态体系正处于威胁之中。为了保卫这一生态体系，微软和英特尔不能再把责任转嫁在PC制造商身上，必须牺牲自己的利益，解决这一问题。

按照英特尔的观点，一旦PC销售价格降至一个国家家庭平均周收入的8倍以下，该国的PC采用率便会大幅提升。因此，微软方面计划削减针对OEM厂商的Windows系统授权价格，从而推动PC外形的继续变革。

据《华尔街日报》报道，微软正在努力降低Windows 8和Office的OEM授权价格，从而"帮助刺激小尺寸触屏笔记本电脑的发展"。

英特尔和微软能够通过降低产品价格来获得更大的收益吗？

要点解析
YAODIANJIEXI

Wintel，也就是微软和英特尔的软硬组合，是根据需求规律，也就是需求曲线来制定它们的政策的。根据需求曲线，人们认为当产品的售价降低时，市场上针对该产品的需求量也会攀升。而市场需求的大规模攀升会带来总收益的提高。因为无论操作系统还是中央处理

器，其边际成本都是非常低的。

需求曲线是显示价格与需求量关系的曲线，是指其他条件相同时，在每一价格水平上买主愿意购买的商品量的表或曲线。其中需求量是不能被观测的。需求曲线可以以任何形状出现，但是符合需求定理的需求曲线只可以是向右下倾斜的。

由于边际成本低，微软自然可以降低操作系统的售价，从而提高总收益。

专家支招

在借助需求曲线来指导经营活动的时候，应注意到：

1.并不是所有产品在任何情况下都服从需求规律。

2.即便是对于符合需求规律的商品，也并不是通过降价就一定能够获得更大的收益。这是因为销量未必能够弥补价格下降带来的利润损失。

（二）
博弈论，经济学家的思维方式

¥ 搭便车：天上真的会掉馅饼吗？

现实困惑

网络游戏是从国外传进国内的。在国外，之前的网络游戏都是收费的。陈天桥把网游引进中国之初确立的就是这种最基本的收入模式。

但史玉柱是一个标新立异的人，他想彻底改变这个模式，通过免费游戏、道具收费的模式来运营游戏。不过，尽管史玉柱在2005年8月就基本把《征途》研发完成，并且定下免费策略，却迟迟没有予以实施。

2005年12月，盛大宣布其主力游戏《传奇》免费运营，成为第一家运营免费游戏的公司。这在网游市场掀起了不小的风浪。就在这时，史玉柱入场了。他选择的时机就是在这个新玩法刚刚出现江湖，各家各派都在张皇、观望、猜疑的时候。2006年4月，他在上海高调推出《征途》，锣鼓齐鸣地高调宣扬免费模式，结果大获成功。

为什么史玉柱的巨人公司早就拟定好了免费的游戏运营策略，却要等到盛大先免费，他们才免费运营呢？

要点解析
YAODIANJIEXI

史玉柱是想搭盛大的便车。陈天桥是中国网游业奠基人，是江湖老大。史玉柱认为单单靠自己的力量推广这个模式未必能够成功。因此在盛大公司推出免费的《传奇》游戏，并引领了市场之后，他才敢于推行免费游戏模式。

搭便车理论首先由美国经济学家曼柯·奥尔逊提出的。其基本含义是不付成本而坐享他人之利。史玉柱搭盛大的便车，就是为了免去开发免费游戏市场的成本，结果他大获成功。

经济学领域中的搭便车是指，厂商和个人不付出任何成本，而坐享他人之利。其实在现实生活中有很多搭便车现象，比如不少网站在自己的页面上挂上了百度的搜索引擎入口，利用百度搜索的知名度提高自己网站的点击率。

专家支招

通常意义上的搭便车是指坐别人的顺风车，无须支付全额成本就可以到达目的地的行为。那么，生活中我们应怎样搭便车呢？

1.搭便车一般发生在提供公共产品的服务上。比如由于罢工的胜利，工人获得加薪。这对所有工人都有好处。但那些参加罢工的工人承担了所有风险和成本。所以，没有参与罢工的工人就搭了便车。因此，人们应挑选公共产品领域来搭便车。

2.作为一个理性人，搭便车是一个最优选择，可以减少自己的投入成本，同时还能享受到很多好处。但是，搭便车在一定程度上会影响社会的平均生产率，因此搭车者不应以此为荣。

¥ 节俭悖论：想要赚钱，必须先花钱吗？

现实困惑

有个很古老的故事，说有一窝蚂蚁铺张浪费，其他窝的蚂蚁都在辛勤的工作，他们却整天大吃大喝。后来，一个"哲人"告诫它们说，不能如此挥霍浪费，应该厉行节约。

蚂蚁们听了"哲人"的话，觉得很有道理，于是迅速贯彻落实，个个争当节约模范。但结果出乎预料，整个蚁群从此迅速衰败下去，一蹶不振了。

这看上去很不可思议，为什么每个人都"节俭"会使整个国家很贫穷呢？

要点解析
YAODIANJIEXI

原因很简单，因为每个人都很"节俭"（这里说的"节俭"是指只赚钱，不消费），那么大多数企业生产的产品就会卖不出去，企业只有倒闭，职工也只有下岗，于是就没有收入，所以就会导致整个国家的人都很贫穷。20世纪30年代资本主义的大萧条就是一个生动的例子，人们由于担心经济恶化，都攒着钱不消费，留着以后花。可越是这样，危机扩展得越快，最终造成一场大的经济浩劫。

节俭悖论最早是由凯恩斯提出的，指节俭对于个人来说可能是件好事，可以增加个人财富，但是如果整个国家的人都"节俭"，那么将会使每个人都变得很贫穷。

专家支招

我国一直提倡节俭，但节俭会带来如上所述的副作用。那么，人们应怎样处理奢侈与节俭的关系呢？

1.对于个人来讲，节俭在短期内的影响是好的。因此如果着眼于短期，则应节俭。

2.无论对于个人还是社会，长期内"节俭"都不是好事，因此，长期内应鼓励消费。至少从促进生产的角度来讲，是这样的。

¥ 零和博弈：期货市场为什么具有更高的风险性？

现实困惑

森其健是一个精明的日本小伙子，刚进入职场。他的同事很多都炒股票，但他觉得那样没有个性，于是进入了期货市场进行投机活动。不过他的那些老同事们却劝他进入股票市场，说期货市场风险高。他不信，还是进入了。

结果一年过去，森其健输得精光，而和他同期进入公司的同事们，听从前辈的教导，进入股市投机，都赚了不少。

期货市场为什么具有更高的风险性？

要点解析
YAODIANJIEXI

期货市场比股票市场更难盈利，最关键的原因在于期货炒作是一场"零和博弈"。在股票市场中，投资者购买股票的钱会被上市企业用于实业的扩大生产，从而创造价值，并和投资者分享。也就是说，股票的买家和卖家之间的博弈是正和的。但期货市场中的交易不能创造价值，因此是零和博弈。也就是说，赢家的收入是从输家的投入中取得的。市场中的价值总量一共只有那么多，获利空间自然要小于市场价值可以不断攀升的股市了。

专家支招

零和博弈是博弈论中的一个概念，指参与博弈的各方在严格的竞争条件下，一方的收益必然意味着另一方的损失，博弈各方的收益总和永远为零，双方不存在合作的可能。对零和博弈，我们给出如下建议：

1.零和博弈中，每个人最终获利的概率都较小，因此不建议进行。

2.一旦进入零和博弈，就要按照零和博弈的思想去操作，不能心慈手软，不然最后倒霉的是自己。

3.在参与零和博弈时，一定要慎之又慎。

￥ 黑天鹅效应：人们为什么以黑天鹅指代不祥之事？

现实困惑

1963年11月22日，美国历史上最年轻的总统肯尼迪在为竞选连任做准备。

这天，风华正茂的肯尼迪总统偕夫人杰奎琳，乘坐着总统的专用座驾——林肯豪华敞篷车，出现在得克萨斯州的达拉斯市，而道路两旁挤满了欢迎的人。

谦和的总统和夫人一起，不断向人群挥手致意，气氛十分融洽。突然，随着"砰！砰！"两声沉闷的枪响，人们惊叫起来。他们看到，自己心中的年轻有为的总统永远地倒下了。

其实肯尼迪乘坐的轿车是安装了防弹罩的，只是护卫人员主观地认为，总统不会遇刺，所以没有使用。

肯尼迪的遇刺诉说了怎样的一个教训？

要点解析
YAODIANJIEXI

经验是一个很神奇的东西。它可以指导人们少走很多弯路，因此很多人乐于总结他们的成功经验，并用来指导他们的实践。但经验也有害人的时候，当我们试图以此预测未来时，却发现这些经验和规律只适合解释过去，对未来并不具备指导意义。如果经验对指导未来有效，那么就不会发生2008年的次贷危机、更早的2001年的"9·11"恐怖袭击事件、1987年发生的大股灾和泰坦尼克号的沉没，等等。

生活在17世纪的人们都相信一件事，那就是所有的天鹅都是白色的。直到1697年，探险家在澳大利亚发现了黑天鹅，人们才发现以前的结论是错误的——并非所有的天鹅都是白色的。从此以后，黑天鹅即被人们用来表示本以为不会发生但最终发生的不幸的事。

专家支招

黑天鹅效应说的是：不可预测的重大事件之所以会发生，是因为人们都不知道它会发生，但是一旦发生了就具有很大的影响力。从黑天鹅效应中我们应吸取如下教训：

1.对于重要的人或者事，一定要做好周全的保护措施，因为我们都无法确定哪里会飞来一只"黑天鹅"。就像那句老话所说："不怕一万，就怕万一。"

2.高超的应变手段是处理黑天鹅事件的重要工具。

¥ 胜者的诅咒：为什么胜出了拍卖，却输掉了整个公司？

现实困惑

1996年5月，美国的联邦通信委员会（简称FCC）决定拍卖一部分无线频谱。这些频谱由蜂窝电话、个人数字化助手以及其他通信工具所使用。它们的特征是，价值非常不确定。

由于通信行业标准竞争、技术预期不同，人们对于运营后到底能够带来多少收入都抱有怀疑态度，认为只能靠自己的判断和预期。因此，在拍卖中，谁要是出价过高就会导致最终的亏损。

结果，在这次拍卖中，最大的投标人Next Wave个人通信公司以42亿美元拿下了63个经营许可证。可是，它虽然作为胜者离开了拍卖场，却受到了上帝的诅咒。1998年1月，Next Wave因财务问题导致经营困难，最终申请了破产保护。此后它手中拍卖得来的牌照由于没足够的钱付款，大多又被FCC收了回去。这就是这家通信公司竹篮打水一场空的故事。

Next Wave为什么胜出了拍卖，却输掉了整个公司？

要点解析
YAODIANJIEXI

绝大多数时候，参与拍卖的投资者都是无法获得预期的利润的。全球华人首富李嘉诚在经历无数次土地拍卖后，总结出一句经典的名言："不要用买古董的心态去买地。"这句话虽然朴实，却处处体现出规避胜者的诅咒的思想。

Next Wave公司的失败，就源于它高估了FCC通信频段的价值。

专家支招

作为旁观者，拍卖是很有趣的；但是对于竞拍者，拍卖则充满了风险。因此：

1.竞拍公司应充分计算拍得该目的物能够给自身带来多大的利益。

2.根据预期利益计算可用于竞拍的资本金。

3.避免出现以很高的溢价收购别的公司，之后才发现并非如自己想象中的那样的情况。20世纪八九十年代，日本人很有钱，到全球各地去收购别人的资产。1988年，三菱以14亿美元买下洛克菲勒中心，结果大亏880亿日元；1990年，松下以61亿美元的价格买下环球电影公司，之后也贱卖给希格拉姆公司；索尼买下哥伦比亚电影公司，结果亏损达34亿美元。

¥ 智猪博弈：大猪和小猪谁会去踩踏板？

现实困惑

猪圈里有两头猪，一头大猪，一头小猪。猪圈是长方形的，一边有个踏板，另一边是个投食口。在这边一踩踏板，那边投食口就会落下食物。

如果小猪踩踏板，大猪因为食量大、吃得快，就会在小猪跑到投食口之前把落下来的食物吃完，致使小猪没东西可吃。如果大猪去踩踏板，小猪因为吃得慢、食量小，大猪就会有机会在小猪吃完食物之前跑到投食口，吃到一点残羹。

请问：大猪和小猪谁会去踩踏板？

要点解析
YAODIANJIEXI

这里会出现四种情况：两头猪都踩踏板；两头猪都不踩踏板；大猪踩踏板，小猪不踩；大猪不踩踏板，小猪踩。如果大猪去踩踏板，小猪的最佳选择是等待；如果大猪不去踩踏板，小猪的最佳选择还是等待。总之，不管大猪如何选择，小猪最好的策略就是等待，然后不劳而获。

这个案例是博弈经济学里面著名的"智猪博弈"案例。在这个案例里面，大猪为了有食物吃，只能辛勤地来回跑动，而小猪则可以安逸地等待着。这似乎是说，在一个双方公平、公正、合理和共享竞争的环境中，有时占优势的一方最终得到的结果有悖于他的初始理性。

经济学家们很早就注意到这个问题了，他们提出了纳什均衡理论来研究解决这个问题。

1950年和1951年，美国普林斯顿大学教授约翰·纳什发表了两篇论文，提出了著名的纳什均衡理论，奠定了现在非合作博弈论的基石，约翰·纳什也因此获得了诺贝尔奖。纳什均衡理论假设有n个人参与博弈，在给定其他人策略的条件下，每个局中人选择自己的最优策略（个人最优策略可能依赖于，也可能不依赖于他人的战略），从而使自己利益最大化。

专家支招

举个例子来说，我们去超市买东西付钱的时候，会看到每个款台后都排着长长的队伍。这时候，你是准备找个最短的队伍排在后面呢，还是找个最近的队伍排在后面？

1.你可能会说，当然找个队伍最短的排队。可是，你这么想，别人也会这样想。

2.购物者只要看到旁边的队伍人少，就会排过去。这样一来，短队伍也会变长，最后所有的队伍差不多一样长。所以，最好还是就近选个队伍排队。

¥ 囚徒困境：赵和高为何双双被判八年？

现实困惑

赵和高相约抢劫，逃跑不久后即被警察抓住。警察虽然知道这两人有罪，但是由于无法辨认受害者，因此缺乏足够的证据指证这两个人。于是，警察就把这两个人分别关押，分别审讯。警察告诉每个人：如果两人都抵赖，各判刑一年；如果两人都坦白，各判八年；如果两人中一个坦白而另一个抵赖，坦白的放出去，抵赖的判十年。赵听了警察的政策后，心里盘算自己面临的两个选择：坦白或者抵赖。如果自己选择坦白，而高也坦白，自己会被判刑八年；如果高抵赖，自己会被放出去；如果自己选择抵赖，高选择坦白，自己会被判刑十年；如果高也抵赖，自己会被判刑一年。这样看来，坦白比抵赖的结果好，想到这，赵向警察坦白了。巧的是，高的想法跟赵的一模一样，他也向警察坦白了。因此，两个人因为都坦白而被各判八年。

赵、高面临的牢狱之灾有四种可能性：释放、一年、八年、十年，他们都理性地趋向对自己最有利的选择，为何最后双双被判八年？

要点解析
YAODIANJIEXI

八年牢狱之灾的结果，肯定是A和B没有想到的，他们都从自己的理性出发进行选择，趋利避害。即便不能被放出去，至少也是一年的牢狱吧，为何落个八年的牢狱之灾？

在咨询不明的情况下，A即想与B合作，但是又怕B出卖自己，而出卖B可以为自己带来利益（缩短刑期）。B从理性出发的话，也会这样想。因此彼此出卖虽违反最佳共同利益，反而是自己最大利益所在。这就是博弈学里面著名的囚徒困境理论。

囚徒困境是博弈论的非零和博弈中极具代表性的例子，反映个人最佳选择并非团体最佳选择。虽然困境本身只属模型性质，但现实中的价格竞争、环境保护等方面，也会频繁出现类似情况。在面对囚徒困境时，要注意以下问题：

1.单次发生的囚徒困境，和多次重复的囚徒困境结果是不一样的。A和B被判刑八年，那么他们就会知道在上一轮选择中，两人都选择的是坦白，这样A就可能会惩罚B的不合作行为。如果他们有机会进行多次选择的话，他们各自的不合作行为就会渐渐地趋向于合作。

2.囚徒困境只能出现在信息沟通不畅的情况下，一旦信息得到有效的传递，那么囚徒困境就不复存在了。

¥ 脏脸博弈：谁的脸是脏的？

三个学生玩泥巴，每个人的脸都弄脏了。但是由于每个人都看不到自己的脸，所以他们并不知道自己的脸是脏的。三个学生走进教室时，正好碰到了老师。老师看了一下，然后对他们说："你们三个人中至少有一个人的脸是脏的。"三人相互看了一眼，没有反应。老师又说："请脏脸的同学举手。"

三个学生互相看了一番后无人举手，随后又都脸红地举起了手。这是为什么？

要点解析
YAODIANJIEXI

老师说三个人中至少有一张脏脸的时候，三个学生互相看了一圈。他们看到另外两个人的脸是脏的，满足老师所说的情况，因此三个人没什么反应。

当老师请脏脸的同学举手时，一开始没有人举手。因为每个人都可以看到另外两个人的脸是脏的，即三人中至少有两张脏脸。三个人都不举手，这意味着三个人看到的都是两个脏脸，即所有人都是脏脸。三个学生都意识到了，因此他们都红着脸举手了。

这就是博弈论中著名的脏脸博弈。脏脸博弈理论建立的基础是共同知识。对一件事情来说，如果所有博弈当事人对该事件都有了解，并且所有当事人都知道其他当事人也知道这一事件，那么该事件就是共同知识。

在脏脸博弈中，掌握一定的要素对胜出有着重要的意义：

1.刚开始学生都不确定三人脏脸的情况，老师给出提示信息之后，学生才能够判断出三个人的脸都是脏的。因此，信息是胜出脏脸博弈的基础。

2.知识学习对于脏脸博弈很重要。如屈光不正是指近视或者远视，是个医学名词。这是医生的共同知识，普通人很少知道，所以经常有人花冤枉钱去检查这个莫名其妙的病。由此可见，共同知识在生活中起着重要的作用。

¥ 动态博弈：海盗怎样做才能获得最大收益？

现实困惑

大海的深处行驶着一艘海盗船，船上有五名海盗，他们刚刚打劫了一艘路过的商船，抢到了100枚金币。对于金币的归属，海盗们产生了分歧。由于吵架解决不了问题，最后他们拿出一个分赃方案：

（1）抽签决定自己的号码（1，2，3，4，5）。

（2）按照号码顺序，首先由1号海盗提出分配方案，然后5人表决。当半数以上的人同意时，方案就可以获得通过，否则1号海盗会被众人扔入大海

喂鱼。

（3）1号死后，2号继续提供方案，由剩下的4人表决。当半数以上的人同意时，方案通过，否则2号也会被扔入大海。

（4）以此类推……

如果海盗们都必须理性地做出自己的判断和选择，那么1号海盗需要提出什么样的分配方案才能使自己在安全的情况下获得最大收益？

要点解析
YAODIANJIEXI

对于1号海盗来说，他最大的收益当然是独吞这100枚金币，但是这样做的结果是他被其他四人抛入大海喂鱼。那么1号海盗会怎么分配这100枚金币呢？

在理性的前提下，这个问题从后往前推理比较容易解决。假设1、2、3号海盗都被抛入大海，剩下的4、5号海盗继续分配金币。按照游戏规则，无论4号提出什么样的分配方案，5号都会否决，这样他就能独吞全部金币。4号海盗不是傻子，他能推断出这个结果，为了活命，他必须保障3号海盗能够活下来，也就是说他必须无条件地支持3号海盗的方案。3号海盗也很聪明，通过推断，他也能知道4号海盗必须无条件支持自己。1、2号海盗死后，3号海盗的分配方案是（0，0，100，0，0）。不过，2号海盗也能推断出3号海盗的方案，他为了活命就必须拉拢4、5号海盗，相比较3号海盗的

分配方案，2号海盗给4、5号海盗每人一个金币足矣。因此，2号海盗的分配方案是（0，98，0，1，1）。1号海盗推断出2号的方案后，他决定先发制人，拉拢3票赞成，即可稳操胜券。相比较2号海盗的方案，1号海盗只要给3号海盗一个金币就可以让他支持自己，然后给4号或者5号海盗2个金币就可以获得其中一人的支持。因此，1号海盗在安全的情况下要想获得最大收益，那么他的分配方案必然是（97，0，1，0，2）或者（97，0，1，2，0）。

专家支招

海盗分金问题是一个著名的动态博弈案例，它是由《科学美国人》于1999年正式发表的。动态博弈是指参与人的行动有先后顺序，而且行动在后者可以观察到行动在先者的选择，并据此做出相应的选择。动态博弈的困难在于，在前一刻最优的决策在下一刻可能不再为最优，因此在求解上发生很大的困难。那么，我们应如何解决这个困难呢？

可以通过下棋来锻炼动态博弈的能力。在对弈中，棋手都必须推测对手的行动，对弈双方你来我往，淋漓尽致地展现了动态博弈的精妙之处。

￥ 破窗理论：一扇窗子为什么会引起连锁反应？

现实困惑

小镇上有座老宅子，很长时间没人住了。不过，屋子依然完好，就连窗户也完整地存在。有一天，有个调皮的孩子在老宅子附近踢球，不小心把球踢到了一扇窗子上，玻璃被打碎了。由于房子没人住，因此孩子的父母没有把这扇窗子修好。

自从这扇窗户被打破后，奇怪的事情发生了。以前无人问津的老宅子突然引起了路人的注意，他们经过时，不经意间就会拿起石头扔进去。于是，老宅子的窗户被一窗窗地打破了。

请问，一扇窗户破了，其他的窗户为什么也会莫名其妙地被打破了？

要点解析
YAODIANJIEXI

一个房子如果窗户破了，没有人去修补，隔不久，其他的窗户也会莫名其妙地被人打破；一面墙，如果出现一些涂鸦而没有被清洗掉，很快地，墙上就布满了乱七八糟、不堪入目的东西；一个很干净的地方，人们不好意思丢垃圾，但是一旦地上有垃圾出现之后，人就会毫不犹豫地在这里抛垃圾，丝毫不觉羞愧。这种现象在经济学里面叫"破窗效应"。

1969年，美国斯坦福大学心理学家菲利普·辛巴杜做了一项实验，他从朋友那借来两辆一模一样的汽车，把其中一辆放在一个中产阶级社区，而另一辆停在贫民区。结果，停在贫民区的汽车第二天就不见了，而停在中产阶级社区的汽车放在那一个星期也没人搭理。后来，辛巴杜用锤子把这辆车的玻璃敲了个大洞，结果，第二天这辆车也莫名其妙地消失了。

通过实验分析，政治学家威尔逊和犯罪学家凯琳提出了"破窗效应"理论。他们认为有人打破了一扇窗户，如果这个人没有被惩罚或者窗户没有及时维修，那么这个人的破坏行为就会给予他人示范效应，别人也会因为纵容而去打烂更多的窗户。

专家支招

面对破窗效应，我们应该做到：

1."勿以善小而不为，勿以恶小而为之"。小错误得不到及时地纠正，可能会引发后来的犯罪行为。

2.出现破窗，及时修补。

¥ 枪手博弈：强者一定是最后的胜利者吗？

现实困惑

康熙帝一生，文治武功，成就非凡。但是晚年的康熙帝碰到了一件棘手的事，那就是关于皇位继承的"九子夺嫡"事件。说是九位皇子争夺皇位，实际上有能力登上皇位的只有三位皇子：二阿哥胤礽（原太子）、四阿哥胤禛（即后来即位的雍正皇帝）、八阿哥胤禩。

二阿哥胤礽做了四十多年的皇太子，是国之储君。如果一切顺利的话，他就是未来的大清皇帝。八阿哥胤禩能力非凡，受到其他皇子的支持。他们组成的"八爷党"是所有朋党之中势力最强的一支。相比较而言，此时的四阿哥胤禛实力最弱，最没有希望继承皇位。他自称"天下第一闲人"，不问政事，沉迷诵经讲佛之事。因此，皇太子和皇八子互相视为对手，他们结党营私，钩心斗角极为激烈。最后，皇太子两度被废，遭终生圈禁，而皇八子因争夺意图过于明显而被康熙斥责、疏远。此时，平日里不显山不露水的四阿哥胤禛走进了康熙的视线里，并获得了他的信任，最终继承了皇位。

"太子党"和"八爷党"实力雄厚，为何输于看似最弱的四阿哥胤禛？

要点解析
YAODIANJIEXI

看似最弱的四阿哥胤禛成了最后的赢家，而实力强大的皇太子和皇八子却两败俱伤，这中间的事情耐人寻味。

在博弈论中，有一个理论模型与"九子夺嫡"事件有关，那就是枪手博弈理论。枪手博弈说的是，在美国西部的小镇上，三个枪手准备进行一场生死较量。枪手甲枪法精准，十发八中；枪手乙枪法不错，十发六中；枪手丙枪法拙劣，十发四中。第一轮枪战，谁活下来的机会大一些？

正常来说，甲会首先对乙开枪，因为乙对他的威胁最大；乙会首先干掉甲，因为甲的枪法最精准，对他的威胁最大；丙也会首先对甲开枪。这样算下来，枪法最差的丙存活的概率最大。四阿哥胤禛正像枪手丙一样，因为表现弱势而得以长久，最终成了雍正皇帝。

专家支招

枪手博弈的道理告诉人们怎样的道理呢？

1.在面对竞争时，韬光养晦，保持低调，可以避免成为竞争的中心。

2.隐藏实力，净心休养。争强好胜的人难以做到这点。

正和博弈：农夫为何善待第三群蜜蜂？

现实困惑

有一位农夫，他每天早出晚归，辛勤劳作，可是依然很穷。他的农田旁边有三丛灌木，每丛灌木中都居住着一群蜜蜂。冬天快要来临了，农夫买不起过冬的煤炭，他就想砍掉灌木丛当柴烧。

农夫砍第一丛灌木的时候，住在里面的蜜蜂飞出来，苦苦哀求他："善良的农夫，请您高抬贵手吧，这个灌木丛就是我们的家。您要是把树木都砍光了，我们就无家可归了。"农夫说："我把这里的树木砍光了，你们可以到别处安家。可我要是不砍树的话，这个冬天我就得被冻死。"

农夫继续砍第二丛灌木，住在这里的蜜蜂看到第一丛灌木里的蜜蜂的遭遇，决定跟农夫对抗到底。它们恐吓农夫："住手！胆敢冒犯我们的领土，我们绝对不会善罢甘休！"农夫没有搭理他们，继续砍树，愤怒的蜜蜂蜇了几下农夫。农夫一怒之下，放火烧了整片灌木丛，蜜蜂也被烧死了许多。

当农夫来到第三丛灌木的时候，这里的蜂王早早地飞出来，它对农夫说："请您看看这丛灌木给您带来的好处吧！这里的树木可以卖钱，我们酿的蜜也可以送给您去换钱。留下这丛灌木，您将会受益多多。"农夫听到有利可图，便心甘情愿地放下斧头，与蜂王合作，做起了经营蜂蜜的生意。

在农夫那里，为何三群蜜蜂的待遇不同？

要点解析
YAODIANJIEXI

农夫想要砍树，三群蜜蜂做出了不同的反应：第一群蜜蜂恳求农夫，结果没有打动农夫；第二群蜜蜂采取暴力手段，结果农夫一把火烧毁了它们的家园；第三群蜜蜂很聪明，它们与农夫进行利益谈判，合作共赢，农夫富裕了，蜜蜂的家园得以继续存在。

农夫与蜜蜂的故事引出了今天我们要讲的经济学理论——正和博弈。正和博弈亦称为合作博弈，是指博弈双方的利益都有所增加；或者至少是一方的利益增加，而另一方的利益不受损害，因而整个社会的利益有所增加。

专家支招

在经济生活中，如何借助正和博弈来获得更好的结果呢？

1.正和博弈强调的是合作，是互利双赢。博弈各方讨价还价，最终达成共识，进行合作。因为只有合作，博弈各方才会相互妥协，产生合作剩余，增加各方的利益。

2.合作剩余的分配既是妥协的结果，也是达成妥协的条件。

¥ 负和博弈：炒汇平台上的资本缘何不翼而飞？

现实困惑

高远是一个外汇投资者。不过，他投资的不是真正的外汇市场，而是一个虚拟的外汇交易平台，总炒家不过2 000人。

由于高远智商过人，他总能在这个炒汇平台上获利。于是，他介绍一位朋友也进来炒汇。结果他的朋友运气相当差，高远一直赚，朋友一直赔钱。

高远非常纳闷，就抽空研究了一下这个平台上炒家的收益和亏损情况。结果不查不知道，一查吓一跳。他原本以为这种炒汇平台就是输家把钱给赢家的过程，结果，经查证他发现，任何一个时刻，平台上炒家总的支付款项都要多于这个群体总的获得款项。也就是说，他们的总资本是越炒越少的！

这是怎么回事呢？

要点解析
YAODIANJIEXI

其实，这是炒汇平台对每笔交易都收取了手续费的原因。在不存在手续费的情况下，所有炒家的总收益等于他们的总支出，也就是零和博弈。但当存在手续费的时候，平台上所有炒家之间的博弈就成了负和博弈了。

负和博弈是指双方冲突和斗争的

结果，是所得小于所失，就是我们通常所说的其结果的总和为负数，也是一种两败俱伤的博弈，双方都有不同程度的损失。

专家支招

生活中，我们经常可以看到负和博弈的现象。博弈双方为了各自的利益而坚持己见，这样双方不能达成统一，于是出现了冲突。面对负和博弈，参与者应如何取得更好的结果？

1.冲突中，博弈双方会想尽一切办法让对方损失利益。到最后，对方虽然损失了利益，自己也为了让对方损失利益而付出了一些利益，因此就形成了两败俱伤的局面。

2.如果人们在决策的时候并不单单考虑经济上的动机，彼此合作一下，那么事情就会产生意想不到的效果。正如人们经常说的那样，合则两利，分则两害。

酒吧博弈：去不去酒吧，存在何种博弈？

现实困惑

小镇上有100个人喜欢去酒吧，可是小镇只有一个酒吧。更不幸的是，酒吧的容量只有60人。因此，每天晚上这100个酒吧爱好者就要面临着痛苦的选择，去不去酒吧？因为酒吧仅能容纳60人，而酒吧爱好者有100人。选择去，如果100个人都去了怎么办？酒吧拥挤不堪，还不如待在家里舒服；选择不去，如果酒吧没有坐满，岂不是浪费了一次泡吧的机会？

问题由此产生：这100人到底去，还是不去酒吧？

要点解析
YAODIANJIEXI

小镇100位酒吧爱好者在选择去还是不去酒吧的时候，只能根据以往去酒吧的经验，来归纳此次行动的策略。由于他们之间平时没什么交流，因此没有其他的信息可以参考。这就是著名的"酒吧问题"。

针对酒吧问题，阿瑟教授分别观察了真实人群的行为和计算机模拟数据，得到了两种不同的结果：

计算机模拟数据是：开始，去酒吧的人数没有规律性，一段时间后，去酒吧的人数慢慢地向60人靠近。虽然每个人不确定去还是不去，但是人数基本维持在这个数目上。

在对真实人群的观察中，阿瑟教授发现，人们大多是根据以往的经验来判断此次是去还是不去酒吧的，于是就出现了酒吧一晚满员，一晚空荡荡的情况。

计算机和真实人群的实验结果差别这么大，主要原因是计算机模拟的都是理性人，而真实人群则因为各种因素而无法一直保持理性选择，他们的行动是基于归纳的基础上的。

专家支招

生活中经常会遇到"酒吧问题"。那么，如何在酒吧博弈中得到最好的结果呢？

1.要做理性人，而非感性人。

2.不要单纯依据历史经验来指导行为。比如买股票，在决定是否要买一只股票的时候，因为无法知道其他人的选择，人们做出预测的根据只能是历史的经验。

¥ 斗鸡博弈：利益面前，选择进攻还是妥协？

现实困惑

秦朝末年，朝廷暴政致使天下大乱，一时间群雄四起，战争频发。公元前207年，起义军拥立的楚怀王派遣项羽前去解救被秦军包围的赵国，同时派刘邦率军进攻函谷关。楚怀王与二人约定，先入关中者称王。

项羽率军与秦军发生了著名的"巨鹿之战"，项羽虽然获胜，但是刘邦首先攻入关中，占据咸阳。咸阳是秦朝首都，意义非凡，自认为是起义军首领的项羽怎么会允许刘邦占据咸阳，于是他率军攻破函谷关，直抵新丰鸿门，意欲与刘邦决战。刘邦知道自己的10万大军敌不过项羽的40万大军。如果和项羽决战，咸阳不保，而且自己的下场很可能是灰飞烟灭；如果屈从于项羽，虽然咸阳不保，但是自己还有一线生机。于是，刘邦率军退出咸阳，并亲自到项羽军中谢罪。项羽虽然很想消灭刘邦这个隐患，但此时刘邦已降，若要强行进攻，恐遭到天下人的反对。而且刘邦还有10万大军，即便自己是最后的胜利者，也必然要付出沉重的代价。于是，经过一番衡量与妥协后，"鸿门宴"拉开了序幕。

以刘邦的智慧，一定早算计到一旦项羽来攻，自己必定要退却。既然如此，他为什么还是占据了咸阳城呢？

要点解析
YAODIANJIEXI

如果把楚汉咸阳之争算作一场博弈，那么刘邦确实输了。不过刘邦之所以还是先占据了咸阳，是因为他不确定项羽是否会进攻自己已经打下来的咸阳。也就是说，在刘邦占领咸阳之前，双方的博弈还没有开始。如果博弈开始，刘邦退却，他也没有损失；而一旦项羽不来攻，那么他就会得利。因此，刘邦还是选择占领了咸阳城。而接下来就是斗鸡博弈的过程了。

斗鸡博弈是经济学里面一个重要的博弈理论，它说的是两个人为了争夺相同的利益而狭路相逢，每个人都面临着选择——一是退下来，一是进攻。如果双方都选择进攻，则两败俱伤，胜利方也是惨胜；如果双方都选择退下来，双方则打个平手；如果一方选择进攻，而另一方选择退下来，那么就会出现一个人得意而另一个人沮丧的情况。

专家支招

综合上述情况，在斗鸡博弈中，我们给出的建议是：

1.对于一方来说，最好的情况就是对方退后，自己不退。

2.如果对方也这么想，那么想要和平解决问题就只能双方互相妥协了。

¥ 庞氏骗局：这是西方版的拆东墙补西墙吗？

现实困惑

查尔斯·庞齐是一个意大利人，在1903年移民到美国。刚移民到美国的时候，他干过各种工作，其中不乏违法行为。比如，他曾因走私在加拿大服过刑。

不过，庞齐是一个头脑灵活的人。他发现金融可以赚大钱，于是设计了一个投资计划，向美国大众兜售。为此，他在1919年来到了波士顿，并刻意隐瞒了自己的历史。

在宣传中，他声称只要购买欧洲的某种邮票，再拿到美国来卖就会赚大钱，并且故意把这种交易弄得非常复杂。在具体的运营策略上，他宣布凡是投资的人在45天之内都可以获得50%的回报，并且确实兑现了。

当看到第一批投资者得到了50%的收益率之后，美国大众疯狂了。一个半月就可以获得50%的回报，这个投资太诱人了。在此后一年的时间里，差不多有4万的波士顿市民，疯狂地对庞齐进行投资，其中大多是怀揣发财梦的穷人。

有了这些钱，庞齐很快住上了豪华别墅。他生活奢侈，给情人买了无数的首饰，摇身一变成了顶级富翁。

其实，他根本没有拿这些钱去做什么投资，而是完全靠着不断吸引新的投资来回报之前的投资者的利润。可是，他吸引投资的速度越来越慢。当他无法募集到更多的钱给以前的投资者作为回报时，他的骗局破产了。在他被捕的时候，他已经挥霍掉了很多贫穷者的身家，甚至更多。这就是庞氏骗局。

你看懂什么是庞氏骗局了吗？

要点解析
YAODIANJIEXI

庞氏骗局是一种古老而又常见的

投资诈骗，这种骗术是由投机商查尔斯·庞齐发明的。它一般是以高资金回报率为许诺来骗取投资者投资，再用后来的投资者的投资去偿付前期投资者。目前全世界的范围内，每年仍然会有很多的投资者因庞氏骗局而倾家荡产。

也就是说，庞氏骗局是一种典型的"拆东墙，补西墙"的融资骗局。用新借贷来的资金填补之前的亏空。只要新的资金能够不断补充进来，这样一种融资的循环就可以持续下去。

专家支招

庞氏骗局对受害者的利益影响很大，因此人们应小心对待。

1.一旦发现自己进入某项"拆东墙，补西墙"的投资循环中，应立即抽身出来。因为从根本上看，这种融资循环必然会有崩溃的一天。就算它能借到全世界所有的钱，当全球的钱都被融资光了，那么下面的钱又从何而来呢？

2.对于政府而言，加强对庞氏骗局的打击，是需要做好的工作。

¥ 合成谬误：为什么个体的理性会导致集体的非理性呢？

现实困惑

第二次世界大战前，德国气焰嚣张。周边的国家都不想与希特勒对峙，希望别人能给他点教训，而自己则在一旁坐山观虎斗。这对每个国家来说都是最优的策略。但是所有的国家都对希特勒实行绥靖政策只会导致希特勒所有的要求都不断被满足，每个人的利益都不断地受损，最终逃不过这场战争。

听一听这深刻的忏悔吧："起初他们追杀共产主义者，我不是共产主义者，我不说话；接着他们追杀犹太人，我不是犹太人，我不说话；后来他们追杀工会会员，我不是工会会员，我不说话；此后他们追杀天主教徒，我不是天主教徒，我不说话；最后，他们奔我而来，再也没有人站起来为我说话了。"

这种作壁上观的心态导致自身利益受损的情况，反映的是一种人性弱点吗？

要点解析
YAODIANJIEXI

对于当时各国这种自扫门前雪的态度，希特勒的评价是：个体的理性会导致集体的非理性，所以能够压制个体的自由而使整体受益的民族才是最有前途的民族。在经济学中，局部来说是正确的东西，对总体来说可能是错的，这种现象被称为合成谬误。

专家支招

合成谬误给人们的教训是：

1.对于个人来说是理性的行

为，汇集到一起，经过参与者多方的动态博弈之后，并不一定能提高整体的福利，有些情况下，甚至导致社会福利水平的下滑。

2.完全自由的市场经济可能产生各种灾难性后果，但是加以调控之后，这些结果就不会发生了。

公共地悲剧：圈地和公共地，哪个更有利于经济的发展呢？

现实困惑

十五六世纪的英国，草地、森林、沼泽等都属于公共用地，牧民在上面放羊。由于对外贸易的发展，对羊的需求大大增加，于是养羊业飞速发展，大量羊群进入公共草场。很快公共草场开始退化了。

英国留学生哈定据此提出了"公共地悲剧"的概念，意指公共资源会被自私的人们滥用。从这时开始，有些贵族就使用暴力手段获得土地，用围栏把公共地圈起来作为私人的土地，这就是臭名昭著的"圈地运动"。从此，那些农民们失去土地，只能成为资本家剥削的对象了。

但是有一点我们传统的教科书上没有提到，那就是经过"圈地运动"短暂的阵痛之后，英国人惊奇地发现，土

地的管理效率提高了，草场的质量改善了。也是从圈地运动开始，英国逐渐发展成日不落帝国。

圈地和公共地，哪个更有利于经济的发展呢？

要点解析
YAODIANJIEXI

看来解决公共地悲剧的关键就是垄断。垄断一直被我们认为是低效率的，但是在这里却能够提高效率。由于公共的资源已经变成某一个集团独有的资源，它自然会被好好保养，倍加珍惜。

专家支招

我国是公有制大国，面对公共地悲剧理论，应采取怎样的对策呢？

1.实践证明，私有制可以有效地利用社会资源，而不会出现公共地悲剧的情况。因此，政府在组织经济体系的时候，也应充分考虑到公共地的悲剧现象，更多地采用私有专属的生产资料分配方式。

2.加强国民思想教育，以减轻公共地悲剧。

3.建立广泛的预警和监督机制，避免公共地悲剧变得更加严重。

￥ 胜者全得博弈：高考制度是严重浪费吗？

现实困惑

据悉，参加2013年普通高考考生预计为900余万人。广东、河南分别以72.7万、71.63万的报名人数位居分省统计数据的前两名。

那么，为什么会有这么多人希望参与高考的角逐呢？除了少部分的精英学子怀有一颗报国之心和求知之志以外，更多的考生，其目的仅在于通过在大学中的学习，谋得一份差使糊口。那么，大学学习对谋生的帮助有多少呢？

尽管近年来我国高校一直处于扩招之中，但是一类知名院校的招生计划并未增加。名列国家211计划之中的本科院校，仍然竞争激烈。实际上，正是这些院校，提供着全国高校毕业生最多的满意就业岗位。这与国家对此类院校的扶植政策有很大关系。而其他院校，在就业方面则要远逊色于这些知名院校。事实上，普通大学毕业生的就业情况严峻，早已是人所共知的事实了。

那么，这些参考学生中，会有多少被能够提供有效就业的学校录取呢？翻翻账本，还是那句老话：千军万马过独木桥。换言之，绝大部分考生，都无法达到他们参与高考竞争的最大目的，而他们用于参与竞争和为参与竞争做准备的时间和精力，本应可以用在其他方面，来为社会和自身创造价值。

从这个角度来讲，高考制度，是一种对社会稀缺资源的浪费吗？

要点解析
YAODIANJIEXI

确实，从稀缺资源配置的角度来讲，高考制度本身是存在着严重的浪费情况的。其实，从经济学的角度来看，高考本身是一种胜者全得博弈。

这类博弈的一般特征是：回报主要或完全集中于那些最优的竞争者。博弈刚开始时会有许多参与者，但最后真正获益的只有一个。职位竞选就是胜者全得博弈的典型代表。在美国历届的总统大选中，最终落选的候选人和他的支持者们，都损失了大量的资金和人力，没有收到任何有利他们的效果。

胜者全得博弈在宏观角度是一种资源的浪费，但是从微观的角度来看，对每个参与者的吸引力仍然是很大的，因为这种博弈的奖品往往十分丰厚。这也是很多人明明知道参与其中可能折本，却仍然对其热衷的原因。

专家支招

参与胜者全得博弈时应注意两点：

1. 保持良好的心态。要明白这种博弈就是一种赌博，获胜更好，一旦落败也要平静地接受。

愿赌服输，不然只能对自己的生活造成更大的伤害。

2.既然胜者全得博弈的风险很高，那么在下决心参与其中之前，一定要权衡其中的得失利弊，考虑参与该博弈的可行性。

合作博弈：腾讯为何割肉反哺开发者？

现实困惑

在国内游戏应用领域，腾讯的存在一度让开发者头疼。很多开发者都会抱怨，做一款游戏，九成收入都让腾讯拿走了，自己只剩一成。和成本相抵后，自己基本上就不剩什么了。而另一方面，这些开发者大多还离不开腾讯的开放平台，只有依靠腾讯的平台，自己的产品才能获得客户流量。

2012年年初，腾讯出台了与开发者的分成新政，加大对中小开发商的扶持力度。对于月收入在10万元至100万元之间的开发商，腾讯将与开发商分成上限提升至70%；月度收入100万元至1 000万元规模的开发商则与腾讯各取50%。对小型开发商，腾讯不参与其分成。此外，对于新上线的应用，腾讯还提供为期三个月的免费服务器支持。

在新的分成政策下，第三方开发者踊跃地进入到了腾讯的平台，这使腾讯成了继苹果和Facebook之后的全球第三大开放平台。

提高了开发者的分成，自己的收益也得到了加强，腾讯是如何做到的呢？

要点解析
YAODIANJIEXI

其实，涉及运营平台和应用开发者两方利益分配的问题，属于经济学中合作博弈的范畴。

合作博弈研究人们达成合作时如何分配合作得到的收益，即收益分配问题。合作能够产生一种合作剩余。至于合作剩余在博弈各方之间如何分配，取决于博弈各方的力量对比和技巧运用。

对于腾讯公司而言，合作必须要进行下去，因此必须要和开发者达成妥协。一旦由于短视，过分压榨开发者的分成，极有可能导致合作破裂，这样腾讯就一点分成都得不到了。因此，腾讯公司才加大对开发者的分成。而结果对其自身也是有利的——它成了世界第三大开放平台。

专家支招

合作博弈是以合作为基础的，因此，关于该博弈的建议也是围绕合作展开的。

1.妥协必须经过博弈各方的讨价还价，达成共识，进行合作。

2.在合作博弈中，双方应注意的是，在合作达成的前提下进行利益博弈。一旦合作无法达成，利益分享也就无从谈起了。

¥ 劣币驱逐良币：不收红包的医生为何被开除？

震林是从泰国留学回来的医生，是个标准的"海龟"。回国后，他就职于沈阳市一家大型三甲医院。

震林医生不仅医术高超，而且医德高尚，工作兢兢业业，尽职尽责，得到了患者的一致好评。但是奇怪的是，几年后他不仅没有升职，居然还被迫离开了这家大医院，这是为什么呢？震林告诉朋友了其中的原委。

震林从国外带回来了一个"坏毛病"，就是不收"红包"。而一旦有医生开了先河，患者中间就会传说，让医院方面很难做。

院方只好和震林解除了聘用合同。作为普通人，总会问这样一个问题：为什么有医德、医风的医生，不得不离开他希望工作的医院？

要点解析
YAODIANJIEXI

医生不是自愿离开的，而是被那些医德医风低下的医务工作者逼走的。在经济中，有一条劣币驱逐良币的法则。其意为，在双本位货币制度的情况下，两种货币同时流通时，如果其中之一发生贬值，实际价值高于法定价值的"良币"将被普遍收藏起来，逐步从市场上消失，最终被驱逐出流通领域。

在实际生活领域，这条准则仍然发挥着作用。20世纪的意大利思想家卡尔维诺写道：在一个人人都偷窃的国家里，唯一不去偷窃的人就会成为众矢之的，成为被攻击的目标。因为在白羊群中出现了一只黑羊，这只黑羊就是"另类"，一定会被驱逐出去。

专家支招

在一个缺乏良好秩序和约束体制的环境里，劣币驱逐良币，稗子战胜水稻的机制，会带给社会不良的影响。为了维持社会运行的良好，我们需要做到：

1.必须建立起能够抵消劣币准则的其他准则，如道德准则等。这也是为什么我国一直强调物质文明与精神分明协调发展的原因所在。

2.提高最低水平的经济元素的实际水准，让劣币变得不劣。

（三）
热点现象经济学

￥ 美女经济：去车展，看的是车还是美女？

现实困惑

2012年的"五一"长假，北京国际车展拉开序幕。小张是个车迷，不仅熟悉各种车型，平时跟同事聊天内容也主要是车，同事都说他三句话不离本行。北京车展是国际A级车展，场面宏大，各种名车云集。小张一大早就跑去车展了，他可不想错过这次饱览名车的机会。

在展区逛了半天，小张准备打道回府了。因为他对车展有几点很不满意的地方：第一，车型太少，就那么几辆车摆在那；第二，媒体太多了，到处都是闪光灯，让人看着心烦；第三，到处是车模，车模比车还多。车模虽美，但是不懂车，遇到问题想找个人问问都找不到。逛了半天，小张很纳闷，车展，到底是展示车呢，还是展示美女？

要点解析
YAODIANJIEXI

看车展，看的是车还是美女？不仅是小张，相信大部分人都会有这样的困惑。近几年，"美女经济"泛滥成灾，选美大赛比比皆是，商场促销美女站台，连出书都要加个美女作家的噱头。不得不说，有美女相助，经济利益确实提高了。在这个全民娱乐的时代，"美女经济"大行其道是有道理的。

但是，有些商家跟风没跟到点上，以为只要有美女就会有钱。他们舍本逐末，忘记了产品的质量等问题，其结果只会适得其反，引起民众的反感。商家采取"美女经济"这种营销方式的时候，如果知道过犹不及这个道理，顾及社会效益和公众承受力，那么像小张这样的困惑就会迎刃而解。

专家支招

美女经济就是围绕美女资源所进行的财富创造和分配的经济活动。美女作为一种特殊的媒介，沟通了商品和消费者的联系。通过特定的经济要素、运行机制，这种经济活动就形成了美女经济。美女经济会给人以怎样的启发？

1.21世纪是个信息爆炸的时代，大量的商品信息堆积在一起，如果没有特殊的方式展露自己，引起消费者的注意，那么这种商品很可能就此消亡。美女能够给人美感，引起人们愉悦的心情，受到人们的关注。有关注就会有消费点，因此美女成了一种特殊的资源，而美女经济就是开发这种资源的最集中的经济活动。

2.作为一种可以经营的资源，美女经济围绕美女资源产生一系列的增值效果。其中，美女不是被直接消费的商品，而是商品信息传播的媒介。

泡沫经济：国家为什么限制"炒房"？

现实困惑

2010年4月17日，国务院下发《关于坚决遏制部分城市房价过快上涨的通知》，要求对"商品住房价格过高、上涨过快、供应紧张的地区，暂停发放购买第三套及以上住房贷款；对不能提供1年以上当地纳税证明或社会保险缴纳证明的非本地居民暂停发放购房贷款"。这被网友称为"史上最严厉调控政策"。

2010年4月30日，北京率先出台楼市限购令，"同一家庭限新购一套房，暂停对购买第三套及以上住房以及不能提供1年以上本市纳税证明或社会保险缴纳证明的非本市居民发放贷款。"

2011年1月，国务院下发《关于进一步做好房地产市场调控工作有关问题的通知》，要求各省会城市和房价过高、上涨过快的城市，从严制定和执行住房限购措施。其后43个城市限购，全国限购大幕就此拉开。

2012年12月8日，国土资源部表示，将认真贯彻落实中央经济工作会议精神，继续坚持房地产调控政策不动摇，保持从严从紧调控基调。

2013年2月26日，国务院办公厅发布《关于继续做好房地产市场调控工作的通知》，要求人民银行当地分支机构根据价格控制目标和政策要求，进一步提高第二套住房贷款的首付款比例和贷款利率；进一步完善现行住房限购措施；对执行住房限购和差别化住房信贷、税收等政策措施不到位和房价上涨过快的，要进行约谈和问责等。这是继2月20日，国务院常务会议出台新"国五条"之后，时隔8天，再度给楼市调控加码，被媒体和业界称为是国五条实施细则。

2014年两会期间，李克强总理在政府工作报告中，重申中国将遏制房地产投机。

请问，国家为什么每年都会出台相关政策限制"炒房"？

要点解析
YAODIANJIEXI

住在北京的人都知道，夜晚的时候，很多小区里的灯有一多半是不亮的，因为房子是空房，里面没有人住。可是，即便有这么多闲置的房子，北京的房价依然高得吓人，普通民众望而却步。

一位经济学家认为北京的房地产市场即将崩盘。他为了证明自己的言论，拍摄了数百栋空置写字楼的照片。他说："我拍这些照片的目的就是想让人们明白供给已经严重过剩。在中国，一个巨大的房地产泡沫和固定资产投资泡沫正在形成，想要以温和的措施抑制泡沫膨胀是非常困难的。"

房地产市场供给严重大于需求，泡沫早就形成。如果房地产泡沫破灭，首当其冲的就是金融体系。银行资产将会成为负债，其次受牵连的是建筑材料、钢铁、煤电、运输等行业。到时候市场一片萧条，国家经济将会出现危机。泡沫经济的潜在威胁如此之大，所以政府才会抑制泡沫经济，限制炒房。

专家支招

泡沫经济，指资产价值超越实体经济，极易丧失持续发展能力的宏观经济状态。泡沫经济是由大量投机活动支撑起来的，缺乏实体经济，就像泡沫一样，膨胀越大越容易破裂。一旦泡沫破裂，将导致资产价值迅速下跌，经济出现萧条。因此，熟悉泡沫发展的阶段就很重要了。

1.泡沫形成初期。

2.泡沫膨胀期。

3.泡沫破裂期。

现在房地产市场正处于泡沫膨胀期，已经有大量的征兆预示着泡沫濒临破裂。因此，现在已经到了不得不抑制房地产泡沫的时刻了。

¥ 网络经济：网络经济能够取代传统经济吗？

现实困惑

11月11日，这个被网友戏称为"光棍节"的日子，变成了网上商城的狂欢节，B2C网上商城的销售额在疯狂飙升。2012年11月11日，"双11"促销如火如荼地展开，各大电商赚了个盆满钵满。据统计，"双11"这天，苏宁易购全天订单量突破170万单，销售额同比增长超过20倍！当当网也交出了"全天销售超1亿元"的成绩单，易迅网的销售金额超过1.2亿元。当然了，赚得最多的当属网上商城的老大——阿里巴巴集团。仅"双11"一天，其旗下的天猫就达成了132亿元，淘宝则完成了59亿元，二者加起来是惊人的191亿元！这是一个什么概念呢？如果用常见的点钞机来一刻不停地清点，需要耗费133天！

与网上商城的狂欢相比，实体商铺则显得落寞得多，许多大型商场空荡荡的，来购物的人寥寥无几，与网购大军比较起来真是千差万别。网上商城对于传统零售渠道的冲击如此之大，是否意味着在不久的将来，网上商城这种新经济模式能够彻底颠覆传统的零售渠道？

要点解析
YAODIANJIEXI

网上商城这种新经济模式与传统线下零售渠道之间的争论引发关注，不同的人有不同的看法。网络经济旗帜性人物马云认为：双十一购物狂欢节已经说明了一切，这代表着中国经济将要转型的一个信号。大战已经开始，新经济模式将会对传统线下零售渠道开展一次革命性的颠覆，就像狮子吃掉羊一样，这是生态的规律。

与马云的观点不同的是，传统零售商认为，网上商城对于传统零售渠道的冲击已经毋庸置疑，但是由于消费者的不同需求，这二者之间不会存在一方吃掉另一方的情况。在未来的某一天，双方会找到一种方式和谐共存。

专家支招

当今时代，计算机技术日新月异，互联网在经济领域内的普遍使用，使得经济信息成本得以急剧下降，网络经济是指建立在计算机信息基础上的生产、分配、交换和消费的经济关系。作为普通人，应如何参与到网络经济之中？

1.网络经济虽然与传统经济有差别，但是绝不能把二者分裂开来。互联网上交易的商品都是以数字、图片等虚拟方式呈现出来，实际上只是一套符号体系，它必须依靠实体经济。网络经济实际上是一种在传统经济基础上产生的，经过以计算机为核心的现代信息技术提升的高级经济发展形态。

2.掌握网络经济的特征。与传统经济相比，网络经济具有以下显著特征：快捷性、渗透性、自我膨胀性、边际效益递增性、可持续性等，网络经济以极快的速度影响着社会经济与人们的生活。

¥ 考试经济：一场考试需要花多少钱？

现实困惑

2013年的考研日子马上就要到了，小宋在准备最后考试冲刺之余，总结了自己这大半年的考研生涯。考研感受最多的是一个字：累。小宋每天7点就要起床去占座位。这一坐下就是一天，不到晚上12点不会离开，不然座位就让别人抢去了。

要考试，就少不了各种各样的复习

资料。首先，教育部每年都会编写一本各科考研指导教材，这被广大考生们称为"考研红宝书"，是每位考生必不可少的资料。其次，历年考试汇编与解析也少不了。小宋还经常遇到自称是研一的学长向他推荐自己的考研笔记，这些考研心得当然也是需要用金钱交换的。再次，就是铺天盖地的考研机构，像新东方、海天一类的，每个辅导班都得数千元。关键是小宋报了不止一个辅导班，这项开支差不多有5 000多元。最后，小宋为了考上心仪的大学，提前到该大学熟悉气氛，在大学里面租了个床位，租金2 000元。光考研资料这一项费用，小宋算了算总账，差不多为8 000多元。如果再加上报名费、宾馆费什么的，小宋的考研成本差不多为1万元钱。

看着1万这个数字，小宋不禁纳闷，一场考试竟然需要花这么多的钱？

要点解析
YAODIANJIEXI

考研难，不仅是说考生学习任务繁重，还有沉重的经济负担，动辄上万元的考研费用增加了考研的难度。考研花费项目主要包括资料、辅导班、讲座、出租房以及考研酒店等。甚至有些同学还会遇到售卖自习室座位、考研答案的情况，每一个项目都需要花费不少钱。

小宋的资料和辅导班支出5 000多块钱，看似不少，其实这只是考研的一般花费水平。要是艺体生考研的话，光是专业课培训就需要花费数万元。另外，考研的同学不得不放弃工作的机会，这些对于考生来说是一些机会成本。如果考研失败的话，这个机会成本就会大许多。

专家支招

近年来，考研热持续升温，考研人数已经连续8年达到百万人以上。2013年，考研报名人数的记录再次被刷新，达到180万左右。俗话说，人多的地方，赚钱的机会也多。考研越来越被社会重视，人们对于考试的投入也越来越多。巨大的市场和丰厚的利润带动了考试经济以及相关产业的飞速发展。具体来讲，人们可以在考试经济中的哪些环节获得经营收益呢？

1.考试经济从报考开始，到成绩公布结束，中间经历教材购买、辅导培训、考试工具配备、考前准备、考试期间消费、成绩查询定制等诸多环节。

2.每个环节都可以创造出环环相扣的价值链，涵括图书、文具、餐饮、社会办学等各个行业。有需求就有供给，考研市场存在着如此之大的利益，与之相关的各行各业才会拼命往考研市场钻，市场主体受利益驱动导致了考试支出的刚性增长。

¥ 假日经济：中国人为什么能够"包围"世界景点？

现实困惑

小王是北京某外企的员工，平时上班忙碌，没时间陪妻子。2011年"十一"期间，小王决定带妻子去欧洲旅游，弥补平时的亏欠。

黄金周出游，最怕的就是人多，旅游看的不是景，全是人了。"十一"假期是国人出境游的高峰期，小王为了避免人挤人的尴尬，识趣地避开了"扫盲游"线路，比如法国、意大利等热门国家，选择了有捷克、奥地利等国的东欧路线。

即便下足了工夫，小王东欧之旅的最大感慨还是"哪里都是中国人"！小王走在布拉格的奢侈品一条街里，周围店面的一群中文导游在召唤着他；小王在维也纳浏览商品的时候，竟然有个中国人上来告诉他哪些商品值得买。结果，小王回国的时候手里拉着数个大箱子，像是小搬了一次家。

小王回到公司后，对同事诉说自己的遭遇，结果那个同事说："我比你还惨，我跟着一个团去了巴黎，结果发现巴黎全被中国人'包围'了。去酒店的

时候，酒店里住的全是中国人；吃个自助餐还得等两小时，因为巴黎中餐馆里面人满为患！"

听着同事的抱怨，小王不禁纳闷，中国人为何把世界景点全"包围"了？

要点解析
YAODIANJIEXI

有需求就有供给，中国人愿意掏钱买东西，欧洲商人自然乐意卖商品，有时候还会诱导购物。近些年，中国人出境旅游逐年上升。中国旅游研究院发布的报告显示，2011年，全球入境游客实现4.4%的同比增长，其中中国出境游的贡献率就高达30%。正是如此多的中国人选择外出旅游，所以全球著名景点才会频频出现中国人的影子，看上去好像是中国人把世界景点"包围"了。

假日经济是指人们利用节假日集中购物、集中消费的行为，带动供给、带动市场、带动经济发展的一种系统经济模式。人们在节假日选择出游，在休闲的同时，必不可少地会产生消费行为。于是有了一句话，"因为有一部分人休息，而使另一部分人获得工作的机会"。

专家支招

近些年，随着经济的发展和社会的进步，人们在腰包鼓起来的同时，消费观念也开始发生变化。人们不再是只把钱存在银行

里了，而是愿意花钱消费。为了鼓励假日经济，政府可以做哪些工作呢？

1.政府为了促进内需，更愿意看到居民消费观念的转变，曾推出了"五一"、"十一"、"春节"三个七天的假期，为居民消费、休闲度假提供了充裕的时间，从而也奠定了假日经济坚实的基础。

2.为假日经济创造出我国特定的经济、社会和文化背景，从而加强假日经济的热度。

¥ 知识经济：商人为什么不敢小瞧经济学家？

现实困惑

有一位商人，打心眼里瞧不起经济学家，他认为经济学家是一群只会念教科书的家伙。有一天，商人贩卖货物赚了点钱，正得意的时候碰到了一位经济学家，于是他高傲地说："经济学家能赚多少钱啊？别在那研究没用的东西了，跟着我干吧，我给你的报酬是你当经济学家的10倍。"

经济学家认识这位商人，知道他瞧不起经济学知识，早就想惩罚他了，于是就说："你说经济学没用，那咱们就打个赌怎么样？"

商人说："赌什么？"

经济学家说："我用钱买你的钱。第一天我用100块钱买你2分钱，第二天我用100块钱买你4分钱。以此类推，我每天用100块钱买你前一天一倍的钱，期限是30天。你敢赌吗？"

"有什么不敢，就这么定了。"商人脱口而出。100块钱换2分钱，这么好的事，不赌的是傻子，商人想着想着乐了。

可是，赌约仅仅过了十几天，商人就不得不求饶了，原本看着稳赚不赔的买卖，到最后却赔了个精光，从此以后，商人再也不敢小瞧经济学家了。这是为什么呢？

要点解析
YAODIANJIEXI

商人认为他赚的钱比经济学家研究经济赚得多，因此他瞧不起经济学家，然而，经济学家用事实告诉了他知识的力量。

经济学家用100块钱买商人的2分钱，商人看到眼前的利益而立刻答应赌约。第一天他付出的钱是2^1=2分钱，第二天是2^2=4分钱……第十天是2^{10}=1024分钱，第二十天是2^{20}=1 048 576分钱，第三十天是2^{30}=1 073 741 824分钱，也就是说，按照赌约，商人第三十天要付给经济学家上千万！这么多的钱，已经远远超出了商人的承受能力，因此他向经济学家求饶了。

知识经济，通俗来说就是以知识为基础的经济。它是和农业经济、工业经济相对应的一个概念，其主要标志是以微软公司总裁比尔·盖茨为代表的软件知识产业的兴起。在现代社会生活中，知识已成为生产要素中一个最重要的组成部分。21世纪引导世界经济发展的必将是知识经济。

专家支招

鉴于知识经济的重大价值，各国都应多方鼓励知识经济的存在和发展。

1.知识经济是促进人与自然协调、持续发展的经济，因此加强科学性会有助于知识经济。

2.知识经济是以无形资产投入为主的经济，因此要建立起相应的评估体系。

3.知识经济是以知识决策为导向的经济，科学决策的宏观调控作用在知识经济中有日渐增强的趋势。

¥ 体育经济：北京奥运会，刘翔退赛伤害了谁？

2008年8月18日，北京奥运会男子110米栏比赛在鸟巢进行。遗憾的是，中国飞人刘翔在万众瞩目下因伤退赛。刘翔"伤退"，这个意料之外的消息震惊了全世界，国人为之感伤，世人为之叹息。然而，刘翔伤退还深深地伤害了一群人，那就是在刘翔身上下了赌注的广告商们。

刘翔退赛，这本来是一件体育事件，商人为何会受到伤害？

要点解析
YAODIANJIEXI

奥运会开幕之前，刘翔已经代言了16个品牌：安利纽崔莱、VISA、伊利、耐克、交通银行、联想、中国邮政、元太、奥康、杉杉、双钱、升达、白沙、中国移动、平安保险和凯迪拉克等。这些品牌均在刘翔身上押了重宝，指望着刘翔能在奥运会上替他们扬名中外。因此，刘翔退赛对他们的影响显而易见。

拿耐克和阿迪达斯这对冤家举个例子吧。耐克是北京奥运会的合作伙伴，阿迪达斯则没能抓住这个机会。耐克认为自己一举超越阿迪达斯的机会来了，因此下血本请刘翔和姚明代言。前期确实起了作用，2007年时耐克的品牌价值是120亿美元，而阿迪达斯只有48亿美元。可是，随着刘翔的退赛，耐克和阿迪达斯的品牌价值差距在2008年进一步缩小。

中国平安此时已无法"平安"，因为受到投资者的质疑，平安请来了刘翔代言，希望凭借刘翔的信誉，召唤投资者的信心。据悉，中国平安为刘翔送上了一份1亿元的巨额保单。刘翔的因伤退赛，让平安又陷入了尴尬境地。

因为退赛事件而受到伤害的品牌不止这几个，像VISA的"刷新梦想，12秒88"和伊利的"有我中国强"这些广告，此时显然不合时宜，通过刘翔代言的理念也根本无法传达。

专家支招

刘翔退赛会伤害到请他代言的品牌厂商，这反映了在体育赛事里面存在的经济关系。体育经济是指从生产和经营的角度出发，把大众的体育生活和与此相关的经济行为有机地融合在一起，作为一项特殊的产业来发展。体育的经济效益包括直接经济效益和间接经济效益，像上述案例中的广告效益就属于体育的间接经济效益。

刘翔退赛事件给各大品牌厂商敲醒了警钟：

1.体育品牌营销是一个系统工程，切勿盲目追星。

2.不要将成败系于明星一人，重要的是要找到代言人和产品的结合点。

3.企业只有做足工夫，才能在体育营销上有所收获，临时抱佛脚式的押宝方式是不足取的。

¥ 网游经济：游戏也是赚钱之道吗？

现实困惑

大学生张磊最近做了一笔买卖，有个魔兽世界的玩家非常羡慕他的装备，想用2 000元购买他的账号。张磊喜出望外，马上答应了这笔交易。这2 000元是张磊玩游戏掘到的第一桶金，尝到甜头后张磊又把主意打到了同学身上。同学有个热血江湖的账号，张磊用2 000元外加一顿饭的报酬买了下来，然后把账号在淘宝上转卖，价格为3 000元。张磊看到了游戏的赚钱之道，从此迷上了网络交易。

毕业之际，大学生工作不好找，张磊想，自己能不能从游戏中找到职业呢？

要点解析
YAODIANJIEXI

现实生活中，游戏已经形成了确实的产业，因此通过游戏赚钱并非空想。

网络游戏经济，是围绕网络游戏中的虚拟资源所进行的一系列财富创造和分配的经济活动。在网络游戏的产业链中，虚拟财产可被创造、交换、售卖、购买；用户可通过自己加工增加虚拟财产的价值……这些都是求职者的切入点。

专家支招

网游产业是一个新兴的朝阳产业，中国网游产业从20世纪末初期形成，到如今处于高速发展阶段。中国网游产业存在着巨大的潜力，但是发展过程中难免会遇到各种困难，这就需要：

1.加大政府的扶持力度。

2.吸引民间大力投入。

3.得到保护知识产权等方面的支持。

¥ 小狗经济：上林人为什么能够在加纳的砂金开采中站稳脚跟？

现实困惑

2013年，中国驻加纳大使馆大使透露，加纳政府开展了大规模打击非法采金活动的行动，截至6月5日上午，加方共抓捕了124名涉嫌非法采金的中国公民。这些被扣押的124人中绝大部分来自上林。

那么，为什么在加纳的上林人这么多呢？其实，上林素有采金传统，20世纪90年代曾上演过"万名金农闯关东"。

比如，黄金的价值高，但采金业的管理往往很松散，很多人眼红采金者得到的利益，会做出些不法行为来。不过，上林人虽然身材不高大，但他们非常团结，曾经在闯关东的时候，把牛高马大的东北人都打怕了。

此外，加纳的采金业存在一些问题，如河滩边的砂金，不适宜大型采金设备。但上林人将砂泵技艺传入加纳，并坚持技术不外传的原则。因此在中国采金人圈子里，流传着"非上林人不组机"一说。

加纳的安全问题更为严重，上林淘金者常常三四个工程队住在一起，或是共同出去卖金，这样可以集中七八名保镖。如此团结的力量，让加纳匪帮望而却步。

上林人能够在万里之外的西非海岸独霸当地的砂金开采，说明了什么？

要点解析
YAODIANJIEXI

从文中我们可以看出，上林人之所以能够在异国他乡开辟出生存的空间，与他们团结的精神和分工的制度有着不可分割的联系。在经济中，许多弱小的经济单位联合起来，通过分工和团结的方式进行一项大的经济活动，这被称为"小狗经济"。

小狗经济的特点是分工明确、合作紧密，优势在于产业集中和竞争，在于专业化和协作，在于体制和机制创新，在于用市场交易关系代替企业内部管理关系。小狗经济是中国经济发展的一大特点，特别是在浙江、广东一带尤为发达。

我们已经知道了小狗经济的重要价值。那么在小狗经济中，人们应注意哪些问题呢？

1. "一个篱笆三个桩，一个好汉三个帮"，实际上，不仅在生活和军事方面，团结在经济领域也是十分重要的。

2. 方向问题。人多虽然力量大，但也容易失去选择方向的能力。应注意确保方向无误。

￥ 外贸依存度："海上马车夫"荷兰为什么会输给英国和法国？

现实困惑

荷兰是最早进行大规模世界性贸易的国家，它强大的海军力量最初是为了保证商船的安全而建立的。不仅如此，荷兰人使银行业真正地建立起来。他们在阿姆斯特丹兴建的银行，吸引着全欧洲的商人和贵族来此交易；他们建立的公平贸易的机制，让其最大的敌人西班牙在失去海上霸权之前，一直都可以通过阿姆斯特丹的银行融资，从而购买战略物资，即便是在西荷战争进行得如火如荼的时候。

但荷兰仍然衰落了。16世纪荷兰是当之无愧的海上霸主，素有"海上马车

夫"之称，然而到了18世纪却不得不让位于英国和法国。究其原因是荷兰没有英、法那么多丰富的资源和市场。

像荷兰这种高度依赖对外贸易的经济体制，有着怎样的隐患呢？

要点解析
YAODIANJIEXI

我们用外贸依存度的概念来标的进出口总额占国民生产总值的比重。这个比值越大就说明这个国家的经济越开放，换句话说就是对国外市场的依赖性越大。

福尔摩斯说过，任何一个新的证据都是一把双刃剑，我们无法判断它会朝向哪个方向砍下去。在对外贸易中，受益于人，就必然要受制于人。那么，在对外贸易中，如何避免受制于人呢？

1. 为了避免受制于人，我国的对策是扩大内需，避免经济增长过分依赖出口，降低我们的外贸依存度。

2. 中国是个大国，拥有大片的土地和13亿人口，内需如果充分调动起来，潜力无限，我们天生具有低贸易依存度的基因。

¥ 经济殖民主义：中国人在殖民非洲吗？

现实困惑

通过新中国成立后坚持不懈的深耕，我国经济对非洲的影响力已经达到相当规模。非洲大陆凭借其广袤的土地、丰富的资源吸引了无数的探险者。仅位于东南非的赞比亚就有数十家由中国人经营的农场，在这些农场中名声最大的数具有国营背景的中肯农场。

1998年，王驰夫妇来到中肯农场创业，此时这片3 500公顷①的土地还是一片荒地。夫妻俩带着几名中国员工过去后，经过几年的辛勤劳作，开辟出近千顷的农田。此外，他们还发展了畜牧养殖业，盖起了鸡舍、猪圈，建起了饲料加工厂，引进了农业机械。辛勤的劳作换来了丰硕的成果，到了2006年，中肯农场已经发展成一个拥有一个主场、两个分场，集种植、养殖于一体的综合性国有企业，光销售的鸡蛋就占据了赞比亚10%的市场份额。

而像这样的企业在非洲有无数个。华为公司于1999年就在非洲设立了分公司，凭借完美的产品质量、完善的技术服务体系成为该地区主要的电信设备供应商。

但是非洲人对中国在当地强大的经济影响却颇有微词，认为这是一种"经济殖民"。我们应该怎样看待这种现象呢？

要点解析
YAODIANJIEXI

中非经济殖民主义是近年来西方国家给中国政府和企业对与非洲之间合法的互利共赢的经济活动和经济援助所扣上的帽子。伴随着中国经济实力的壮大，无数中国人在非洲各国投资办厂，辛勤劳作，对当地的经济发展和社会进步起到了巨大的推动作用。

在中非的经济合作中，免不了对当地生产力的收购，但这种收购和殖民主义并不相同。殖民行为是一种损人利己的行为，为了实现自身的利益而损害本土居民的利益。但是经济合作则会带来双赢的结果。

专家支招

民族主义情绪对外部的经济渗入都会产生抵制。作为外来势力的厂商规避的方式有：

1.充分考虑到当地人的情感，避免做出过分出格的经济行为。

2.坚持不懈地合作。伴随着双方合作的不断深入，有关经济殖民主义的危言耸听的言论会不攻自破。

---

① 1公顷=10⁴平方米。

旅游经济：日本提出"旅游立国"的口号是否妥当？

现实困惑

西班牙是一个历史上的海上强国，但是今天，它早已成为一个旅游胜地。人口3 900万，面积50平方千米的西班牙，是世界第一个旅游大国，被称为"旅游王国"。

西班牙有着先天不利的条件，西班牙语在国际上属于小语种，懂西班牙语的外国人太少了。但是，它充分利用其得天独厚的自然环境——阳光、海水、沙滩的优势以及一流的服务吸引来自世界各地的游客。可见，西班牙对旅游的推动是强大的。

1972年至1977年，该国旅游收入平均占全部出口收入的26%。在1975年，西班牙的旅游收入已经达到31亿美元，补偿了40%贸易逆差。

美国夏威夷的瓦胡岛，开发前是一片荒凉的海滩，由于政府全力开发，现在已经成为年接待世界旅游者约400万人次的世界著名旅游区。旅游业的发展带动了与之相配套的水、电、煤气、暖气、通信等行业。总之，旅游经济把该地区的连锁经济完全开发出来了。

旅游对一国经济的带动作用是明显的。日本政府曾提出过"旅游立国"的口号。虽然旅游经济给一个国家带来了不菲的收入，但把旅游作为"立国"级别的产业，是否会有些不妥呢？

要点解析
YAODIANJIEXI

一般而言，对外开放旅游产业可以起到增加国家外汇收入、平衡收支、回笼货币、积累资金等作用，能够带动相关行业，促进地区经济发展，并增加就业机会。

从旅游产业对一国经济的作用看来，该产业对整体经济的影响还是很全面的。因此，旅游对经济确实有"国家"级别的战略意义。因此，提出"旅游立国"的口号虽说夸张，却并不过分。

虽说旅游产业对国内整体经济有辐射和带动作用，因此可以接受"旅游立国"的口号，但是不应该把旅游作为"立国之本"。因为旅游属于片面的需求主义经济，而这项需求非刚性需求，没有任何证据可以表明旅游能够长期稳定地作为一国的经济支柱产业。

专家支招

对旅游经济，国家的政策应做以下考虑：

1.在适合发展旅游业的地区发展旅游业，而有其他优势的地区则可以优先发展其他产业。

2.把旅游产业作为国民经济的辅助经济，而非主要经济。

¥ 都会经济：建了地铁就是大都会吗？

现实困惑

"地铁和公交一样，定价不是市场化。可公交只要买车就可以运营，地铁还要挖地、拆迁，地上部分还不由你来开发。"北京市轨道交通建设管理有限公司的总经理丁树奎，委婉地表达了北京地铁运营实际上处于亏损中的意思。

不过，与之形成鲜明对比的是，北京地铁在2012年末和2013年上半年开通了8号线、6号线和10号线的部分路段，全国数十个城市也制定了雄心勃勃的轨道交通发展规划。

迄今为止，国家已经批准了36个城市的城市轨道交通建设规划，"十二五"期间将新增运营里程超过1 600千米，与以往40多年的投运总里程相当。

而且，地铁已经不限于一线城市，中东部地区的城市轨道交通已经在向二三线城市蔓延，全国省会级城市中，仅有拉萨、西宁和银川未公布城市轨道交通发展规划。

为什么各主要城市都力主发展轨道交通？

要点解析
YAODIANJIEXI

发展轨道交通，是大都会城市的选择。而其他城市跟风进行地铁建设，则表现出向大都会靠拢的意向。

但都会经济并非以交通为基础，后者只能是辅助。就好像美国纽约，它的交通现代化程度甚至比不上我国一些非特大型城市，但其经济实力远非后者可比。

此外，特大城市或一线城市由于人多、车多，交通拥挤，且具备一定的经济实力，确实应该大力推进地铁建设。但一些财力一般、客流量不多的二三线城市，如果也盲目投建地铁，在经济增长放缓，甚至下滑后，一旦银根紧缩，很可能对地方财政和金融体系带来巨大的风险。

专家支招

都会因经济而都会，而非因交通而都会。为了建设都会经济，政府需要操心的是交通以外的一些方面：

1.发展知识密集型产业。这些产业适合在都会中运作，而经济实力是都会的基础。

2.开放服务业。服务业是都会的表面特征，也是吸引人群定居的重要因素。

3.做好治安管理工作。人越多的地方，越容易出现治安问题。一个治安不好的城市，无法成为令人流连的都会。

二

宏观经济学

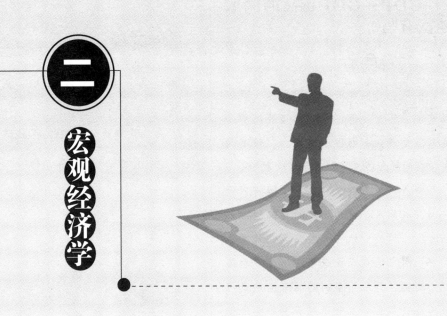

（一）
宏观经济学

¥ GDP：GDP越高的国家越富有吗？

现实困惑

最近，美国经济学家阿文德·萨勃拉曼尼亚的《没落：在中国经济优势的阴影下生存》一书被引进国内。该书的内容在国际经济学界引发了重大反响。

作者认为，到2030年，中国将取代美国，成为主导世界经济的超级强国。在他提出的关于经济主导指数的计算公式中，阿文德重点提及了国内生产总值这一指标，并认为中国的经济增长是确保其在20年后登上全球经济主导国地位的重要基础。

那么，GDP为什么会加强一国在世界范围内的经济影响力呢？

要点解析
YAODIANJIEXI

GDP，即国内生产总值，指的是一国在一定时期内生产的物品与劳务总量，常被公认为衡量国家经济状况的最佳指标。它不但可反映一个国家的经济表现，还可以反映一国的国力与财富。

在经济全球化的大背景下，各国的企业和个人，为了实现其经济目的，往往进行全球化的商品采购和销售。这样一来，拥有强大生产能力的国家必然是最好的商品供应地，而财富的强大也必然使该国成为各国所生产的产品的最好买家。

专家支招

GDP是重要的宏观经济数据，我们应如何看待这个参数呢？

1.并不是说GDP数据抢眼，一国的经济状况也必然良好，人民的生活水平也必然高。

2.一国的财富也并不仅受GDP的影响。这是因为一国的总财富是静态量，而GDP则是社会总财富的动态增量。换言之，GDP高的国家，其总财力不一定比GDP数据相对较低的国家强。

殖民时代后期的西班牙和葡萄牙，其国内生产总值并不高，但由于殖民时期积累了大量的财富，其总财力仍要高于全球大部分国家。

¥ GNP：日本在闷声发大财吗？

现实困惑

从2010年开始，中国的GDP开始超过日本，并逐渐在全球排名第二的位置上站稳。国人为此欢呼雀跃，认为中国的生产能力终于超过日本了。但学界则有不同的声音。2001年，人类步入新千年时期，日本发布一则消息，不再使用1948年以后的统计方式，改生产的统计方式为GDP（原为GNP）。这使日本在全球的经济排位有了明显的下降。

另一方面，日本国掌握的经济力量创造的价值并未被中国赶超。从1983年到2007年，GDP占日本经济总量的40%左右，日本海外企业的销售收入由零增长到20 903亿美元；海外总资产由2 720亿美元增加到54 025亿美元，增长近20倍；海外纯资产由373亿美元增加到22 143亿美元，增长近60倍；外汇储备由244亿美元增加到9 733亿美元，增长近40倍。其海外经济的规模相当于国内经济的1.58倍。单看GDP，美国每年都超出日本一倍多，算起GNP，美国还不如日本。

那么到底是美国有钱，还是日本更有钱呢？

要点解析
YAODIANJIEXI

国民生产总值（英语：Gross National Product，简称GNP），亦称国民生产毛额或本地居民生产总值，即一国之国民一年内所生产的最终产品（包括劳务）的市场价值的总和，是国民收入核算中最重要的组成部分。

GNP与GDP的主要区别在于前者是生产能力基于国家地域的统计，而后者是基于财富的国家领属关系得出的生产数据。因此，美、日两国分居GDP和GNP的领头羊地位。这说明了一点：按照地域来算，美国比日本的生产力更高，而按照财富的国家所属来算，日本比美国创造的价值更高。

专家支招

进入20世纪90年代后，国民总收入GNI取代了GNP的地位。各国仅对外公布GDP与GNI数据，GNP数据已基本不再统计和发布。一般认为GNI就是GNP，因为1993年联合国将GNP——国民生产总值改称为GNI（国民总收入）。国民生产总值的计算方法有三种：生产法或称部门法、支出法或称最终产品法、收入法或称分配法。

面对部分国家采用国民收入替代国内产值的方式来统计财富增量，政府应：

1.保持冷静的头脑，用相同参数和国外经济做对比，衡量出自身的位置。

2.尽可能让GDP和GNP同步增长。

¥ CPI：CPI数值与人民币的购买力有关系吗？

现实困惑

安红的大伯去年回国，临走给她这个安家唯一的女孩留下了10万元钱，希望能够帮助这个小侄女过得好些。当时这些钱可以在当地付一套房子的首付。但安红思虑再三，还是将钱存进了银行。按年期利息2.95%计算，存一年下来，她共获得银行税前利息100 000×2.95%=2 950（元）。

但是安红的同事告诉她，根据当年CPI的增幅数值7.0%来计算，安红手中人民币的购买力实际上是下降的。这是为什么呢？CPI数值和安红的购买力有关系吗？

要点解析
YAODIANJIEXI

储蓄是中国人勤俭节约的良好传统。安红热衷于储蓄，是因为储蓄行为能够把余钱留在更需要的时候去花。也就是说，储蓄行为表面上是保存货币，实际上是保存使用货币购买商品和服务的能力。

但是，货币购买力并不仅仅由货币面值来决定，还由物价水平来决定。储蓄行为本身只能保证货币总数额不会减少，但无法保证物价水平不变。物价水平的表征量是CPI。

消费者物价指数(Consumer Price Index)，英文缩写为CPI，是一个反映与居民生活有关的商品及劳务价格统计出来的物价变动指标，是分析通货膨胀程度的重要指标。一般来说，CPI数值越高，通货膨胀发生的速度就越快，而人们手中单位货币的购买力下降得也就越快。

安红的10万元钱，虽然通过储蓄得到了保值甚至增值，但因物价上升而流失了购买力。这些钱在存款到期时的折算购买力损失了100 000-102 950/(1+0.070)=3 785（元）。

专家支招

CPI测量的是随着时间的变化，包括200多种商品和服务零售价格的平均变化值。一般而言，当CPI>3%的增幅时，我们称为Inflation，就是通货膨胀；而当CPI>5%的增幅时，我们把它称为Serious Inflation，就是严重的通货膨胀。

针对CPI，需要提及的是：

1.人们通常所说的个位数的所谓"CPI"，实际上指的是CPI的增幅，而非CPI本身。

2.受统计与定义设计所限，CPI并不能完全反映每个人消费能力的变化。比如我国现行的CPI计算权重中，居住权重所占分量就远小于很多人实际生活中，居住成本所占生活成本的分量。因此，CPI对大多数人来说，都只是一个很有价值的"参考量"。

PPI：美国为什么打赢了战役却输掉了战争？

20世纪70年代，第三次中东战争爆发，以色列和阿拉伯世界再次针锋相对，埃及与以色列这两个中东国家发生了激烈的火并。由于以色列得到美国援助的大量先进武器，致使埃及付出很大代价，损失惨重。但埃及人不甘心失败，于1973年10月突然发动了对以色列的战争。由于埃及是有备而战，而以色列毫无准备，所以损失惨重。

美国出于控制中东的意图，爽快地答应援助以色列，大批先进的武器被运到以色列。阿拉伯国家方面在力量上无法与美国抗衡，便采取石油禁运的措施来抵制。由于中东的阿拉伯世界掌握着世界上大部分的原油出口，而美国也是中东石油输出的主要进口国，因此石油消费大受影响。由于石油严重缺乏，国际市场石油价格很快由10月份的3美元左右疯涨到年底的12美元左右，PPI也是一路狂涨，以至于整个70年代美国经济都被通胀笼罩着。这是第二次世界大战后资本主义第一次大规模经济危机，美国为自己的"义举"付出了沉重的代价。

在第三次中东战争中，美国为什么打赢了战役，却输掉了战争？

要点解析

阿拉伯国家无法在军事上和美国对抗，便从经济方面打击美国。它们选择的途径是打击美国的生产。因为生产活动是需要能源来进行的，美国遭遇中东国家的石油禁运后，国内可供消耗的石油能源就减少了。因此，一些需求不那么迫切的，或者对能源成本十分敏感的生产会因此停滞，那些不得不去进行的生产活动也会因能源成本的提高而受到负面影响。

由于经济发展是各国普遍看重的指标，因此美国无法忽视中东阿拉伯世界对它的石油禁运报复。

专家支招

既然生产资料的价格会对国家经济产生巨大影响，那么我们确实应对其高度关注。衡量生产资料价格水平的参考量是生产者物价指数。它的英文是Producer Price Index，简称PPI。

生产者物价指数主要的目的在于衡量各种商品在不同的生产阶段的价格变化情形。

一般而言，商品的生产分为三个阶段：（1）原始阶段：商品尚未做任何的加工；（2）中间阶段：商品尚需作进一步的加工；（3）完成阶段：商品至此不再做任何加工手续。

另外值得注意的是：

1.PPI并非只影响生产者，也会影响消费者。

2.PPI对生产资料价格的影响是直接的，对生活资料价格的影响是间接的，需要通过生产成本的改变来实现。

¥ 凯恩斯主义：政府四万亿大手笔意欲何为？

现实困惑

2008年世界金融危机下，为了抗危机、保增长，时任国务院总理温家宝2008年11月5日主持召开的国务院常务会议做出了由政府向国民经济投资四万亿人民币，以促进经济增长的战略决策。外界普遍将之视为"中国政府迄今为应对全球经济危机所作出的最大动作"。

中央政府为此承担了11 800亿人民币的投入，各地又通过扩大企业债券的发行、发放政策性的贷款和地方政府自身筹措资金的方式，把四万亿人民币投

入到建设保障性安居工程，农村基础设施建设，铁路、公路和机场等重大基础设施建设，医疗卫生，文化教育事业发展，生态环境建设等领域。

政府作出这么大的动作，真的能收到预期的效果吗？

要点解析
YAODIANJIEXI

我国政府作出四万亿经济振兴计划是有根据的，其根据就是著名的凯恩斯经济学。

扩大政府开支，实行财政赤字以刺激经济、维持繁荣，这种经济方针被称为凯恩斯主义经济学，简称凯恩斯主义。它是建立在凯恩斯的著作《就业、利息和货币通论》的思想基础上的经济理论。四万亿投资就是主张国家采用扩张性的经济政策，通过增加需求促进经济增长的主要手段，其背后正是凯恩斯的经济理论。

凯恩斯是现代宏观经济学的实际奠基人。我国采取的有调控的社会主义市场经济也是符合凯恩斯主义经济学的。凯恩斯的政府影响学说已经被实践证明是打开宏观经济大门正确的钥匙。而凯恩斯主义则仅局限于具体采取政府投入的方式来影响经济的行为。

专家支招

不过，采用凯恩斯主义来治理经济仍然需要谨慎行事。人们

需要注意：

1.凯恩斯主义行为是激进的宏观调控策略，人们不应因其被冠以"凯恩斯"的光环而盲目地信赖这种经济政策。

2.凯恩斯主义政策的度，是政府需要慎重拿捏好的关键。

3.政府投资过少，则不足以实现调控的目的；政府投资过多，则可能损害市场经济自我调控的机制，造成浪费，等等。

比如，2009年开始的四万亿投资带来的过量货币供给是导致了2010—2011年消费品价格、房价上涨等通胀现象的原因之一。还有人认为此刺激计划带来了巨大的地方债务。2011年以后，扩大内需十项措施的负面作用开始对中国的炼钢行业构成严重冲击，产能过剩导致炼钢行业出现大规模亏损。

宏观调控：新"国五条"再次落空，楼市走向路在何方？

现实困惑

新"国五条"是万众瞩目的楼市调控新政。据经济之声《央广财经评论》报道，新"国五条"细则全面落地之后，土地市场曾一度"急冻"，但2013年5月初就开始出现急升势头。

刚开始，"国五条"对房价确实起到了一定的稳定作用，不过对地价，却显得没那么有效了。上海易居房地产研究院公布的报告显示，2013年4月全国房地产景气指数小幅下行，但行业整体依旧活跃；2013年1—4月土地市场回温明显，价格涨幅处于高位。

不止上海，2013年前4个月，全国房地产开发企业土地购置均价是每平方米2 289元，同比增长21.1%，增幅比2013年1—3月扩大6个百分点。土地购置均价从今年以来也呈现明显的持续上升态势，2013年前4个月增幅甚至达到了两年来的最高点。

在销售环节，不止房地产市场依旧保持高温，土地市场也继续升温。从2013年5月开始，北京、上海、广州等一线城市开始大规模推地，武汉、温州、南京等二三线城市也亮出大规模的推地计划。

新政之下，房价持续高温，是否说明政府调控房价的愿望又一次落空了呢？

要点解析
YAODIANJIEXI

我国的房价涉及多方利益的权衡博弈。既得利益团体为了保证自身利益不致受损，不断采取对策试图延迟新政对自身利益的冲击。从各方面信息来看，2012年秋季以来，国家关于房价的宏观调控受到了既得利益集团的强烈抵制，但基于国家的强大力量，新政策必将取得显著的调控效果。目前，博弈双方都在寻找一种大家都可以接受的方式。一旦房地产泡沫找到阻力小得多的渠道去释放，房价就必然会下跌。

专家支招

宏观调控是政府实施的政策措施，以调节市场经济的运行。

宏观调控中应注意：

1.宏观调控是着重以整体社会的经济运作，透过人为调节供应与需求。最主要目标是促进经济增长，其次是增加就业，稳定物价，保持国际收支平衡等。

2.现代经济学认为，合理适当的宏观调控对经济产生的正面作用会远大于其负面效果。但要使调控行为满足"适当"和"合理"的条件，是需要政府殚精竭虑的。

科斯定理：政府还要不要干预经济？

现实困惑

有一个制糖商，已经从事糖果生产几十年。8年前，一个医生搬到他隔壁居住。

刚开始两人相安无事，但自从医生在这里建了一个诊所之后，邻里之间就再也不得安宁。最后，他们竟然撕破脸皮，打起了官司。

医生向法院起诉，说隔壁生产糖果的机器，发出的噪声搅得他心神不定，而且没法使用听诊器来给病人做检查。因此，他要求制糖商停止生产。法院很爽快地满足了他的要求。

但是，经济学家科斯认为，这种裁决不是上上之策。目前，存在三种解决方案，假如制糖商停止生产，损失300美元；糖果商搬迁到别的地方，需100美元；医生迁移诊所，要200美元。显然，后两种方案更可取，其中最经济的方案，是制糖商搬走。

为什么科斯会认为制糖商搬走是最好的结果呢？

要点解析
YAODIANJIEXI

医生发现，请制糖商搬迁只需100美元，比自己搬迁合算，所以只要制糖商要价不超过200美元，他就乐意掏腰包。而制糖商只要得到的钱不少于100美元，也乐于搬迁。

如果制糖商想让医生搬走，就必须付200多美元，这比他自己搬走多了100美元，很不划算，所以，他会主动搬走。可见，虽然两种假设截然相反，但结果却完全一致，都是制糖商搬迁。

政府不必指手画脚，也不必做硬性

规定，只需划分好当事人双方的权利即可。这就是科斯定理。科斯定理的言外之意是：即使外部性导致了市场失灵，也不需要政府出面干预。

专家支招

关于尽量压缩政府对经济干预的理论很多，但是科斯提出的市场失灵下政府也不必干预市场的理论是独树一帜的。对此理论，政府应如何看待呢？

1.经济学家的理论判断，在没有得到充分论据作为佐证的情况下，不足以对行政方式造成影响，因此政府应按原有干预方式参与经济活动。

2.在市场失灵出现的时候，考虑尝试验证科斯理论的有效性。如果可靠性高，则考虑推广。

¥ 财政政策：我们的钱应该花在哪里？

现实困惑

中新网2013年5月15日引述财政部网站消息称，中央财政将下拨2013年中央补助廉租住房保障专项资金80亿元，支持相关地区完成2013年廉租住房保障任务。

在这80亿资金的分配上，财政部有着如下部署：东部地区25 335万元，占

3.1%；中部地区433 275万元，占54.2%；西部地区341 390万元，占42.7%。

在具体的适用范围上，中新网强调，该项资金主要用于补助廉租住房保障工作中的租赁补贴以及购买、改建、租赁廉租住房开支。不过，如果在用于上述开支后仍有结余，经过同级财政部门批准后，可用于公共租赁住房支出。

国家要对经济中有需求的经济部门进行补助，那么，这些用于补助的钱是从哪里来的？分配的时候，又是如何确定应补助给哪些经济部门的呢？

要点解析
YAODIANJIEXI

国家用于公共事业的资金来源和具体用途，通常被归类到财政政策中。从实际意义来讲，财政是指国家（或政府）的一个经济部门，即财政部门。它是国家（或政府）的一个综合性部门，通过其收支活动筹集和供给经费及资金，保证实现国家（或政府）的职能。

比如，国家的财政收入一般通过税收和非税收途径取得，而财政支出则根据当年的国情进行计划。近年来我国百姓在住房方面的缺口越来越大，引起了国家的重视，因此才出台了对廉租房的补助政策。

专家支招

对于财政政策，我们给出如下建议：

1.财政政策对于国家来说，就好像个人安排赚钱与花钱一样。赚钱要在保持身体健康的前提下尽可能地多赚，而花钱则要花在"刀刃"上。关于一国经济的"身体健康"和何为"刀刃"的计算，就是财政部门的主要任务。

2.国家的财政政策关系到国计民生，而个人的财政政策同样不容忽视。做好收入和支出的安排，是每个人都应当重视的工作。

¥ 货币政策：美国QE何以一石激起千层浪？

北京时间2012年12月13日凌晨，美联储宣布推出第四轮量化宽松，也就是QE4，美联储将每月采购450亿美元国债。

美国的量化宽松可谓一石激起千层浪。美国刚刚推出QE4，周四瑞士央行就宣布维持基准利率0~0.25%不变，同时维持瑞郎兑欧元汇率上限1.20不变，并准备无限量购买外汇以抑制本币升值。

瑞士对美元的反制措施并非标新立异。此前在2012年9月14日，美联储麾下联邦公开市场委员会(FOMC)宣布推出第三轮量化宽松政策，就很快引发了各国央行的反制。如9月19日，日本央行决定将资产购买计划的规模从70万亿日元扩大至80万亿日元，并将该计划的有效期延长6个月，至2013年年底。

欧洲方面，欧央行行长德拉吉9月6日即宣布，该行将启动直接货币交易(OMP)计划，在二级市场无限量购买成员国国债，以压低成员国融资成本，应对欧债危机，促进欧元区经济复苏。另一方面，英国宽松政策预期也重新燃起。

不立即对美国的量化宽松作出反应，其他国家的利益会因此而受到损害吗？为何各国央行看起来都十分紧张？

要点解析
YAODIANJIEXI

为了说明这个问题，我们必须先弄清量化宽松的意义所在。QE，也就是量化宽松，主要是指中央银行在实行零利率或近似零利率政策后，通过购买国债等中长期债券，增加基础货币供给，向市场注入大量货币流动性的干预方式。

与利率杠杆等传统工具不同，量化宽松被视为一种非常规的工具。比较央行在公开市场中对短期政府债券所进行的日常交易，量化宽松政策所涉及的政府债券，不仅金额要庞大许多，而且周期也较长。

也就是说，QE必然会带来货币的超量供给，而货币的超量供给则会带来币值被稀释，换言之就是货币贬值。一国的货币贬值后，随后就会影响该国货币在国际货币市场上汇率的下跌。汇率下跌之后，必然又会对国际市场上各国的竞争格局产生影响。

因此，其他国家央行之所以对美国QE进行了快速反应，其原因还在于对本国产业和在国际市场上利益的保护。

专家支招

量化宽松，在普通人看来很专业，和生活相距甚远的一个名词，对实际生活的影响是非常大的。这就是货币政策的力量所在。政府应这样运用货币政策：

1.通过控制货币供给以及调控利率的各项措施，达到特定目标或维持政策目标。比如，抑制通胀、实现完全就业或经济增长。

2.考虑微观层面对货币政策的影响。对于货币政策，即便是普通人，也会予以足够的关注，因为它和个人的利益紧密相关。

¥ 虚拟货币：什么货币可以升值130 000倍？

现实困惑

早年，中国人知道有一种货币很值钱，那就是美元。后来，人们又听说英

镑和马克也很值钱，而日元相对地则很不值钱。今天，人们终于又得知了一种极为值钱的货币，那就是比特币。

当比特币刚被开发出来的时候，1美元可以买到1 309个比特币。按它曾达到的高度计算，比特币曾至少上涨了13万倍。那么，具体来说，比特币是什么货币呢？

它是一种电子货币，是参照固定的运算程式，通过在电脑上运行一定量计算而得出的一个数据符号。而电子货币是虚拟货币的一种，对虚拟货币的投资，被称为虚拟货币投资。起初，比特币可能只是一小撮网络极客的小众爱好。后来，它在塞浦路斯危机中爆得大名，并因为多家硅谷顶尖风投的介入而进入了公众视野。当然，也引来了美联储等监管机构的"殷切"关注。

不过，比特币的虚拟特性也给人们带来了一些麻烦。美国政府曾查封了比特币交易所运营商Mutum Sigillum的账号，因其涉嫌未经授权开展货币服务业务。同一时期，美国政府还对哥斯达黎加数字货币运营商Liberty Reserve展开洗钱调查，指控其借由比特币处理不受政府控制的巨额资金。

小小的比特币何以在金融领域高调沉浮？

要点解析

YAODIANJIEXI

虚拟货币指非真实的货币，是虚拟的交易，即电子商务的出现而诞生的一种现代货币形式。百度公司的百度币、腾讯公司的Q币、Q点，盛大公司的点卷，这些都是虚拟货币的形式。

近年来，由于电子商务的蓬勃发展，虚拟货币在应用地位上逐渐接近了现实货币。而比特币除了具有虚拟货币的属性之外，还具有有限性的特点（根据比特币的产生算法，全球至多只能产生2 100万枚），因此具有非同一般的投资价值，从而受到人们的热捧。

另一方面，在虚拟货币领域，目前确实还存在诸多不确定性。比如在监管方面，在各个不同国家司法管辖区内是否能够合法存在，交易是否需要在政府备案，是否会出台相应的审计会计条例等问题。同为虚拟货币的比特币，自然也会遭遇这种问题，并因不完善的应用平台而受到政府的限制。

专家支招

对于虚拟货币这种新生事物，我们的建议是：

1.考虑货币的信用。货币的核心还在于信用。尤其是虚拟货币，其使用价值完全为0。因此，在对待虚拟货币的态度上，大家应保持慎重。

2.谨慎使用虚拟货币。出于轻信的投资，可能会给投资者带来巨大的利益损失。

￥ 货币信贷：美国政府何以对雷曼兄弟见死不救？

现实困惑

2008年美国次贷危机发生后，美国政府曾酝酿过一轮总额为7000亿美元的救市计划，其中包括对雷曼兄弟公司的救助，但该轮计划并未得到通过。

对于这项救助计划被否决的原因，《纽约时报》曾经刊登了一篇文章。文章中说，雷曼兄弟公司的首席执行官理查·富德是天字第一号的贪婪之徒。理查·富德从1993年到2007年总共获得了5亿美元的薪水。更可恨的是当雷曼兄弟公司出现危机之后，英国的巴克莱银行想出资17亿美元，收购已经亏损20亿美元的雷曼兄弟公司。但雷曼公司的八名高级主管要求支付给他们25亿美元的红利。

就是这个贪得无厌的华尔街，让国会议员们吃不消。明明危局已成，他们却还在要求各种利益。国会议员不敢为他们大规模违背民意，因为大家都需要看选票。如果全美国的选民对这群丧失信托责任的贪婪之徒恨到极点，那么议员们出于自身地位的考量，很难顾及到雷曼兄弟了。

这一次美国政府提出了7 000亿美元的救市方案，尽管是共和党提出的议案，最后共和党的议员大部分都投了反对票。共和党在美国历史上一向被认为是富人的党。它都不敢去维护富人，可见雷曼兄弟这次的错误有多么严重。

这一轮的救助计划虽然付诸流水，但人们仍然可能有这样一个疑问：仅仅为了拯救金融业的几个巨头，7 000亿美元巨款是否太多了呢？

要点解析
YAODIANJIEXI

人们之所以会质疑美国对金融巨头的救助数额过大，是因为他们不了解金融稳定，即货币信贷稳定的重要意义。让我们看一下货币信贷中止可能带来的灾难吧。

20世纪30年代席卷全球的大萧条，是资本主义世界永远无法抹去的伤痛。今天人们谈论起来，仍然觉得是那样不可思议。这场灾难的罪魁祸首之一就是货币信贷。

当时，由于奉行国家不干预经济的政策，在美国个别有大量不良资产的银行倒闭之时，政府没有出面担保，结果原来很多运营良好的银行也都在挤兑风波下倒闭了。

这一切使得货币信贷发生了严重的萎缩，大量的银行倒闭使缺钱的企业无法借到钱，无法进行生产；仍然"健

在"的银行也大多心惊胆战，希望留足现金应付挤兑，而不是借给企业。这直接导致了工厂倒闭、工人失业、经济萧条、物价下跌……出于对前景的担忧，企业更不愿去投资，由此形成了恶性循环。

专家支招

政府应如何梳理货币信贷呢？

1.中央银行可通过对银行货币信贷的控制，来达到使经济平稳发展，避免出现过热和过冷的情况。

2.建立健全金融制度。资金是企业的血液，而政府则控制着输血管的阀门。货币信贷，是政府必须力保的经济活动。

￥ 存款准备金：众多企业何以缺血而亡？

现实困惑

2011年4月，当地媒体报道，温州乐清市的一家电缆制造企业——三旗集团由于资金链断裂，即将破产。时隔一个多月以后，这家曾创造无数辉煌的企业大门紧闭，仓库大门上的锁已经生锈了。

当地市民告诉一些前来采访的记者，这里原来是温州三旗集团的地盘，

生意非常红火，不过现在已经物是人非。由于欠银行高达1.23亿元的资金，其在乐清的多数固定资产已被冻结或转让，导致资金链断裂。现在三旗集团旗下的一些资产都已经变卖给他人。

对于三旗集团的倒闭，中国中小企业协会副会长周德文如是说：这样的企业很多，特别是小企业。一旦资金链断裂，它就会停工。有的半停工，坚守在那儿。而造成这一切的源头，是当时银行不断上调的存款准备金。

存款准备金是怎么一回事？它何以会引起企业的资金链断裂，致使企业死亡呢？

要点解析
YAODIANJIEXI

我们先看一下存款准备金的真身。存款准备金，是各银行或金融机构为了应付储户的提款而准备的在中央银行的存款，而中央银行要求的存款准备金占银行或金融机构存款总额的最低比率就是存款准备金率。

2011年，央行曾屡次上调各商业银行的存款准备金率。当存款准备金率上升时，各商行存放在央行的实际货币就增多了。相应地，它们可以用来贷款给社会企业的货币就减少了。这样一来，必然就会有更多的企业贷不到款，并因此产生资金链的断裂。如此，经营活动会难以为继也就很容易理解了。

专家支招

不管在财经报纸，还是电视新闻上，存款准备金率都是一个高频词，因为中央银行基本上就是靠它来混的。只要把它稍微调整一下，就可以改变经济的运行轨迹。调高存款准备金可以使经济增速回落，相反，降低存款准备金率可以刺激经济增长。

对于企业而言，一旦央行调高存款准备金率，应当如何应对呢？

1.普通的企业会转而投向社会借贷的怀抱。

2.精明的企业理应想到：调高存款准备金率是政府收紧经济的信号。企业的盈利空间会受到宏观政策的影响，转向利息更高的社会融资，并非明智之举。

¥ 资本充足率：胡雪岩的经济帝国是如何崩溃的？

现实困惑

清末，胡雪岩白手起家，从一个钱庄的学徒做起，凭借其超凡的智慧和勤奋成了富可敌国的红顶商人。洋务运动中，他聘洋匠、引设备，颇有劳绩；左宗棠出关西征，他筹粮械、借洋款，帮助左宗棠筹集经费，立下汗马功劳。然而，他发达于一时，却也破产于瞬间。而去败胡雪岩的盛宣怀，正是抓住了资本充足率这个核心，使得看似强大无比的胡氏商会瞬间崩塌。

胡雪岩做蚕丝生意，每年都要大量收购蚕丝，进行囤积，以期垄断市场，控制价格。这时盛宣怀也大量收购，并且向胡雪岩的客户出售，使得胡雪岩的蚕丝库存增加，资金日渐趋紧。

下一步，盛宣怀就打起了胡雪岩现金流的主意。当时胡雪岩帮左宗棠行军打仗筹集了80万两白银。这虽然是帮朝廷筹集的，但和别人签名贷款的是胡雪岩，别人也只管找胡雪岩要钱。一般，这笔款子每年以协饷的形式补偿给胡雪岩。协饷一到，上海道台就会把钱送给胡雪岩，以作他还款之用。然而盛宣怀在此做了手脚。他以李鸿章的名义，让当时的上海道台邵友濂迟20天发款。就是这20天，最终终结了胡雪岩。胡雪岩想，反正协饷是要发的，所以就先从自己一手创办的阜康钱庄里抽调出80万两还上了。盛宣怀等的就是这个结果。他趁阜康钱庄空虚之际，托一些大户去钱庄取钱，同时放出风声，说胡雪岩将钱庄的大量钱款抽掉出去还债了。人们开始担心这个财大气粗的阜康钱庄会倒闭，而要是倒闭了，自己存的钱就没了，于是纷纷上门提款。这导致胡雪岩的上海、杭州等地钱庄纷纷遭到挤兑，使看似坚固的胡氏商会瞬间崩塌。之后

大名鼎鼎的胡雪岩遣散家丁，变卖家产，不久便抑郁而死。

胡雪岩面对他经济帝国的崩溃，最悔恨的可能是什么呢？

要点解析
YAODIANJIEXI

胡雪岩的最终失败，关键在于他没有保证自己经济产业的资本充足率。资本充足率，是保证银行等金融机构正常运转和发展所必需的资本比率。

资本充足率一般是资本净额与风险加权资产的比率。资本净额主要指净资产中流动性较高、可快速变现的部分，它是银行或其他金融公司可随时用于变现，以满足支付需要的资金数额。风险加权资产是由各种资产乘以其风险权重再相加得出的。资产的风险越大，权重也就越大。

胡雪岩忽视了这样一个经济领域的基本准则，在风险加权资产数额巨大（他拥有大量的钱庄和绸缎庄）的情况下，其资本充足率却极低，这才让盛宣怀有机可乘。

专家支招

想要稳健地经营，必须保证足够的资本充足率。拿今天的投机市场来说，很多人在外汇和期货市场上用1/10商品价格的资本金去投机，结果很容易赔光本钱。这就是资本充足率不足的

后果。

因此，我们建议：

1.期市有杠杆，撬杆需谨慎。

2.在以稳健为特征的投资中，必须保证资本充足率。

3.在风险投机中，可以尝试低资本充足率运作，但要做好损失的准备。

¥ 主权基金：中资公司何以被澳洲政府忌惮和排斥？

现实困惑

"很多的人，很多的钱。"这是澳大利亚一家矿企老总对中国的印象。

西澳洲中西部地区蕴藏大量的铁矿资源，澳大利亚政府一直想对其加以开发，无奈于本国的公路等基础设施太差。2006年，西澳洲政府计划修建Oakaiee深水港以及贯穿中西部矿区南北的共计700千米的两条铁路，整个项目的当时价值为25亿~39亿澳元（约合人民币150亿~180亿元）。中国几大国企立马联合起来展开投标，它们最大的竞争对手是日本三菱商事。

首先是中铁物资总公司收购了Yilgarn公司23%的股权，Yilgarn是澳大利亚一家基础设施供应商。但是西澳洲的招标政策是，不管哪里的公司，想要有投标资格，必须要有澳大利亚的铁矿石生产企业的提名。为了获取这个提名，中钢集团于2008年3月，对Midwest矿业公司进行了敌意收购，也就是强行收购。最终在截标前控制THidwest，并批准了对Yilgarn的提名。国家进出口银行也发话了，"如果Yilgarn在建设过程中缺少资金，我随时可以提供100亿的贷款。"几大中国国企可谓来势汹汹，志在必得。

无论在资金上还是技术上，中国公司都具有明显的优势，所以他们对这次招标自我感觉良好。但最终结果让人大跌眼镜，三菱获胜！原来价格、技术都不是最重要的，澳大利亚联邦政府害怕中国公司的政府背景，害怕中国政府垄断澳大利亚的矿产资源。

中国公司具有政府背景，对澳大利亚政府有什么影响吗？

要点解析
YAODIANJIEXI

澳大利亚政府之所以对中国公司颇为忌惮，倒并不是因为中国公司本身，而是害怕中国公司背后的国家基金，也就是主权基金。

国家进出口银行声言可以贷款100亿人民币，这就是主权基金。主权基金又称主权财富基金，主要指掌握在一国政府手中，用于对外进行市场化投资的资金。

西方国家认为，这些基金不单是获取投资收益那么简单，而是带有很多的政治目的。说到底，他们就是怕基金后面的主权国家会控制自己的资源，危害自己的经济安全。澳大利亚政府担心的是，一旦向中国公司放开矿产资源窗口，中国公司就可能利用其背后雄厚的国家财力，对澳洲矿产业进行大范围的收购，最终使澳洲政府失去对本国矿产的影响力，转而使本国矿业受到他国操控。

专家支招

目前在全球范围内有巨大影响的主权基金主要分为三支，分别由中国、俄罗斯和中东国家所主导。俄罗斯和中东主要凭借石油、天然气等自然资源的出口积攒起大量的资金，这些资金基本上由政府掌控。中国主权基金的运用应以哪些方向为主呢？

1.由于存在巨大的贸易顺差，我国基金可以投入到外贸之中。

2.主权财富基金应进行全球化、市场化的投资。

¥ 金边债券：中国政府为什么对美国国债情有独钟？

现实困惑

2008年的全球金融危机是人所共知的，而美国正是这轮金融危机的中心。随着金融危机的加深，美国政府竭尽全力救助美国的经济，拼命给企业注资，给银行贷款。

由于不太可能在经济衰退的时候增加税收，所以只能发行国债。在布什政府宣布7 000亿美元的救助计划之后，奥巴马又提出了8 000亿美元的财政计划。原本就在高位的国债，到2008年10月，已经超过10万亿美元了。

美国国债的计数钟都到了位数不够的地步了。到此，很多人对待美国国债的态度越来越谨慎，虽然其还不至于崩溃，但是大量持有的风险已经暴露无遗，而全世界持有美国国债最多的当属中国政府。

2009年7月，海外投资者实际买入美国长期国债净额增加153亿美元，当月中国持有的美国国债规模再次突破8 000亿美元。

为什么中国政府对美国国债情有独钟呢？

要点解析
YAODIANJIEXI

关于中国政府大量持有美债的原因，大致有两种声音。

其一说，中国政府希望借此挟持美国，中国手中2万亿美元的外汇储备，其中很大一部分是购买了美国的国债。如果中国政府这时候在美国的国债市场上使劲抛售，美国的国债市场就会立即崩溃，进而引发美元大跌。

另一种说法是，中国被美国拖下了

水。因为中国持有大量的美国国债，如果中国抛售的话，只能使手中的国债越来越不值钱，造成巨大的经济损失。所以中国不但不能抛售，还要继续买入美国国债，以维持手中资产的价格。

专家支招

国债也称金边债券，意为拥有最高的信用等级债券。可是这种高信誉的债权也有赖账的时候。阿根廷爆发金融危机时，新总统上台的第一件事就是停止偿还阿根廷政府所借的外债，使国债投资者们损失惨重。美国独立战争结束后，也有过关于是否偿还战争期间政府所借外债的讨论。还好，最终汉密尔顿为了维持政府信誉，还是决定一分不少地偿还。

作为民众，应如何应对我国大量持有美债的情况？

1.无论政府间的博弈情况实际如何，不论我国政府是出于何种目的大量持有美债的，作为民众的我们都应了解我国持有美债对自己生活的影响——哪一天美国突然还债了，人民币的币值将发生翻天覆地的变化。

2.关注美元的走势，一旦外贸市场出现大的变动，则立即做出对应的生产行为。

¥ 第三方存管：投资资本为何舍近求远存银行？

现实困惑

现在进行证券交易的投资者，都已经习惯了证券账户和银行账户的关联属性了。但早期，人们是通过在证券交易商那里开设现金账户来进行投机交易的。

那么，人们为什么不再把账户中的资金存放在证券商那里了呢？这是因为券商的信用不够。证监会查明，2002年年初到2005年年末，河北证券累计挪用客户资金5.7亿元，其中直接挪用客户交易资金2.9亿元。这就是把钱存放在券商处的后果。

截至2006年1月13日，河北证券客户交易结算资金缺口达到了3.47亿元。证监会宣布禁止河北证券原董事长武铁锁进入市场，5年内不得从事任何证券业务和担任上市公司高级管理人员。

消息一出，引发广大投资者哗然。其实，上面的这起挪用客户资金案件是很普通的一例，在第三方存管出台之前，不挪用客户资金的证券公司只是少数。大部分证券公司都会用客户资金来扩张或投资，当扩张失败或者投资无法收回时，就会出现资金黑洞。如果该证券公司不能拿出自有资金进行填补，最终只有破产这么一条路。破产了，受害的还是被挪用资金的客户。

什么是第三方存管，它能带给投资者更可靠的资产保护吗？

要点解析
YAODIANJIEXI

第三方存管指证券公司客户证券交易结算资金交由银行存管，由存管银行按照法律、法规的要求，负责客户资金的存取与资金交收。

一旦投资人的交易资金交由银行存管，那么证券公司就只负责客户的证券交易、股份管理和清算交收，这样就可以避免证券公司挪用客户资金的情况。而银行的信用是由央行控制的，央行又是国家信用的代表，因此投资人的资产必然能够得到最大限度的保护。

专家支招

现在，投资者们已经不必担心自己的资产被证券公司挪用了，但仍然不能掉以轻心。

1.人们总还是有需要担心的问题，比如，银行存管的手续费会不会涨呢？

2.一旦银行坏账太大，投资人会不会成为国家的弃子呢？当然，这一种情况发生的可能性不大。

个人所得税：不缴个税就不是公民了吗？

现实困惑

2006年4月3日，湖南常宁的一位村主任蒋时林，以一名普通纳税人的身份将当地财政局告上了法庭，要求法院认定该市财政局超出年度财政预算购买两台小车的行为违法，并将违法购置的轿车收归国库，以维护纳税人的合法权益。

但常宁市财政局局长周年贵对此提出异议："原告蒋时林是一个农民，而现在已经取消农业税，他是否具有纳税人的资格呢？"

周年贵认为，蒋时林没有缴纳个人劳动所得税，因此不是纳税人，因此不享有对政府监督的权利，这合理吗？

要点解析
YAODIANJIEXI

缴纳税收是公民应尽的义务，而监督政府是公民应有的权利。公民的属性，两者缺一不可，但是并非不缴个税就会被剥夺公民资格。

个人所得税是对个人（自然人）取得的各项所得征收的一种所得税。作为国家的一分子，公民有义务缴纳个人所得税。要知道，不纳税就意味着对政府无贡献，而对政府无贡献就意味着对国家事务没有发言权，国家也没有义务保障拒绝缴税者的生命和财产安全。这对个人来说是很可怕的事情。

但是，无须缴纳个税和拒绝缴纳个税是不同的。当纳税人的收入在个税最低线以下的时候，国家免除了这些纳税人缴纳个税的义务，而并不是他们拒绝缴纳税款。对于这些人而言，他们其实也缴纳了税款，只是个税税款为零而已。

专家支招

不仅在个税方面，官员无权剥夺免税公民的监督权。此外，税收的缴纳不仅包括个人所得税，还包括其他税种。即便是被免除了个税的公民，仍然会在生活中缴纳各种其他的税负。因此，未缴纳个税的公民不具备监督权的说法只是个别态度不端正的官员的个人论调罢了。

对于公民而言：

1.应按时、足额缴纳所需承担的各项税收。

2.面对关于自身是否对政府有影响权的无理指责，应据理力争，对政府行使监督权。

居民储蓄率：我国居民储蓄率为何长期保持世界第一的水平？

现实困惑

沈芳是滨海开发区一家外企公司的人力资源部经理。几年前她是"月光一族"，但结婚后，她一下子变得"小气"起来：出门学会挤公交车了，下班后也不再嚷嚷着去逛街购物了，单位同事组织的周末自驾游也很少参加了。那么，沈芳把钱用在哪里了呢？其实也没什么特别的，她只是像父母一样，把钱存到银行里了。原来，沈芳发现，以后用钱的地方太多了——养孩子、养父母、养自己，到处都要花钱。虽然原来她也了解，但在自己需要真正面对这些的时候，沈芳才变得像长辈一样喜欢储蓄。

中国证监会主席郭树清表示，中国经济中储蓄和投资结构已严重失衡。以国家统计局的数字进行分析，中国的储蓄率高达52%，这在世界上是绝无仅有的。

一部分人喜欢储蓄可以理解，可是为什么我国全国的居民储蓄率都远远高于世界其他国家呢？

要点解析
YAODIANJIEXI

储蓄跟文化有关系。亚洲人有节俭的习惯，亚洲国家的储蓄率都明显高于西方国家；另一方面，我们的社会保障体系还不是很完善，很多人储蓄的目的是应对未来不时之需，比如用来解决失业、医疗等方面的问题。最后，我国的消费金融不够发达，很多人在需要消费的时候借不到钱，因此退而追求高储蓄。

专家支招

以传统的观点来看，储蓄是件好事，但以现代的观点来看，却不建议推崇储蓄。

1.储蓄的首要作用是作为抗金融风险的缓冲物，但这种缓冲物有着冗余的属性，而冗余又意味着稀缺资源没有得到充分的利用。因此，并不利于社会生产的最大发展。

2.对于我国居民重储蓄轻消费的传统，国家还应有计划地调整与改变。当然，就目前来看，我国居民的实际储蓄程度其实并不像数据显示的那样高。也许人们确实是在储蓄，但是这些储蓄在很多情况下将在未来的某一天全额交付给房地产企业。

¥ 资产现值：我们手中的财富比想象中更值钱吗？

现实困惑

木木被人们认为是不明智的。一次，她出差时买彩票中了大奖，她可以在今后的30年中每年获得20万元，总金额为600万元。但她立刻以210万元的价格卖掉了这张彩票，并将钱存入银行，每年仅可得到10%的利息收入。很多人都感到很迷惑，也很惊讶。

还有一次，推销员在社区中推销保险。推销员介绍说，现在为刚刚出生的孩子买一份人寿保险，只需要缴纳保险金1万元，保险公司承诺在60年后，也就是在孩子60岁的时候，一次性返还给投保人的孩子10万元。

当时银行的存款年利率为5%，很多人都买了这份保险。只有木木无动于衷。木木的选择为什么总是那么特别呢？

要点解析
YAODIANJIEXI

我们先来计算一下在利率为10%的情况下，那份在30年中每年为木木带来20万元收益的资产的现值是多少？经计算，现值为188.5万美元。小于现在得到的210万美元。因此，木木的行为不是愚蠢的，而是明智的。我们也可以从另外一个方面理解以210万美元的价格卖掉彩票是一个理智的选择。木木把钱存入银行，可以永久性地每年从银行获得210万美元的利息收入，而不是仅仅在30年中每年获得20万美元。

另外，推销员推销的保险是不值得买的。因为把现在的1万元存在银行的话，60年后的终值是18.679万元；60年后的10万元现值是5 353.6元。如果计算收益率的话，这种保险的年收益率还不到4%。

专家支招

资产现值也称在用价值，是指对未来现金流量以恰当的折现率进行折现后的价值。或者是资产按照预计从其持续使用和最终处置中所产生的未来净现金流入量折现的金额。关于资产现值，我们给出的建议是：

1.在高通胀的今天，人们手中的资产的现值要比大多数人所认为的高。很多人认为自己将来会赚更多的钱，这很可能是事实，但同样的，人们当前的财富也比未来的财富密度更高。

2.无论将来会赚多少钱，人们都应该妥善保管和处理现在手中的财富。

（二）
市场经济学

￥ 商品：还有什么是不能卖的？

现实困惑

人们经常说金钱不是万能的，有许多东西是钱买不到的。但是，在今天的市场经济里，金钱买不到的东西越来越少。请看下面的例子：

空气：明星慈善家陈光标日前高调宣布，他将在北京、上海和广州三个城市兜售新鲜的空气，每瓶售价4元至5元。在陈光标之前，一些日本商人也卖过空气，他们把新鲜空气制成空气罐头，据说此举受到广大市民的欢迎。

看书：你听说过看书还可以赚钱的事情吗？美国达拉斯州的一所学校，校方为了鼓励孩子们看书，想出了一个奇招，那就是每位学生看一本书可以得到2美元。上学看书是学生的天职，这所学校的行为打破了人们固有的认知。

市场经济高度发达的今天，还有什么是不能卖的？

要点解析
YAODIANJIEXI

商品与人们的日常生活有着密切的

关系。随着社会的发展，商品的种类越来越丰富。就连大自然中看似取之不尽的东西，如阳光、空气都能拿来卖，而且还有人愿意掏钱买。在正常情况下，商品有人卖，不一定有人买，但是，有人买，一定会有人卖。

在经济学上，商品是指能够满足人们某种需要的、用来交换的劳动产品。这个概念给商品界定了两层意思，一是商品必须是劳动产品，二是这个劳动产品必须是用来交换的。

作为商品，必须是劳动产品，如果不是劳动产品，就不能成为商品。像水、空气这些自然界中的物体就不能算是商品，但是水被自来水工厂处理过后，运送到市民家中就算是商品了，因为自来水工厂付出了劳动；同样的，新鲜空气被日本商人收集后，制作成空气罐头，也成了商品，因为日本商人也付出了劳动。

专家支招

商品是人人都要购买的，在购买商品时：

1. 人们应尽力满足自己的需求。越是刁钻的要求，就越有利于商品的进步。

2. 充分利用自己买到的商品，不要让资源被浪费掉。

¥ 需求与供给："非典"来了，板蓝根为何会涨价？

现实困惑

2003年，传染性非典型肺炎首先在广东流行，随后，这场疫情灾害席卷全国。这种传染病毒通过空气传播，感染性强，对民众的健康危害极大。因此，全国上下人人自危，艰苦的抗非典战斗正式打响。

正在上初中的小宋也感受到了"非典"给人们带来的影响。一进校门就发现人人戴着口罩，一进教室就会闻到空气中弥漫的中草药味，而且同学们讨论的全是有关非典的事情。小宋正在纳闷的时候，同学小胖过来递给小宋一包东西。小宋问："这是什么啊？"小胖故作神秘地说："板蓝根，非典的克星，一百多块钱一包呢，我爸通过特殊渠道才买到。看在咱俩的情分上给你一包，别说出去哈。"小宋说："你骗我的吧？板蓝根我又不是没买过，几块钱就能买到一包。"小胖一脸不屑地说："不懂了吧？你也不看看这是什么时候。非典来了，人人都抢着买板蓝根，不涨价才怪。"听到这，小宋更加纳闷了，"非典"来了，板蓝根就要涨价吗？

要点解析
YAODIANJIEXI

板蓝根这种中草药，古已有之，但

是销量一直不大。到了20世纪70年代，由于人们发现板蓝根有许多疗效，年销售量才开始突破300万千克。2003年，"非典"流行，人们发现板蓝根能够很好地预防"非典"病毒的入侵，于是板蓝根骤然热销，市价大幅攀升，4月份曾创下了100元/kg的高价。

药农看到如此行情，大量种植板蓝根，规模远远超过了市场需求程度。因此，"非典"过后，板蓝根价格迅速下跌。2004年年初，价格基本维持在5~12元/kg。许多药商预计板蓝根的价格将会反弹，于是开始囤积货物。但是，大量的新板蓝根上市以及"非典"得到控制，使得药商们的发财之梦彻底破灭，最后不得不抛售，板蓝根价格迅速回落到4元/kg左右。

"非典"来了，人们对板蓝根的需求量上升，因此价格上涨；"非典"走了，人们对板蓝根的需求量下降，因此价格下跌。这个案例生动地反映了经济学一个重要的原理——供求关系定律。

专家支招

供求关系定律反映的是商品供给和需求之间的相互联系、相互制约的关系，它是生产和消费之间的关系在市场上的反映。在市场经济条件下，价值规律调节供求关系。一般来说，供大于求，价格就下落；求大于供，价

格就上升。那么，有没有主动影响供求关系的方法呢？

1.上述案例中描述的药商囤积商品的行为会影响这种供求关系。

2.个体对供求关系的影响，通常无法长久，因此人们仅把它作为投机方法使用。

¥ 需求的弹性与刚性：服装店老板入错行了吗？

现实困惑

小区门口有一家服装店和一家米店。每天来米店买米的人络绎不绝，而服装店却门可罗雀。服装店的老板想这样下去可不行，必须搞点促销手段。于是他在店门口立了个牌子，上面写着"新进服装，5折起售"。这招果然有用，价格一降，小区的居民全涌进店里买衣服。服装店的老板高兴之余瞥了眼米店，发现米店没有降价却依然生意红火，老板感到很失望。

过了几天，服装店老板算了下利润，发现这两天虽然销售量大幅上涨，但是因为打折力度过大，实际上没赚到什么钱。他只好把价格恢复如初了。价格一恢复，小店也恢复了门可罗雀的状况。服装店老板感慨之余又看了看米店，米店的生意还是一如既往地好。老

板只能长叹一声：入错行了啊！

服装店老板的感叹是对的吗？

要点解析
YAODIANJIEXI

服装店老板只羡慕米店的生意红火，却没有注意到衣服与米这两种商品的区别。米属于生活必需品，一日三餐都离不开它，无论贵贱，小区的居民都要买米店的米，所以米店的生意才会一直那么好。而衣服虽然也是生活必需品，但是人们不必每天都要买它，而且随着人们生活水平的提高，小区居民更愿意到大商场购买衣服，以此提高自己的档次和品位，小区的衣服只有十分优惠的时候才会引起人们的注意。服装店和米店的不同遭遇引出了我们本小节要讲的话题：需求弹性与刚性需求。

经济学里的需求规律：一种商品的价格上升会使需求量下降，而价格下降会使需求量上升。在其他条件不变的情况下，如果商品的需求量对价格变动的反应大，如案例中的服装店，那么这种商品的需求是富有弹性的；如果商品的需求量对价格变动的反应小，如案例中的米店，那么这种商品的需求是刚性的。

专家支招

面对弹性和刚性的产品，我们的处理方式应不同。但是如何区分弹性和刚性的产品呢？

1.一般来说，生活必需品倾向于刚性需求。例如米和食盐，一日三餐都需要这两种商品，无论是贵贱，人们都必须消费它们。

2.奢侈品倾向于需求富有弹性。例如汽车和游艇，当这两种商品价格上涨时，需求量会大幅度减少。

但是也有一些特例，例如iphone 5。这款手机的价格挺高的，普通消费者会选择放弃购买，但是对于"骨灰级果粉"来说，这就是必需品，哪怕是砸锅卖铁也要买下这款手机。对于普通消费者来说，iphone 5的需求是弹性需求，但是对于"骨灰级果粉"来说，iphone 5的需求就是刚性需求。

¥ 分工：温州打火机为何"打遍天下无敌手"？

现实困惑

2002年，欧盟宣布，将对来自中国温州的打火机进行反倾销调查。这是中国加入WTO之后遭遇的第一起反倾销诉讼。因此，一只小小打火机牵动了亿万中国人的心。

欧盟为什么会对温州打火机进行反倾销调查呢？原来，从1985年开始到现在的20来年，温州打火机已经拥有了"3000家厂商，6亿只的进出口量，占80%世界市场份额"的骄人战绩。中国加入WTO后，温州打火机强势进军世界市场，日本、韩国等同行因为顶不住压力而纷纷关门大吉。欧洲打火机制造商们害怕自己也会步人后尘，惊恐之下便向欧盟起诉温州打火机。欧盟为了保护自己的企业，便以"销售价低于成本价，构成倾销案"为由，要求对温州打火机进行反倾销调查。

温州打火机为什么让欧洲人如此惊恐？

要点解析
YAODIANJIEXI

在中国，温州人一向以会做生意而著称，精明能干、不怕吃苦的性格使他们的生意长盛不衰。温州打火机之所以能够"打遍天下无敌手"，主要是依靠低廉的价格。温州打火机的低价，并不是欧洲人理解的低于成本价，而是来自温州特有的社会化大分工形成的规模生产格局，细致的分工造就了极低的生产成本。

举个例子，欧洲人制造一只打火机要几元钱，而温州打火机行业里面的翘楚温州大虎打火机公司，自制的只要0.05元。大虎公司有员工1 000多人，数条打火机装配线，但是大虎自己不生产打火机零件。打火机的十几个零配件全部来自为大虎公司服务的15家零配件企业。这些零配件公司都是各自专门经营制造单一配件，每个公司专心做自己最擅长的事，这就保证了低成本和高质量。这些分工明确、精诚合作的企业，缔造了温州打火机"打遍天下无敌手"的神话。

专家支招

亚当·斯密在《国富论》中这样描述分工的作用：当一个工人单纯地重复同一道工序时，其对这道工序的熟练程度会大幅增加，表现为产量和质量的提高。如果没有分工，由一道工序转为另一道工序时会损失时间，而分工避免了这中间的损失。

亚当·斯密在18世纪观察到的规律，在今天依然有效。

1.随着市场经济的发展，分工与专业化生产大大提高了生产效率，生产效率的提高，意味着同样的时间可以生产出更多的产品，因此在价格上握有主动权，这是许多企业胜出的法宝。

2.分工合作对于跨国公司来说显得尤为重要，当今处于社会大分工阶段，分工存在于世界的每个角落，分工促进了世界经济的长远发展。

¥ 看不见的手："看不见的手"是上帝之手吗?

现实困惑

A、B、C三人对经济学很感兴趣，今天他们讨论经济学中的一个名词——"看不见的手"。

A说："书上说，供大于求，价格将会下降，需求量会上升；供不应求，价格将会上升，需求量会下降，供给和需求在自由市场里自然而然达到均衡。这仿佛冥冥之中有神的指引一般，书上称之为'看不见的手'。我觉得这只神奇的手是上帝之手，因为只有上帝才会有这般神通，能够在神不知鬼不觉的情况下，使自由市场达到均衡。"

B说："得了吧，不知道就不要乱说。'看不见的手'明明是经济学里面的一个名词，怎么会涉及上帝呢。'看不见的手'指的是市场调节机制。只要给予市场最大的自由，任其自我调控，市场就能使供给和需求达到均衡。"

C说："你说的也不对。按照你的说法，放任市场不管，任其自生自灭，那么房地产市场肯定会像脱了缰的马一样，脱离控制。到时候，一套房子上千万，你连房子都住不起，还在这赞美市场自由吗？政府就是看到了市场自由的危害，才会大力整顿房地产市场，抑制房价，让老百姓看到了希望。让我

说，'看不见的手'就是指政府调控市场这只有力的大手。"

A、B、C三人各持己见，谁也不服谁。亲爱的读者朋友，你知道他们三人谁说的对吗？

要点解析
YAODIANJIEXI

"看不见的手"是经济学里面的一个词语，是调节供给与需求之间关系的市场机制，当然不可能是上帝之手。市场经济需要市场自由调节，但是这个自由是有限度的自由。就像房地产市场一样，当房价已经脱离实际，危害到民众切身利益的时候，政府就需要介入市场，调节房价。但是政府调控市场只是一种宏观调控，并不能完全取代市场的作用，因此政府不是"看不见的手"，而是"看得见的手"。

专家支招

"看不见的手"是经济学之父亚当·斯密第一次提出来的，他说"当每一个人企图尽可能地使用他的资本去支持本国工业，他这样做只是为了他自己的利益，就像被一只看不见的手引导着。"

亚当·斯密的后继者们继续完善这个理论，以均衡理论来分析完全竞争市场机制。对这只手的理解，应包括下面内容：

1.市场就像一只看不见的手，通过它的作用，供给和需求自然而然地达到均衡。

2.这个理论建立在理性经济人的基础上，现实中会有所偏差，因此不能放任市场完全自由。

3.必要的时候，需要政府介入，对市场进行宏观调节，确保市场自由健康地发展。

¥ 产权："路边苦李"说明了什么道理？

现实困惑

王戎，西晋名士，著名的"竹林七贤"之一。史书说他从小聪慧，看问题不流于表面。下面这个故事就说明了这点。

王戎七岁那一年，和小伙伴们游玩，看见路边有一颗李树。满满的一树李子，黄灿灿的，十分诱人。小伙伴们都争先恐后地爬树摘李子，生怕晚了李子被别人抢光了，只有王戎站在树下一动不动。

有个小伙伴说："王戎，你怎么不爬树摘李子啊？你不想吃吗？"

王戎说："这李子是苦的，我不想吃。"

其他小伙伴一边爬树一边大笑："哈哈，他不会爬树才这样说的，这是

吃不着葡萄说葡萄酸啊。"小伙伴们一边嘲笑王戎，一边品尝李子。可是，他们刚咬一口就全吐了，"怎么是苦的啊？"小伙伴们现在才知道王戎说的是对的，就问王戎是怎么知道的。

王戎说："路边的李子，因为没有主人，所以谁都可以摘。如果好吃的话，李子早就让别人摘光了，哪还有咱们的份。现在这一树的李子没人动，所以我猜测这李子是苦的。"

这就是"路边苦李"的故事。这个故事说明了什么道理呢？

要点解析
YAODIANJIEXI

"路边苦李"的故事可以说明很多道理，今天我们用这个故事引出经济学里面的一个重要的知识点——产权。

路边的李子首先是没有主人的，否则路人和小伙伴们是无法摘李子的，王戎也失去了判断的依据。在没有主人的前提下，王戎判断，如果李子是甜的，那么李子会被路人摘光；现在满满的一树李子没人动，说明李子是苦的，于是他没有爬树摘李子。

专家支招

产权是经济所有制关系的法律表现形式，它包括财产的所有权、占有权、支配权、使用权、收益权和处置权。

1.经济生活中，人们应重点注

意以下方面的产权：原始产权、法人产权、股权债权等。

2.国家也应当立法，对产权进行严格的保护，这样才能使国民更愿意投入到对物质的生产中去。

¥ 垄断：日本商人是怎么垄断麻绳市场的？

有一个日本商人，手里有一笔钱，他想投资麻绳市场。商人以5毛钱的价格从厂家进货，然后又以5毛钱的价格批发给下游的商家。别的地方批发价都是7毛以上，因此下游商家都愿意到他这里批发麻绳。厂家看到他的订单量大，因此也愿意跟他合作。靠这种办法，这个商人仅用了一年的时间就把所有购买麻绳的大商户垄断了。

一年以后，商人的出货量已经占了日本麻绳市场90%的份额，他认为到了扭亏为盈的时候了。他先找到生产麻绳最多的几个大厂家，跟他们谈判说："一年来，你们生产的麻绳绝大部分都是我帮你们推销出去的，我拿你们的货是5毛钱，我卖给客人也是5毛钱。可是，现在我的资金不宽裕了，如果再这样下去，我只能关门大吉，希望你们给我一个盈利的空间。"麻绳厂不希望生产的货物堆积到仓库里，就主动给他降了5分钱，

按4毛5分给他。

商人又去找他的下游商家："你们从我这里以5毛钱的价格进货，一年来也赚了不少钱，可是现在我的资金不宽裕，如果继续以5毛钱的价格出货的话，我只能关门大吉，希望你们给我一个盈利的空间。"下游商家不愿意失去这个"财神爷"，就主动给他加了1毛钱，按6毛钱进货。6毛钱的价格虽然比市场价7毛钱低，但有盈利的空间。

商人从生产商那里要到了5分钱的利润，从销售商这里要到了1毛钱的利润，用这个方法，他控制了市场的叫价权，因此获得了巨额的利润。

请问，这个日本商人用什么办法垄断了麻绳市场？

要点解析
YAODIANJIEXI

日本商人的做法很聪明，他一开始用自己的前期资本占领90%的麻绳市场，把其他的批发商全挤出市场。此时，生产商如果不跟他合作，那么势必有大量的货物积压，情况严重的可能导致工厂关闭。下游商家更是必须跟他继续合作，因为只剩下这一个批发商了，不跟他合作就没有麻绳卖。有人会说，下游商家直接跟生产商合作好了，可这样就会产生运输费、管理费、额外的税费等。下游商家都是零散的商户，根本承担不起这些成本。于是，靠这个办法，商人控制了生产商和零售商，成了麻绳

唯一的卖者。因此，他肯定有权调节价格了。

专家支招

在经济学中，垄断一般指唯一的卖者在一个或多个市场，通过一个或多个阶段，面对竞争性的消费者。垄断者在市场上，能够随意调节价格与产量（不能同时调节）。

理论上纯粹的完全垄断市场必须同时满足以下三个条件：

1. 市场上只有一家企业。

2. 该企业的产品不存在相近的替代品。

3. 进入该市场存在着障碍。

一般情况下，垄断对经济是不利的，因为它使得资源无法自由流通，引起资源浪费，而且消费者也会因商品定价过高而得不到实惠。前些年，微软公司被美国政府起诉垄断经营，就是因为它捆绑销售IE浏览器软件，伤害了消费者的利益。

¥ 交易费用：一顿饭的交易费用是多少？

现实困惑

今天孙正在网上团购了一张火锅票，价值150多元钱的东西才出100元钱。地方虽然远点，但是这个价够实惠。孙正下了班就迫不及待地往火锅店赶，他可不想因为迟到而惹女朋友生气。

不巧，孙正遇到了下班高峰期，他坐的公交车被堵了半个小时。孙正只好半路下车，跑到另一条路打车，打的费花了50元。等孙正满头大汗赶到火锅店的时候，他女朋友已经等了一个小时。她一气之下回家了，饭也没吃。孙正又着急忙慌地去追赶女朋友。最后他花100元，买了一束花，才把女朋友哄好。

为了这一顿饭，孙正共付出了多少钱？

要点解析
YAODIANJIEXI

明面上孙正为这顿饭付出了100元，可实际上他付出的远不止这些。公交费1元+打的费50元+花钱100元+火锅钱100元=251元，远远大于明面上的100元。如果再加上孙正为了这顿饭而付出的时间和精力，用经济学的话来说，他的交易费用实在是太高了。

专家支招

交易费用是一个经济学概念，指在完成一笔交易时，交易双方在买卖前后所产生的各种与此交易相关的成本。交易费用这个概念最先是由美国经济学家科斯在1937年提出来的。他认为交易费用应包括度量、界定和保障产权的费用，发现交易对象和交易价格的费用，讨价还价、订立合同的费用，督促契约条款严格履行的费用。

生活中，人们为了完成自己的交易行为，常常要付出大量的交易费用。对这些费用，人们应当这样认识：

1.这些费用不光是钱，还包括时间、精力等。

2.当综合费用过高时，应考虑取消交易。

¥ 价值悖论：馒头和钻石哪个贵？

现实困惑

有一年，黄河发大水，住在黄河边上的人们纷纷逃命。财主离家之前，把家里值钱的东西装了一袋子，其中有一颗硕大的钻石。由于背了一袋子贵重物品，财主跑不快。他还没逃出村子，洪水就来了。财主看看无路可逃，只好就近爬到一棵高树上。树上有个人，财主一看此人是村里的一个穷人。他也背了个袋子，可是袋子里只有馒头。财主想，真是穷到家了，连逃命时还只能带馒头。像我带着金子，到哪都吃喝

不愁。

黄河发水不是一两天的事，财主和穷人只好一直待在树上。财主饿了，就想问穷人要个馒头吃。穷人说："给你一个馒头，你要把那颗钻石给我。"财主说："想钱想疯了吧，你！一个馒头就想要我一颗钻石，你以为我是傻子啊。"穷人说："不给算了。"

过了3天，洪水还没有退，可是财主已经饿得不行了。他咬咬牙对穷人说："你给我一个馒头，我就把钻石给你。"穷人说："一颗钻石就想换我一个馒头，你以为我是傻子啊。"财主在绝望中饿死了，穷人则靠着袋子里的馒头熬到了洪水退走。他拿着财主的装满宝贝的袋子下了树，去过好日子去了。

在故事里，馒头和钻石哪个贵？

要点解析
YAODIANJIEXI

在故事里，食物是活下去的必需品，而金子和钻石则成了无用的东西，因此穷人觉得拿一颗钻石换他的一个馒头，他亏了。而财主不明白这个道理，逃命的时候没有带着生存必需品，却带了没法交易的金子和钻石，最后只能饿死了。

食物是生存必需品，而钻石对于人类维持生存没有任何价值。可是现实生活中，钻石的市场价值为什么比粮食高多了？要解决这个问题，我们就需要弄清楚价值悖论这个经济学知识。

价值悖论是指这样的现象：某些物品虽然实用价值大，但是市场价值低；而另一些物品虽然实用价值小，但是市场价值大。

专家支招

钻石和馒头的悖论能够生动说明价值悖论理论。一般情况下，食物的数量非常大，而且取用方便，因此食物的市场价值小；而钻石蕴藏在地表底下，开采不易，数量远远达不到人们的需求量，因此钻石的市场价值大。正如俗话所说的那样，物以稀为贵。

借用价值悖论，我们可以得出以下有利于自身经济结果的方案：

1.对于厂商来说，让消费者难于得到自己的产品，则可以推动产品价格的上涨。

2.对于个人来讲，当难于得到某样产品时，应考虑转向其替代品。

¥ 市场均衡：劳动力增加，工资为何不降？

现实困惑

1980年，古巴发生政治动荡，美国政府准许受波及的古巴人移居美国。从5月到9月，大约有12万古巴人移居到了迈阿密。由于美国对于他们来说是个陌生的地方，因此他们中的绝大多数都选择了永久性定居在迈阿密。

迈阿密位于美国佛罗里达州东南角，人口大约有300万。12万古巴人对迈阿密劳动力市场造成了巨大的冲击，短短几个月内，迈阿密劳动人口就上升了7%，这引起了经济学家们的关注。因为短期内迈阿密劳动力需求不会发生大幅度的变化，因此，大部分经济学家预测，大量劳动力的涌入，将会使迈阿密的工资水平出现明显的下降。

但是几个月过去后，事实并不像经济学家们预测的那样，迈阿密劳动力市场的工资水平并没有明显的变化。人们不禁纷纷猜测，是专家们不靠谱呢，还是劳动力市场上的供求均衡机制不起作用了呢？

要点解析
YAODIANJIEXI

12万古巴人加入劳动力市场，迈阿密的工资水平却没有明显的变化，这不是因为美国经济学家们不靠谱，也不是因为劳动力市场上的供求均衡机制失去作用，而是这里面另有原因。

首先，12万古巴人中，至少2/3的人仅具有初中文化水平，他们无法从事技术要求高的工作，只能从事非技术工作，而迈阿密原有的非技术工人仅占劳动力人口的30%。显然，大量低技能劳动力的增加并不能影响以技术工人为主（占70%）的迈阿密劳动力市场，因此迈阿密工资水平没有明显的变化。

其次，古巴人迁徙的消息很早就已经在迈阿密流传开了。根据这个消息，一些迈阿密劳动力选择了离开这个城市，而另一些准备进入这个城市的劳动力也放弃了行动。这也在很大程度上削弱了古巴劳动力给迈阿密带来的影响。

专家支招

市场交易行为中，当商品的供给量和需求量达到了一种相等的状态，我们就称之为市场均衡。经济学认为，市场交易之所以能够达到均衡状态，是因为有关该市场交易各方面的各种力量能够相互制约或者相互抵消，使得市场交易处于相对静止状态，并保持该状态不变。

由于市场均衡现象的存在，人们在追逐利润的过程中，应做到：

1.懂得判断市场是否处于均衡状态。

2.在市场已经均衡的情况下，不建议入市。

3.在市场未达均衡时，可以进入市场。

¥ 市场失灵：市场为何无法调节供需关系？

现实困惑

1929年10月24日，美国纽约证券交易所股票价格猛跌。一时间，整个交易所大厅里回荡着绝望的叫喊声，美国人感觉到了世界末日的到来。不久之后，美国人的"世界末日"扩散到了加拿大、德国、英国等国家，迅速席卷了整个资本主义世界。

这场经济危机首先冲击了资本主义世界的金融业，引起了严重的货币信贷危机。各国大批银行倒闭，美国破产的银行超过一万家，德国国库的黄金储备减少了4/5，英国第一次出现了历史性的10 400万英镑的国际收支赤字。

金融业的崩溃很快便波及了其他各行各业。农产品的价格纷纷下跌，小麦价格下跌70%，大豆、棉花、咖啡等价格下跌50%以上。农业资本家们为了维持农产品的价格，大量销毁农产品，将牛奶倒入河中，小麦当成柴烧。一边是农业资本家们销毁"过多"的产品，一边是贫苦农民挣扎在饥饿死亡线上，美国的农民甚至到了挖野菜吃的地步。失业率也高得惊人，各国失业率达到了30%~50%，失业人口达三千多万，几百万小农破产，无业人口颠沛流离。

为什么会出现资本家销毁"多余"

的产品，而人民却吃不饱肚子的情况呢？

要点解析
YAODIANJIEXI

美国之所以会发生经济大危机，根本原因在于生产社会化与生产资料私人所有制之间的矛盾。这个矛盾导致了经济越繁荣，贫富差距越大，市场上的商品越多，大多数人的购买力越低。商品卖不出去，资本家就无法给工人发工资，大批工人就会失业，失业导致工人没有钱购买商品，商品就会堆积起来。如此形成一个恶劣的循环。渐渐地，这个恶劣的循环导致了市场供需失去平衡，引发了经济危机。

专家支招

在经济学中，市场失灵是指市场无法有效地分配商品和劳务的情况。市场就像一只看不见的手，它在调节着供需关系。当市场失灵时，市场调节机制受到破坏，供需关系恶化，这时就会出现美国经济危机中的那种状况：普通民众没有钱购买商品，而资本家为了不让价格降下去，就采取了销毁商品这种极端的手段。市场失灵通常有以下几种表现：收入与财富分配不公、竞争失败与市场垄断形成、失业问题加剧、区域经济不协调、公共产品供给不足、公共资源过度使用等。

政府在市场失灵时应做哪些事？

1.由于市场失灵会引起经济崩溃，这就需要政府的干预。

2.政府的宏观调节能够弥补市场本身的不足，市场调节与政府调控相结合，才能有效地解决市场失灵问题。

经济周期：怎样看待中国大妈抢金被套？

现实困惑

2013年4月，国际金价十年不遇大跌，引发了中印两国居民的全国性抢购。据中国香港媒体报道，4月28日，有超过12万内地游客抵港，比去年同期上升超过两成，而其中有相当一部分游客是去购买黄金。多个金铺门口出现排队等候开门的场景，其中多是内地游客。不少内地游客大手笔买入几万元甚至十几万元的金饰。

4月中旬，国内金价下挫，乐坏了正在准备婚礼的兰兰。"五一"小长假，兰兰和老妈冲进人山人海的北京菜百，挑嫁妆。在菜百，黄金以每克378元出手，比大跌之前便宜了二十几块。一套婚庆九宝，一共三百多克，省了四五千元。

不仅如此，面对亚洲居民的疯狂

抢购，纽约黄金期货价格上周大幅上升4.2%，收于每盎司1453.6美元，这一涨幅为2012年1月以来最高。而媒体也借机宣称，中国抢金大妈对赌华尔街，唱空黄金胜利。

但是，金价开始下跌的同时，国内投资界也传出了不同的声音。4月24日，国内知名理性操盘手、金融产品分析师祝健对他的投资伙伴如是说："我不知道黄金明天、明年、以后十年、二十年是会涨，还是会跌，目前我持有空单。"

事实证明，祝健的担心是对的。黄金价格在5月初看似趋稳后，5月中旬又迎来一波大跌，比兰兰母女出手时，每克又跌了近10元，每克369元。闺蜜母女短短两周就从"抄底"变成了"被套"。而同一时期，媒体又传出了中国大妈抢金被套的消息。

黄金一直被认为是最保值的产品，为什么也会跌价呢？

要点解析
YAODIANJIEXI

作为一种商品，黄金的价格和主力买者对美元的信心有关。因为目前在国际市场上，黄金是以美元来计价的。当主力买者预期美元贬值时，会大量购买黄金，导致黄金价格升高。而如果主力卖家预期美元升值，则会大量沽空黄金，导致金价下跌。

换句话说，黄金作为一种商品，是符合需求规律的。同时，它也是美元势力的反映。由于美元涨跌趋势的大周期很长，往往在数年以上，因此金价的大趋势往往也会连续数年地呈上涨或下跌状态。

因此，4月份开始的金价下跌，很有可能是新一轮金价下跌开始的信号。也就是说，在未来的数年中，金价可能一直处于下跌趋势。

专家支招

既然在未来的数年中金价很可能都不会攀升，以投机炒作为生的投机者们自然会沽空黄金，这就加强了金价的下跌。那么，中国大妈怎么办？

1.从长线看来，金价仍然可能回升。

2.仅从资金的利用效率来看，此轮抢金恐非明智之举。因此，不建议继续抢金。

¥ 经济自由主义：曾荫权因何斗胆救港币？

现实困惑

中国香港不但是全世界最富竞争力的地区之一，而且是全球最自由的经济体系。在2009年1月，美国传统基金会和《华尔街日报》从经商自由及贸易自由等十个方面，评估全球179个经济体系的自由度。评估结果显示，中国香港得分达九十分，并连续十五年成为全球最自由的经济体系。

然而经济自由主义并非那么完美，1997年亚洲金融危机时，以索罗斯为首的国际炒家们在扫荡完东南亚各国后，瞄上了中国香港，开始对港币进行投机。

这个时候，在中国香港政府内出现了两种声音：一种认为不应该干预，不然有违香港一直以来的做法；另一个意见是一定要干预，不然中国香港会面临货币大幅贬值的危险，结局将和其他东南亚国家一样悲惨。此时的香港特别行政区财政司司长，也就是后来的香港特别行政区行政长官曾荫权力主港府入市干预。他在一次公开场合说道："港币一旦与美元脱钩，就犹如失了处女之身。一次贬值后，以后什么都可以做。"这令听者愕然，然而事后证明此次港府干预是明智之举。经济自由主义就是发挥市场的力量，使经济活动充满效率，但在危机时刻，政府的干预可以保证这个市场体系不会被大的不利冲击破坏。

曾荫权力主政府干预港币市场价格，这不是违背了中国香港一直以来奉行的经济自由主义吗？为什么还能够在港府内部得到通过？

要点解析
YAODIANJIEXI

说到经济自由主义，可能很多人没有听过或者觉得太过于抽象，是经济学家和政府官员讨论的问题。但是如果说到中国的东方之珠香港，可能就无人不知了。经济自由主义是指提倡市场机制，反对人为干涉经济的经济理论和政策体系。经济自由主义是亚当·斯密整个经济学说的中心，主张限制政府在经济事务中的操控，让市场机制发挥调节资源的作用。

但是，片面地认为经济自由主义就是没有政府干预的经济形式，并不是正确的观念。即便是在亚当·斯密时期，英国政府对经济仍然是有干预的。现代意义上的经济自由主义，是在不出现重大经济危机的前提下，尽可能地减少政府对经济影响的经济形式。

正是由于现代的经济自由主义，允许政府对经济进行必要的干预，因此曾荫权干预港币币值的主张，才在港府内部得到了支持。

专家支招

很多时候，特别是在非常时期，如果一直奉行经济自由主义会招致灾难性的后果，无论在微观领域还是宏观领域都是如此。对于国家和个人而言，应该怎样对待经济自由主义呢？

1.不能放任经济自由发展，否则政府会失去了存在的价值。

2.对于个人来讲，不能想买什

么就买什么，没有一定的计划，不然很容易出现入不敷出，落得个衣食不保的结局。

通货膨胀：你见过面值为100万亿元的钞票吗?

现实困惑

在20世纪80年代，津巴布韦与南非都是非洲最富裕的国家之一，曾被称为非洲的"菜篮子"。

那一时期，津元与美元的汇价一度为1∶1。但发端于2001年的津国通胀造成了津元末日般的贬值。2008年时，通胀率已达到令人震惊的100 500%。当时该国货币的面值已在实际上低于纸面的价值。津国政府于同年5月15日又发行了面值5亿的钞票。这一时期，虽然官方汇率是1美元约合3万津元，但黑市上1美元已经可以买到约2.5亿津元。

据津巴布韦《先驱报》2009年1月16日报道，津巴布韦储备银行从即日起开始发行一套世界上最大面额的新钞，这套新钞包括10万亿、20万亿、50万亿和100万亿津元四种。津巴布韦储备银行刚刚在上周发行了一套100亿、200亿和500亿津元面额的新钞。100万亿，贬到最低时只能买半个面包。

津元的贬值怎么会如此疯狂?

要点解析
YAODIANJIEXI

津元如此大规模的贬值，罪魁祸首是津巴布韦的通货膨胀。通货膨胀是指货币发行量超过流通中实际所需要的货币量而引起的货币贬值现象。也就是说，津巴布韦国内的经济所需的货币量并不多，但津国政府却发放了过多的货币，结果导致币值被稀释。所以，货币就贬值了。

专家支招

经济学界对通货膨胀的看法是"有利有弊"。那么，应如何对待和利用通货膨胀呢?

1.一般认为，微量的通货膨胀有助于经济的发展，但过量的通货膨胀则会导致人民财富贬值，群众生活水平大幅下降。也就是说，对于通货膨胀的控制，应以对生产的促进足以抵消因货币贬值造成的人民购买力下降为准。

2.利用通胀来刺激生产的风险较大，因此应谨慎监控。

基础货币：人们为什么离不开货币?

现实困惑

最开始，用于交换的货币形式在不

同地区是不同的，而且大多币种存在着这样那样的缺陷。如贝壳类的货币，由于材质薄脆，给保存带来很大的难度。这些缺陷，在某些方面对交易产生了不利的影响。因此，世界各地的人类祖先，都在不断寻找一种便于使用和保存的货币形式。就是在这样的背景下，金属货币应运而生了。

金属是古代货币的最终归宿。在今天，绝大部分人都不必揣着沉甸甸的金银块出门逛街，这要归功于货币的信用化了。

19世纪前期，第一次工业革命的效果开始表现出来。蒸汽动力的应用，带动生产力大幅提高，各种产品以前所未有的速度被生产出来，社会财富高速积累。社会上可用于交换的产品大量增加，但作为交换媒介的金属货币，其数量反而变得更少了。

这一时期的存款形式是：储户把金属货币存放到银行，存款到期后，银行对储户返本付息。而银行为储户开具的存金凭证，就是银行券。一开始，银行都在按规矩办事，有多少笔存金，就开具多少份银行券。后来这些银行券就成了我们今天用的纸币。

货币的进化经历了漫长的过程，顽强地存在于我们的生活中，为交换服务。为什么货币能够一直存在于人们的生活之中，离开了货币人们的生活将变成什么样子呢？

要点解析
YAODIANJIEXI

通常意义上的货币，也就是基础货币，是现代货币体系的基础。现代货币体系被划分为多个层次，如M0、M1、M2、M3等。

这些货币层次，都是建立在基础货币，即M0的基础之上的。而基础货币本身，则担当着商品交换媒介的重任。一旦离开了基础货币，现代人的交换行为又将回到原始阶段。大家需要以物换物，交换的效率会变得非常低下，随之而来的就是经济增长的放缓。

专家支招

关于货币层次，国际上大致的划分是：狭义货币(M1)＝流通中的现金＋支票存款(以及转账信用卡存款)；广义货币(M2)＝M1＋储蓄存款(包括活期和定期储蓄存款)；M3＝M2＋其他短期流动资产(如果国库券、银行承兑汇票、商业票据等)。

由于货币具有层次，因此人们在经济生活中应：

1.能持有基础货币时，尽量持有基础货币，因为它有着最高的流通性。

2.不能持有基础货币时，考虑持有具有对冲和保值功能的衍生货币。

通货紧缩： 溺爱百姓，也会导致亡国吗？

现实困惑

乌托邦国在经历了旷日持久的通胀之后，人民的生活日益艰难。老国王担心通胀继续会引发起义，因此死前遗命儿子一定要控制通胀。儿子坚决执行父亲的嘱托，使通胀得到根本性的逆转，人民也因此对新君非常爱戴。

但是五年之后，新君察觉到另外一个危机：国内大量人口开始饿死，边境纷争不断，国内军力也不足以对抗外敌的入侵。十年后，该国领土遭遇邻邦入侵，最终亡国。

新君为了提高人民的生活水平而全力避免通胀，可最终怎么会使国家灭亡呢？

要点解析
YAODIANJIEXI

这位新君很可怜。其实，该国之所以亡国，从经济学的角度推断，正是由于他过分强调通胀的可怕，结果不敢发行货币，这样从事实上造成了该国国内的通货紧缩。而一旦通货紧缩出现，一国的经济就会进入衰退状态。经济的衰退必然会导致国力的衰退。在经济发展的竞赛中，逆水行舟，不进则退。乌托邦国因落后而挨打也就在情理之中了。

通货紧缩（currency deflation）的字面意思就是钱的放气，与通胀的吹气（inflation）相对。前者是把钱拿出来一部分，后者是加进去一部分。当时，实际经济中，货币并不一定是被人们主动"拿出来"和"放进去"的，尤其是前者。

专家支招

美国经济学家加利·西林指出，通货紧缩具有自我强化的性质。他认为，当购买者采取观望态度，等待物价进一步下跌时，商品存货将继续增加，从而使物价进一步下降。这样物价就会陷于一个螺旋式的自我强化的下降过程。作为政府，应如何处理通货紧缩？

1.政府必须以高于对通胀的警惕性来看待通缩。

2.以适度的通胀来抵消通缩。

消费税：对消费者征税会抑制消费吗？

现实困惑

2009年6月20日，国家税务总局对烟产品消费税政策作了重大调整。调整后，甲类香烟的消费税从价税率由原来的45%调整至56%，乙类香烟由30%调整至36%，雪茄烟由25%调整至36%。国税局对甲乙类香烟划分标准也进行了调整，将原来50元的分界线上浮至70元。据估计，经过此次调整后，原来70元一条的香烟，成本要上涨11元左右。

对于烟草增税，大众普遍认为，是国家控烟政策得到强力推行的结果。但国内经济人士另有以下分析：

在2008年次贷危机的影响下，国家的财政税收与往年同期相比有一定的缺口，需要提高税收来完成"补缺"任务。而烟草属于非生活必需品，对其课以重税不会对民众的生活造成很大影响，也是国际通行做法。目前我国的烟草税率与国际通常水准相差10%左右。所以通过提高烟草的消费税可以很好地解决国家财政收入问题。

那么，国家提高烟草税收，到底是为了控烟，还是为了填补财政缺口呢？

要点解析
YAODIANJIEXI

人们确实会因烟草价格上涨，而更少地消费香烟。但问题在于，香烟价格是否一定会因增税而上涨呢？

目前我国卷烟实行专卖政策，一般由国家的大型企业负责生产和经营。一条烟从厂家到消费者手中要经过三个环节，分别对应着厂家调拨价、烟草公司批发价、商家的零售价三种价格。国家可以控制的是厂家的调拨价与烟草公司的批发价。只要批发价不变，一般零售价就不会改变。目前，此次调整还未涉及批发价的调整，也就是税收全部由烟草系统内部消化，不会对最终的售价造成影响，自然控烟的目的就难以达到。

专家支招

国内烟草企业的高利润是人所共知的事实，因此国家在当年制定增税政策的时候并不能确定增税一定会带来控烟效果。因此，用增税的方法来填补财政缺口的认识更可能是高层制订该政策的首要出发点。

但是消费税会对消费行为产生影响是一定的。即便香烟的售价不变，企业也会试图通过其他方式来转嫁这些税收增量。即便只是压缩经销商的利润空间，经销商也会选择卖出更少的香烟，因此对香烟增税一定会起到控烟的作用，只是效果未必明显而已。

在消费税的使用上，政府应做到：

1.对于消费税的使用，需要谨慎评估，判断税收的实际承担者和承担量。

2.当消费税单纯地作为增加财政收入的工具时，应尝试抵消它对经济产生的负面作用。

¥ 增值税发票：你在街头被兜售过发票吗？

现实困惑

哪一种犯罪涉及的标的额动辄上亿，经常与"特大案"、"大要案"联系在一起？哪一种犯罪被判处死刑的人数以百计？哪一种犯罪猖獗程度令人瞠目结舌，在火车站广场、地铁进出口都能看见犯罪人的身影？哪一种犯罪致富的速度极快，甚至超越印钞？

那就是虚开增值税发票罪。

其犯罪分子并不神秘，他们就在你身边。在火车站广场或地铁进出口，你会经常看到一个女人抱着一个孩子。当你走过她身边的时候会听到，"发票、发票、发票……"没错，她是在卖发票，卖的正是增值税发票。你可能感到好笑，这么叫卖会有人买吗？当然，市场决定一切嘛。没有人买，也就不会有人卖了。

原广东德庆县税务局干部李华成因为虚开增值税发票2.9亿多元，于2006年12月被判死刑。2007年，"安徽省第一税案"侦破，高国伟因虚开增值税发票被判死刑，另有数人入狱。2007年，厦门叶双与其团伙成员，通过注册空壳公司，虚开增值税发票被判死刑，涉案金额达1.52亿元……这样的例子太多太多。

增值税发票因何可以成为如此之多大案要案滋生的温床？

要点解析
YAODIANJIEXI

为了弄清楚增值税发票为何被热炒，我们还是要从增值税本身谈起。

增值税是指对销售商品或提供劳务的经济行为征收的税种，但是增值税只对增值部分进行征税。根据增值税的缴税原理，企业只需缴纳销售额与成本之间的增值部分，但是成本是多少呢？谁也不知道，国家税务部门自然不晓得。那怎么计税呢？主要是通过你购买原材料时别人开给你的增值税发票上的金额来记成本。如果你能不进货，直接弄到这样的发票，那么纳税时不就省了一大笔钱吗？所以虚开增值税发票就在这样的需求下应运而生了。只要虚开100万元的增值税发票，按照目前的税率就可以抵扣17万元的税款，可谓诱惑不小。

专家支招

面对增值税大案频发的现象，国家应采取以下对策：

1. 健全增值税监督机制。

2. 倡导政府部门的廉洁自律，一个高效的政府自然会对不法行为产生震慑作用。

¥ 房产税：房产税实施对购房者有何影响？

现实困惑

在北京昌平区工作的葛先生最近一直在为买房的事情纠结不已。去年底，工作满5年的他终于具备了购房资格，准备购买二手房。2013年年初，好不容易选到心仪房子的他赶上了"国五条"出台。虽然选的房子是满5年的"免税房"，而且购房合同已经签订，但房主要求加价10万元。

"房主说自己的房子交税少，很抢手，而将来价格会大涨。"葛先生告诉记者。虽然觉得不公平，但他还是答应了加价要求。影响他的不是房子涨价的预期，而是近期市场上关于房产税即将推出的传闻。

"万一北京也征房产税，我赶上房产税出台再过户，那以后岂不是要年年缴税。"葛先生觉得，虽然都说房产税可能会降房价，但如果让自己年年交税，还是不划算。

与葛先生有类似想法的人不在少数。很多人期待着房产税出台能带来房价的下跌，但真正轮到自己买房时，却千方百计想避开房产税。

那么，房产税是什么，它对购房者的影响到底是怎样的呢？

要点解析
YAODIANJIEXI

房产税是以房屋为征税对象，按房屋的计税余值或租金收入为计税依据，向产权所有人征收的一种财产税。

目前我国对房产税的征收办法仍未作出最终决定，而可选的方案为，对存量征税和对增量征税。一般认为，对增量征税是劫贫济富，而对存量征税则是劫富济贫。当然，这里的富和贫都是局限在住房财产方面的。

按照目前我国试行的房产税征收办法，除了首套房屋之外，个人另外购置房产需缴纳较高的税赋，这也是国家推动住房资源均衡分配的重要手段。

专家支招

由于目前房产税在全国范围内的征收办法还未出台，因此我们无法确定今后的房产税是按照增量征收还是存量征收。但是，根据已有的信息，还是能够给出以下建议：

1.购买首套住房时应尽量做好长远打算，比如适度增加房产的面积等。因为首套房在税收政策上必然会受到很大的照顾。

2.如果可以选择，那么首套房尽量选在大型城市购买。因为大城市的房产税率更严格，甚至可能更高。首套房可以规避这些税收。

3.第二套以后的房产，在小城市购买更为划算。因为短期内，小城市的房产税政策仍会比较温和，且预期中也是如此。

间接税：在个别商场，购物也要缴税吗?

现实困惑

十多年前，北京王府井书店曾尝试过将购书小票中的税款和书款分列。无独有偶，南京的金润发超市也将税款与商品价格分离，试图让消费者做一回明明白白的纳税人。结果，这两个时代先锋企业的尝试都失败了。

"每天都有顾客在收银处大吵大闹。消费者无法理解与接受为什么买东西还要缴税，有的顾客认为超市将本该由企业缴的税转嫁到了消费者头上，说再也不到金润发超市来买东西了。"金润发超市客服部经理告诉记者。

面对尝试的痛苦失败，经济教授王则柯说道："要让人们知道自己每次购物时已经向国家纳过税还真不容易。如此小事都会一波三折，一些重大体制变革的难度更是可想而知。"

这么说来，购物时缴税不是个别现象，只是大多数情况下人们并不知情?

要点解析
YAODIANJIEXI

确实，人们购物的时候就已经在缴纳税款了。只是商家把这部分税款计算到商品的售价中，所以人们大多不知情。其实，我国很多的税收工具，都是以间接的形式存在的。

在一国的税制中，税收形式包括直接向公民征收的税款和通过其他经济环节征收的税款两种形式。直接向公民征收的税款是直接税，而通过其他途径征收，但最终还是会使公民的总收益降低的税款，就是间接税了。各种消费税，交易税，对公民而言都是间接税。

这些税目虽然并不直接向公民征收，但它们的存在却推高了物价，公民仍然需要为此支付额外的财富，并间接缴纳给政府。因此，论及直接负担的税收，我国公民的税赋负担并不重，但是如果把间接税都考虑进来，则我国的税收在国际上算重的。

专家支招

商品生产者和经营者通常将税款附加或合并于商品价格或劳务收费标准之中，从而使税负发生转移。加之税收存在转嫁现象，间接税不仅无法根据私人的各种具体情况决定纳税能力，而且极易造成税负累迟现象。因此，间接税不能体现现代税法税负公平和量能纳税的原则。

那么，我国为什么还在采取间接征税的方式来获得财政收入呢？这是因为：

1.间接税的存在与商品经济的发展水平有着密切关系。发展中国家的经济管理、税收管理水平较低，商品流通规模较小，市场竞争的程度也较弱，间接税的大量征收不会由于价格的提高而对交易的竞争产生很大的不利影响。

2.间接税税负易于转嫁的特点，还可以刺激经济的发展，间接税简便易行的特点也有利于税收的征收。

¥ 累进税：如何看待明星偷税？

1989年4月中旬，传播媒介爆出了一条新闻：歌星毛阿敏春节期间在哈尔滨赚得6万元，偷漏税3万元。它成为当时最大的明星偷税案。

"毛阿敏事件"引起了社会各界的关注，令其个人形象一落千丈，几乎从歌坛消失。

无独有偶，2002年，号称"亿万富姐"的电影演员刘晓庆因偷税被逮捕，引起全国媒体的轩然大波。而经查实，刘

晓庆公司涉及的偷税金额达上千万元。

明星偷税被重罚是在提醒我们每一个公民，纳税是每个人的义务和责任，高收入者没有"宽免额"。从某种程度上讲，收入越高，越要承担更多的社会责任。

偷漏税现象在高收入群体中更为普遍，这是为什么呢？

要点解析
YAODIANJIEXI

缴纳个人所得税是公民的义务，是支持政府活动的一种形式。除特殊情况外，人们都需要缴纳个人所得税，明星也是如此。

而逃税现象之所以在高收入群体中更为普遍，无疑是因为他们需要承担更高的税率。我国个税采取累进税制，收入越高，缴税越多。

不超过1 500元	3%
超过1 500元至4 500元	10%
超过4 500元至9 000元	20%
超过9 000元至35 000元	25%
超过35 000元至55 000元	30%
超过55 000元至80 000元	35%
超过80 000元	45%

毫无疑问，毛阿敏、刘晓庆等明星属于高收入群体，他们的个税税率也高于普通收入群体。过万元的税额，对这些名人来说也是不小的数字。因此，他们的偷税动机更大，偷税现象自然更为普遍。

专家支招

累进税，是指税率随着课税对象数额的增加而提高的税收。即按照课税对象数额的大小，规定不同等级的税率。课税对象的数额越大，税率越高，课税对象的数额越小，税率越低。

政府可以结合累进税的特点，对经济进行干预。它具有调节收入分配，缩小贫富差距的功能。

但累进税也有它的弊端，当累进程度太大时，就会导致过分的奖懒罚勤，这不利于刺激人们更加努力地工作。中国在改革开放前，所搞的农村生产队组织就是走进了累进税的极端。改革开放提出的正确处理公平与效率的关系的思想，才很好地解决了这个问题。

（三）
信息经济学

¥ 信息不完全：孔子为什么会误会颜回？

现实困惑

颜回是孔子的一个徒弟。他十四岁即拜孔子为师，终生陪伴在孔子左右。在诸多弟子中，孔子对颜回的称赞最多，不仅夸他"好学"，还说他是"仁人"。

颜回一生虽然多受孔子赞誉，但是也有被孔子误解的时候。

一次，孔子巡游列国的时候，被困于陈国和蔡国之间，还生了病，无力前行。颜回出去讨了点米煮饭。饭快熟的时候，孔子看见颜回用手抓锅里的饭吃，孔子装作没看见。

过了一会儿，颜回把熟饭端给孔子吃，孔子决定教育一下颜回。孔子说："我刚才睡觉梦见了先人，我要把饭弄干净了才去祭拜先人。"颜回一听，知道这是说他刚才用手抓饭的事，就连忙辩解说："老师，不是这样的，刚才锅里掉进了灰，我觉得浪费米饭不好，就把弄脏的米饭抓起来吃了。"孔子听了后，才知道是自己错怪了颜回，就说："本来我们应该相信眼睛看到的，可是现在看来也不一定可信；本来我们依靠自己的心，可是现在看来也不可靠。看来了解一个人真的不容易啊。"

孔子为什么会误会颜回？

要点解析
YAODIANJIEXI

颜回看见米饭脏了，既不想让孔子吃，又不想浪费掉粮食，于是就用手抓起来自己吃了。这个动作恰巧让孔子看到了。由于孔子不知道米饭脏了，他认为这是颜回不尊重他。孔子之所以误解了颜回，是因为他没有掌握事情的全部信息，不了解事情的真相。

专家支招

在经济学中，信息不完全是指市场参与者不拥有某种经济环境状态的全部知识。由于认识能力有限，人们不可能知道在任何时候、任何地方发生的任何情况，而且市场经济本身不能够生产出足够的信息并有效配置它们，于是信息不完全就成了常态。

对于商家和消费者来说，应当如何处理信息不完全引发的问题？

1.商家应尽量把商品信息透明化，公平透明的竞争才能让商家在长期经营中取得好的结果。

2.消费者应选择信息完全的商品购买，以规避信息风险。

¥ 信息不对称：相互喜欢的两个人为何没在一起？

现实困惑

某班级里，男学生甲和乙同时喜欢女学生丙。

甲是班长，人不仅长得帅气，而且富有才华。学校举办晚会，主持一般都是他的活。最关键的是，他还打得一手好球，很受女孩子的欢迎。甲真心喜欢丙，但是由于自认为实力雄厚而且好面子，所以在丙面前显得内敛含蓄、不温不火，让丙搞不清楚他内心的真实想法。

乙长得不帅，属于放在人堆里不起眼的那种，但是他敢作敢为，是班里的活跃分子。他知道甲也喜欢丙，自认为自己的条件不如甲好，就对丙展开了猛烈的追求，甚至动员一帮好朋友帮他撮合。

丙是更喜欢甲的，毕竟甲比乙优秀许多。但是由于甲的态度不明朗，丙不确定甲是否喜欢她。万一甲不喜欢她而她向甲表白了，那岂不是丢死人了。乙的条件虽然不如甲，但是乙的大胆追求满足了丙的虚荣心，让丙有了自豪感。因此到了最后，丙答应了乙的追求。

为什么甲和丙相互喜欢，到最后却无缘无分呢？

要点解析
YAODIANJIEXI

丙之所以没有选择甲，是因为她不知道甲喜欢她。"甲喜欢丙"这个信息甲知道，丙却不知道，这就是经济学中所说的信息不对称。由于丙不知道甲喜欢她，于是她选择了乙，这就是信息不对称引发的"逆向选择"。

专家支招

在经济学中，信息不对称是指交易各方拥有的信息量不同。例如人们常说的"买的不如卖的精"这句话，由于买方对商品的了解总是不如卖方，因此卖方总是可以凭借信息优势而获得额外的报酬。

在现实生活中，信息不对称的情况普遍存在。而对于政府和企业而言，应做好如下工作：

1.重点治理以下领域的信息不对称。政府与公众的信息不对称，企业委托人与代理人的信息不对称，劳动力市场信息不对称等。

2.如何减少信息暴利、维护资源分配的效率是当今信息经济学的主要任务。

¥ 信息传递：曹操如何激励将士们？

曹操是三国时期曹魏政权的实际建立者，他领兵打仗的本领冠绝群雄，能够时常激励将士们奋勇杀敌。

有一年夏天，曹操率军南下征讨张绣。一路行军，将士们走得非常辛苦。中午时分，队伍走在弯弯曲曲的山道上。天上骄阳似火，烤得大地直冒烟，而且一点风也没有。将士们连天赶路，又累又乏，想弄口水喝，奈何方圆数十里都没有水源。将士们口干舌燥，有些人的嘴唇干裂得鲜血直淌。

曹操爱兵如子，看到将士们渴成那样，非常着急。他心里盘算着：这样下去可不行。要是损失了人马又贻误了战机，这损失就大了，必须想个法子带领大家尽快找到水源。曹操想了想，大声说："将士们，刚才我问过向导，前面有一大片梅林。梅子又大又好吃，我们快点赶路。绕过这个山丘就到梅林了！"将士们听了曹操的话，想着又酸又甜的梅子，嘴里顿时生津，一时间神清气爽，都迫不及待地往前赶路。最终曹军找到了水源。

曹操用什么方法使他的部队有了力量？

要点解析
YAODIANJIEXI

梅子的酸度高，人们听到"梅子"二字就会不自觉产生唾液。曹操利用这个特点对他的将士们喊："前面有梅林。"将士们条件反射般地产生唾液，暂解干渴之苦，军队得以加速前进。曹操通过他的机智聪明，巧妙地向军士们传递了他们所需要的信息，鼓舞了他们的士气。

信息传递是指人们通过声音、文字或图像相互沟通消息的意思。信息在传递过程中，需要三个基本的环节：传达人、接受人、接受人的反应（反馈）。在市场经济中，商家为了成功推销自己的产品，需要把商品的信息传递给消费者，消费者把接收的信息转化成自己能够理解的信息，然后把对信息的反应传递给商家，这就完成了一次信息传递过程。

在信息传递的过程中，需要注意：

1.商品信息通过广告等方式传递给消费者的过程，就是商家市场推广的过程。商家只有依靠独特的传递方式才能引起消费者的注意，才能使自己的产品在诸多同类产品中凸现出来，这样商家才会有利可图。

2.信息在传递的过程中会失真，失真会带来额外的成本，因此，充分利用现代信息技术，减少信息传递的中间过程，降低或者避免信息失真，这成了商家成功把商品推销给消费者的一个重要的工作。

￥ 信息甄别：谁能赢得2000年美国总统大选？

现实困惑

2000年美国总统大选，共和党人布什和民主党人戈尔获得的选票十分接近。为此，佛罗里达州的选举结果就成了这场总统大选的关键。但是，两位总统候选人在这个州的得票数异常接近。不同的计票方法会产生不同的选举结果，因此选举产生了争议，只得由最高法院投票决定总统人选。

最高法院的方法就是反复点算普选票以及司法判决。因此纽约有一家报纸以"所罗门明天判案"为标题报道了此事，引起了人们的关注。

"所罗门判案"是圣经里面的一个故事。圣经记载：两位母亲争夺一个孩子，都声称自己是孩子的亲生母亲。双方僵持不下，因此请所罗门王判案。所罗门王说："这个好办，将孩子劈成两半，你们二人每人一半。"其中一位母亲气愤地说："劈就劈，我的孩子不能白给别人。"另一位母亲则哀求道："不要劈我的孩子，我把孩子让给她好了。"所罗门王知道这个哭泣的是孩子真正的母亲，就把孩子给他了。

请问，这两个故事是如何体现信息甄别的？

要点解析
YAODIANJIEXI

美国总统大选，两位候选人的票数十分接近，最高法院通过反复点算普选票的方法，最后统计出布什获得民选票50 456 002张，戈尔获得民选票50 999 897张。但是由于布什获得了271张选举人票，高于戈尔的266票，因此，最高法院依据宪法判定布什赢得了总统大选。布什成为美国新一任总统。

在所罗门王判案这个故事里，当他表示要劈开孩子的时候，只有孩子真正的母亲才会不忍心。一位母亲表示"我得不到的东西，别人也别想得到"，而另一位母亲因为不忍心而拒绝劈孩子，所罗门王根据两位母亲的表现判断出谁才是孩子真正的母亲。

专家支招

信息甄别是市场交易中没有私人信息的一方，为了减弱非对称信息对自己的不利影响，区别交易信息的真伪的行为。

为了准确甄别信息，我们的建议是：

1.为信息甄别分配更多的资源。在市场交易中，由于信息不对称的存在，消费者要想获得准确的信息，就必须为之付出更多的成本。在这个信息泛滥的年代，信息甄别对于消费者来说是一项非常复杂的工作。

2.提高甄别能力。只有不断提升甄别信息的能力，消费者才能在信息满天飞的经济生活中维护自己的正当权益。

¥ 信息披露：如何把危机转化成完美的事？

现实困惑

葛军开了一家房地产中介公司。前两年房地产市场火的时候，公司赚了不少钱，葛军大度地给公司每个员工多开了两个月工资，作为年终奖。2013年全国经济疲软，政府又大力调控房地产市场，公司的业务严重缩水，葛军没赚到多少钱。为了缓解资金压力，葛军决定今年的年终奖只发一个月的工资量。可是如何把这个消息告诉员工呢？万一他们不理解，闹起事来怎么办？葛军为此发愁。无奈下，他就把难处告诉了陈助手。没想到陈助手给葛军出了个奇妙的计策，完美地解决了葛军的苦恼。

不久，公司流传起了要裁员的流言。员工们为此议论纷纷，祈祷倒霉的事不要落在自己身上。此时陈助手私下里告诉同事们，公司虽然遇到了困难，但是公司绝对不会放弃大家，不过希望大家做好心理准备，年终奖可能没了。大家一听不裁员了，纷纷松了一口气——只要不走人，年终奖没了也就没了。又过了几天，葛军召集所有员工开会。他在会上宣布：今年公司遇到了困难，年终奖只发一个月的薪水。所有的员工听到这个消息后，脸上都露出了意外的惊喜，大家纷纷表示帮助公司渡过难关是应该。于是，一场危机转化成了团结员工的完美之事。陈助手计策是如何做到的呢？

要点解析
YAODIANJIEXI

葛军想要传达给员工的信息是：公司要把年终奖从两个月的工资量减少到一个月的工资量。可是用什么样的方式传达信息令葛军大伤脑筋。直接告诉员工吧，怕员工不理解，毕竟人们都不希望自己的薪水减少。到时候，万一他们闹事怎么办？如果不用直接的办法，那该怎么办呢？

陈助手给葛军献计：先把最坏的结果（裁员）透漏给员工，让他们感到一无所有；然后给他们希望（公司不裁员，但是不发年终奖）。相比较一无所有来说，这个结果他们能够接受。最后公司宣布年终奖是一个月的薪水，这个结果远远超出了他们的预期，所以受到大家欢迎。但是，员工的收益实际上减少了。从这个案例中我们可以看到，同样的信息，披露的方式不同，收获的结果也不同。

专家支招

信息的披露方式在很大程度上决定了结果如何。作为一个经济人，要善于利用不同的披露方式给信息接收方带来不同的心理感受。芝加哥大学的萨勒教授和哥伦比亚大学的约翰森教授经过研究，提出了四条有关信息披露方式的原则：

1. 如果你有几个坏消息要宣布，应该把几个坏消息同时公布于人。正所谓"长痛不如短痛"，火上浇油式的伤害，不如快刀斩乱麻来得爽快。

2. 如果你有几个好消息要公布，应该把几个好消息分开公布。每个好消息都能带来一次快乐，而一次公布所有的好消息只能带来一次快乐。

3. 如果你有一个大大的好消息和一个小小的坏消息，应该把两个消息一起告诉别人。这样的话，小小的坏消息带来的痛苦会被大大的好消息带来的快乐冲淡，负面效应也就相应小得多。

4. 如果你有一个大大的坏消息和一个小小的好消息，应该分别公布这两条消息。这样的话，小小的好消息带来的快乐不至于被大大的坏消息带来的痛苦所淹没，人们还可以享受好消息带来的快乐。

￥ 信息抽取：伯乐是如何识别千里马的？

春秋时期，楚王想要一匹千里马。他听说伯乐识马的本领很高，就派人把他请来，请他帮忙寻找一匹千里马。

有一天，伯乐风尘仆仆地走在秦国的道路上，迎面走来一个农夫。他手里牵着一匹马，马拉着一车的货物。伯乐看了一眼，发现这匹马虽然瘦骨嶙峋，但是骨骼结构完美。伯乐爱马之心顿起，就想靠近马看个明白。

没想到这匹马的脾气不小，看到有人靠近它就昂起头来瞪大眼睛，大声嘶鸣。伯乐立即从声音中判断出这是一匹难得的骏马。伯乐对农夫说："你把这匹马卖给我吧，我给你5倍的市场价。"农夫一想，这匹马又瘦又贪吃，干活还偷懒，只有傻子才会出这么高的价钱。于是，农夫就很痛快地答应了这个买马的"傻子"。

伯乐把这批瘦马献给了楚王。楚王以为伯乐这个"傻子"随便弄了匹马来糊弄自己，很不高兴。伯乐对楚王说："大王，这匹马骨骼完美，声音洪亮，脾性好斗，一定是匹千里马。只要您精心喂养，不出半个月就会恢复体力。"

楚王听后，决定喂养一段时间看看。一个月后，这匹马变得精壮、神骏，果然是匹千里马。于是，楚王兑现了自己的承诺，重重赏赐了伯乐。

那么，伯乐是如何识别千里马的呢？

要点解析
YAODIANJIEXI

同样的一匹马，农夫和楚王看到的是：瘦骨嶙峋、好吃偷懒、其貌不扬；而伯乐看到的是：骨骼完美、声音洪亮、脾性好斗。这个故事说明了只有透过现象看本质，才能提取到有效信息，才能发现真正有价值的东西。

专家支招

在这个信息发达的年代，经济市场上充斥着各种各样的信息。面对这些信息，不同的人会有不同的结论，从而做出不同的选择。信息提取错误会造成经济人错误的判断，从而引来错误的行为，对经济利益造成损失。

为了提高信息抽取的能力，人们应当做到：

1.提升自己提取有效信息的能力。在信息时代，我们绝不能困在追求全面信息的困境中，要用敏锐的慧眼，来发掘有效信息。

2.不断通过实践来锻炼抽取信息的能力。

¥ 逆向选择：结果为什么与选择的目的相反？

现实困惑

近年来，随着家庭收入不断增加，个人购买家庭轿车的数量也逐渐增多，可是随之而来的是，汽车交通事故也越来越多。为了降低损失，人们就去购买车险。于是，此举拉动了保险业务的增加。很多人都觉得保险公司属于空手套白狼，可是他们也有很多难言之隐。刘刚现在就一肚子的委屈。

刘刚是中原保险公司的总经理。其公司最近亏损严重，已经在汽车保险项目上赔了几百万。亏损不是因为没有业务，而是因为业务太好。太多的人购买了车险以后开起车来跟开坦克似的，横冲直撞。因为汽车坏了有保险公司负责修理，以至于汽车交通事故频繁发生。刘刚召集公司人员开会研究这个问题，大家一致表示公司亏损的原因是保险费收取得比较低，造成了收入不抵支出。于是，中原公司提高车险费，期望通过增加保费收入，扭转公司的亏损现状。

几个月过去了，刘刚更苦恼了。之前公司亏损是因为支出太高，不过收入也不低，可是实行新政策后，支出依然高，而汽车保险的保费收入却下降严重。这个结果是刘刚始料未及的，问题到底出在哪里呢？

要点解析
YAODIANJIEXI

中原公司提高车险费，是为了提高保费收入，然而结果事与愿违。汽车保险的保费收入严重下跌，是因为他们不懂得经济活动中的逆向选择原理。

开车就会有车祸风险，但是购买车险的人有高风险和低风险之分。对于高风险的人来说，购买车险能够降低经济损失，因此他们对于购买车险的欲望很高。即便是车险价格上升，他们还是会购买。对于低风险的人来说，保险费收得高，出险率却低，他们干脆不买保险了。中原公司提高车险费，高风险的人继续购买，低风险的拒绝购买，提高的价格不足以弥补流失的低风险人的费用，于是，保费收入自然就下降了。

专家支招

在信息不对称的前提下，信息劣势的一方做出的买卖决策所带来的后果往往与他们的决策初衷相违背，这种现象在经济学中叫逆向选择。

为了避免逆向选择对利益造成的伤害，信息劣势一方需要：

1.尽可能获取充足的信息。

2.在信息不明的情况下，尽量不做大笔投资。

柠檬市场效应：坏车是如何把好车排斥出市场的？

现实困惑

一个二手车市场上有100辆待售的二手车，其中50辆质量较好，价值20万元，另外50辆质量较差，价值5万元。出售二手车的时候，原车主会给每辆车做个"美容"，因此这100辆二手车看起来都很新，使买方无法分辨好坏。但是卖方知道哪辆车是好的，哪辆车是差的。

交易的时候，卖方把自己的车夸得天花乱坠。无论买方询问哪个车，卖方都宣称自己的车是好车。买方也不是傻子，虽然他不知道车的好坏，但是他知道这里面的车肯定有一些是坏的。因此无论卖方如何夸耀，买方只愿意出价10万元。费了半天口舌，买方坚持出价10万元。因此，质量好的车主就不愿意卖。价值20万元的车只卖10万元，还不如留下自己用呢；买者挑中质量差的，车主倒是非常乐意达成这笔买卖。价值5万元的车卖10万元，可赚5万元呢。这样一来，好车逐渐退出市场，而坏车充斥了市场。

而买方把车买回家不久就发现，自己花10万元买了辆价值5万元的坏车。于是，他发誓再也不去这个二手车市场买东西了，而且他还把自己的遭遇告诉了身边的朋友。一传十，十传百，到最后，周围的居民都知道了这个市场上充斥了坏车的消息，都不愿意去买车了。因此，这个二手车市场渐渐地关门了。

请问，坏车是如何把好车排斥出市场的？

要点解析
YAODIANJIEXI

在二手车市场里，卖方比买方拥有更多的信息，两者之间的信息是非对称的。买方知道卖方拥有的信息量比自己多，因此无论卖方如何夸赞自己的车，买方唯一的办法就是压低价格以避免信息不对称带来的风险损失。过低的价格使得卖方只愿提供低质量产品，从而使低质品充斥市场，高质品被逐出市场。这种现象在经济学里叫"柠檬市场效应"。

1970年，美国经济学家阿克洛夫发表论文指出，柠檬市场效应是指在信息不对称的情况下，好的商品遭受淘汰，而劣等品逐渐占领市场，取代好的商品，导致市场中都是劣等品。

专家支招

在正常的市场竞争机制下，优胜劣汰是不二的法则，然而在信息不对称的市场里，人们往往会做出逆向选择，导致低质品淘汰高质品的情况常常出现。那么，怎样减少柠檬市场效应的出现呢？

1.政府加强监管，用行政力量

推高质产品入市场。

2.加强信息透明度，从根本上解决柠檬市场效应。

霍布森选择：买马的人的选择是最好的选择吗?

17世纪，英国有个商人叫霍布森，他从事马匹生意。霍布森有一个非常大的马圈，圈里有各种各样的马，上至草原上的良种马，下至乡下的土马，价格不一。霍布森常常骄傲地说："只要你有钱，就能在我这里买到你想要的马。"

霍布森的生意不错，可是他也有一个烦恼，来买马的人到马圈里往往一眼就挑中了良种马或者高头大马，对于瘦马、赖马、小马往往不屑一顾。因此，这些质量低的马常常卖不出去，积压在马圈里，占了地方不说，还影响生意。霍布森寻思着，得想个法子把这批质量低的马卖出去。

霍布森想了个法子，他把马圈的门改小了许多，使高头大马出不去，而能出来的都是瘦马、劣马、小马。霍布森宣布：无论谁买马，都可以随便挑选，价格都便宜，但是只能在马圈的出口处选。来买马的人听说可以随便挑选，而且价格便宜，都很欢迎霍布森的新法

子。他们挑来挑去，最后都挑中了自己满意的马。由于高头大马出不来，所以买马的人都以为自己的选择是最好的选择。

问题是，买马的人的选择是最好的选择吗?

要点解析
YAODIANJIEXI

霍布森修改马圈门的高度，使得高头大马出不来，能出来的马只是那些瘦马、劣马、小马，然后他慷慨地宣布，随便挑，而且所有马的价格都便宜。在没有高头大马可以选择的情况下，买马人的人以为从马圈里出来的马就是全部的马，他们的选择就是最好的选择。这就好比中国石油天然气集团公司忍痛宣布，把国内油价从10块钱降到5块钱。国民以为自己赚了便宜，殊不知国际油价才3块钱。

霍布森表面上给了买马的人最多的选择（可以随便挑选从马圈里出来的马），可实际上缩小了买马的人的选择（出来的只是质量差的马，高头大马出不来）。这是一种假选择，是一个陷阱。

专家支招

上面的故事引出了今天我们要讲的一个经济学知识——霍布森选择。按照霍布森的新法子，无论买家如何挑选，最后选择的

都是一匹劣马。经济学家把这种没有选择余地的"选择"讥讽为霍布森选择。部分商家售卖商品的时候，经常会出现物美价廉的商品缺货的情况，要么它们就是被置于消费者不容易找到的地方，这都是为了给消费者造成一个"霍布森选择"。

为了应对霍布森选择，这里给出一些建议：

1.经济人在决策的时候，应尽可能获得更多的选择余地，作出判断。

2.在瞬息万变的经济市场上，墨守成规将会是一件非常可怕的事情。

3.人们应该仔细观察经济活动，警惕"霍布森选择"，为自己创造尽可能多的选择机会。

¥ 利率风险：银行如何规避利率风险？

华西银行是西北地区一家大型的银行，它在西北地区有十几家营业处，职员三百多名。近些年，由于中国利率不稳定，导致了银行投资出现了亏损状况。银行董事会任命马宁为新行长，要求他解决银行利率风险问题。

马宁上任后，在整理银行资产的时候发现：在资产方，银行有2 000万元是对利率敏感的浮动利率型资产，其利率变动频繁，每年至少要变动一次；而8 000万元的资产是固定利率型，其利率长期（至少1年以上）保持不变；在负债方，银行有5 000万元的利率敏感型负债和5 000万元的固定利率负债。

马宁分析全国的经济情况后，认为利率在未来一年内将会上升，且升幅将会超过3%。如果利率升幅是3%，华西银行的资产收益将增加60万元（3%×2 000万元浮动利率型资产＝60万元），而其对负债的支付则增加了150万元（3%×5 000万元浮动利率型负债＝150万元），那么华西银行的利润减少了90万元（60−150=−90）。基于这种情况，马宁向银行董事会建议将3 000万元的固定利率资产转换为3 000万元的浮动利率型资产，这样才会消除利率变动所带来的风险。银行董事会答应了马宁的要求。

第二年，中国利率果然像马宁预测的那样，升幅达到了4%。由于华西银行早就按照马宁的建议做好了准备，因此减少了120万元的损失。马宁为此受到了董事会的嘉奖。

银行怎样才能更好地规避利率风险呢？

要点解析
YAODIANJIEXI

1997年，巴塞尔委员会发布《利率

风险管理原则》。他们将利率风险定义为，利率变化使商业银行的实际收益与预期收益或实际成本与预期成本发生背离，使其实际收益低于预期收益，或实际成本高于预期成本，从而使商业银行遭受损失的可能性。

利率风险对于每个银行来说，都是一件头痛的事情，它变动的不确定性增加了银行投资失败的风险。就像案例中描述的那样，如果利率上升3%，银行不但没有获利，反而会亏损90万元；当利率下降3%的时候，银行才会赚90万元。只有像马宁那样，对银行资产了如指掌，并且能够准确把握好经济行情，正确作出预判，才能安全度过风险，达到盈利的目的。

专家支招

利率风险对银行的威胁比较大，银行日常管理的重点之一就是怎样控制利率风险。常见的衡量和管理利率风险的工具和方法主要有：利率敏感性缺口管理、持续期缺口管理和利用利率衍生工具套期保值。

利率风险会影响到部分企业的盈利，因此，这些企业应当：

1.时刻关注利率的变动。

2.在利率发生大幅变动时及时采取措施，对冲损失。

¥ 费雪效应：预期通货膨胀率与利率有什么关系？

现实困惑

小明知道银行储蓄利率为5%，就赶紧把100块钱存进了银行。他想明年这100块钱就能变成105块钱了，这笔钱正好可以买一个包。

经济学家告诉小明，在理想的情况下，他的这个愿望可以实现，但是在现实生活中就不一定了。小明问原因，经济学家说还要考虑当年的通货膨胀率。如果当年通货膨胀率是6%，那一年前100元能买到的东西现在要106元了，而存了一年的钱只有105元，所以到时候小明买不起这个包。

听了经济学家的话，小明很纳闷，通货膨胀率和利率有什么关系？

要点解析
YAODIANJIEXI

这个故事讲到了最近几年人们常常谈论的通货膨胀问题。因为最近几年我国的通货膨胀率不断上升，人民币的实际购买力不断下降，影响到了人们的切身利益，所以大家都很关注这个话题。有许多人都像小明一样会问，通货膨胀率和利率有什么关系。这个问题引出了本小节我们要讲的经济学知识——费雪效应。

经济学家费雪研究经济多年，他

发现了通货膨胀率预期与利率之间的关系。他指出当通货膨胀率预期上升时，利率也将上升。人们把他的发现称为费雪效应。

专家支招

费雪效应是指名义利率随着通货膨胀率的变化而变化。费雪指出，名义利率、实际利率与通货膨胀率三者之间的关系是：实际利率＝名义利率－通货膨胀率。这个关系揭示了在通货膨胀率存在的情况下，人们要求名义利率要足够高，这样才能补偿人们到期收到的货币所遭受的预期购买力损失。

我们知道了费雪效应，那么在面对通胀预期时，可以采取哪些行动来保证自己的利益呢？

1.准确估算通货膨胀率。只有准确地估算了通胀率，才能和利率的增幅做比较，从而决定是加强生产，还是存钱入银行。

2.如果银行利率相对较低，那么应把资本投入实业。

3.如果银行利率相对较低，又找不到直接投资实业的渠道，则可以选择把资本投入股市。因为股市就是实业的延伸。

￥ 马太效应：贫富差距是如何拉大的？

现实困惑

从前，一个国王要出门远行。临行前，他把自己的家业交给了几个随从管理，依照各人的才干给他们银子。一个给了五千，一个给了二千，一个给了一千之后，他就出发了。那领五千的，把钱拿去做买卖，另外赚了五千。那领二千的，也照样另赚了二千。但那领一千的，掘开地，把主人的银子埋了。过了许久，皇帝远行回来和他们算账。那领五千银子的，带着那另外的五千来了，说："主阿，你交给我五千银子，请看，我又赚了五千。"主人说："好，你这又善良又忠心的随从。现在，我把许多事交给你管理。你可以进来享受你主人的快乐。"那领二千的也来说："主阿，你交给我二千银子，请看，我又赚了二千。"主人说："好，你这又善良又忠心的随从。现在，我把许多事交给你管理，你可以进来享受你主人的快乐。"

那领一千的，也来说："主阿，我知道你是严厉的人，没有种的地方要收割，没有散的地方要聚敛。我就害怕，于是把你的一千银子埋藏在地里。请看，你的原银在这里。"主人回答说："你这又恶又懒的随从，你既知道我没有种的地方要收割，没有散的地方要聚敛，就当把我的银子放给兑换银钱的人，到我来的时候，可以连本带利收回。"于是，他夺过他的一千银子，给了那有一万的随从。

这个国王的脑筋是不是不太正常，为什么要抢穷人的钱补贴给富人呢？

要点解析
YAODIANJIEXI

国王是从另外一个角度来看待这个问题的，钱一定要当成钱用，才能创造价值。前两个仆人把钱用了出去，结果创造了价值回来，而第三个仆人则没有使用这些钱，只是存放在那里，浪费了在这段日子里用钱创造价值的机会。无论是他个人的，还是这个国家的经济效率，都因此而下降了。

国王的思想是效率至上的思想，认为第三个仆人浪费了稀缺资源，因此才大发雷霆，惩戒了第三个仆人。这个故事出自《新约·马太福音》。有人借用这个故事，把经济领域中，强者不断变强，弱者不断变弱的现象称为马太效应。

专家支招

任何个体、群体或地区，一旦在某一个方面（如金钱、名誉、地位等）获得成功和进步，就会产生一种积累优势，就会有更多的机会取得更大的成功和进

步。这就是马太效益。由于有马太效应的存在，人们的行为应按照下面的思路进行：

1.即便是为了保障自己有最基本的收入，也要努力工作。

2.慎重采纳有钱人的建议。在主观上，越是有钱的人，其赚钱的欲望越淡，但这并不代表他们赚钱的能力会变差。

¥ 手表定理：为什么手表多了，工作效率反而下降了？

现实困惑

大森林里生活着一群猴子，它们每天太阳升起的时候外出觅食，太阳落山的时候回去休息。

后来发生了一件事情。一名游客穿越森林时，把手表忘在了这里。这块表被猴子"蒙科"捡到了。这只小猴很聪明，过了几天，它就弄清了手表的用途。随后，它试着依据手表上的时间来指导自己的活动，结果它的收获比其他猴子都多。就这样，蒙科成了整个猴群的明星，每只猴子都向蒙科请教确切的时间，整个猴群的作息时间也由蒙科来规划。蒙科逐渐建立起威望，当上了猴王。

做了猴王之后，蒙科认为是手表给自己带来了好运，于是没事的时候，

就在森林里搜寻，希望能够拾到更多的表，以期获得更大的利益。结果，蒙科又捡到了第二块、第三块表。

不过，随着这些手表的出现，小猴的利益并没有得到增加。不仅如此，蒙科还有了新的麻烦：每只表的时间指示都不相同，它无法分辨出哪一个才值得它信任。所以，当有下属来问时间时，蒙科支支吾吾回答不上来，整个猴群的作息时间也因此变得混乱。

由于蒙科无法带给猴子们利益，它们把蒙科推下了宝座。不过新的猴王上台之后，仍然受困于这些指示不同的手表，无法用它们完成有效的指导。

为什么作为有效工具的手表变多了，工作效率反而下降了呢？

要点解析
YAODIANJIEXI

从这个故事中，人们总结出了"手表定律"。即更多钟表并不能告诉人们更准确的时间，反而会让看表的人失去对准确时间的把握。相应地，一个组织不能由两个以上的人来同时指挥，特别是他们指挥的方向又不一致的话，这将使这个组织无法正常运转。

专家支招

根据手表定理，我们可以得出结论：

1.一个人也不能由两个以上的人来指挥，否则将使这个人无所适从。

2.对于一个企业，更是不能同时采用两种不同的管理方法，否则将使这个企业无法运转。这也是为什么企业多为金字塔结构的原因。

¥ 斯坦纳定理：凤王犯了什么错？

现实困惑

凤王和凤后打算在密林深处定居下来。它们挑选了一棵又高又大的枝繁叶茂的橡树，在最高的一根树枝上开始筑巢，准备在这儿孵养后代。

小鸡听到这个消息，大着胆子向凤王提出警告："这棵橡树可不是安全的住所，它的根几乎烂光了，随时有倒掉的危险。你们最好不要在这儿筑巢。"

"嘿，这真是咄咄怪事！凤还需要小鸡来提醒？你们这些躲在洞里的家伙，难道要否认凤的睿智吗？小鸡是什么东西，竟然胆敢跑出来干涉神鸟的事情？"

凤王根本瞧不起小鸡，它立刻动手筑巢，并且当天就把全家搬了进去。不久，凤后孵出了一窝可爱的小家伙。

一天早晨，当太阳升起来的时候，外出打猎的凤王带着丰盛的早餐飞回家来。然而，那棵橡树已经倒掉了，它的凤后和它的子女都摔死了。

看见眼前的情景，凤王悲痛不已，它放声大哭道："我多么不幸啊！我把最好的忠告当成了耳边风，所以，命运给予了我这样严厉的惩罚。我从来不曾料到，一只小鸡的警告竟会是这样准确。真是怪事！真是怪事！"

凤王的最大错误在哪里？

要点解析

YAODIANJIEXI

凤王认为他是百鸟之王，小鸡的意见根本不可能比自己的想法正确，因此它不去倾听小鸡的声音。接收到小鸡提供给的信息，它也完全不相信，从而导致自己对信息了解不足，并因此酿成了惨剧。

全面的信息对人们得出正确的结论是很重要的，而要想获得全面的信息，就不能主观认定某些人提供的信息一定不可信。就像斯坦纳定理所说的：在哪里说得越少，在哪里听到的就越多。

专家支招

在现实生活中，类似凤王的例子比比皆是。这也给了我们很多的启迪：

1.企业高层需要重视工程技术人员的意见，不能强制推生产工艺满足不了消费者的产品，那会导致在市场上的失败。

2.家族中的长辈也应认真了解家庭中琐事的细节，以免作出错误的决策。

墨菲定律：股价变化为什么总和人们的预测不同？

现实困惑

陈平原本是个稳稳当当的人，但是一次偶然的际遇改变了他的人生。那年，他忙于工作忽略了女朋友，结果导致两人感情破裂而分手。在他情绪低落的时候，朋友把他拉进了证券市场。

在证券市场中，一切都是那么新鲜，陈平很快进入了状态，把烦心事忘了个精光。开始时，按照事先设定的方案，持续高抛低吸，陈平操作权证的账面盈利最多时曾达到过一千多元。

但12月22日出现了转折。这一次，他把"高抛"变成了"低抛"。卖出上汽CWB1权证后，陈平已无法在低位把它接回来，踏空资金，只好换了武钢CWB1权证。然而，等待陈平的，是又一次打击。

股市的走势再次与陈平开了个大"玩笑"。节后首个交易日，卖出的武钢CWB1权证暴涨27%；而买入的上汽CWB1则是当天表现最差的权证之一。

春节到了，陈平带着失落和无奈回到了家乡。他不敢把背着父母炒股亏钱的事告诉任何人，把所有的痛苦都压在了自己的心底。他知道在证券市场里会赔钱，他费解的是，为什么自己每次对行情的判断都是错误的呢？

要点解析
YAODIANJIEXI

证券市场中，类似陈平这种情况比比皆是，难道所有人的运气都那么差？并非如此。经济学中，有一个名词可以用来描述这种现象，那就是墨菲定律。

1949年，当时一位名叫墨菲的美国空军上尉工程师发现了一个有意思的现象，即人们在早餐时所吃的面包片，如果不小心被碰出桌边，掉到地毯上，几乎总是涂了奶油的一面着地。他把这种现象概括为："如果一件事可能被弄糟，那就一定会弄糟。"这成了墨菲法则的经典表述。

近年来，人们发现墨菲定律在证券市场上出现的概率远高于其他领域。其中的原因在于，人们预测时所选的价格周期和观测时对应的周期是不同的。大多数人预测长期的走势，但价格在短期内就发生了改变。一旦看到价格与自己所预测的不相符，人们就本能地怀疑起自己的预测，完全忘记了自己预测的价格并不是这个周期内的价格。

专家支招

为了避免在股市中频繁遭遇墨菲定律，人们需要注意几点：

1.预测行情时，要制定严格的周期；观测行情时，必须按照之前制定的周期进行。

2.不做无把握的投资。很多情况下，墨菲定律之所以出现，实际上是因为人们看错了趋势，对股价的预测只是简单的出于本能的一厢情愿。

¥ 误导性宣传：谁能借我一双慧眼？

现实困惑

2013年，随着夏季来临，气温升高，市场又进入了空调销售旺季。在这一轮营销活动中，空调厂商们斗法的手段体现在了节能方面。

事实上，2012年年底，美的公司在各类广告宣传空调节能效果时，都主打"一晚一度电"的宣传语；在奥克斯空调广告中，"好变频，一度到天明"的字样也频繁出现。

但是很多专业人士告诫大众，一天一度电的空调，起不到足够好的制冷效果。这些宣称一天一度电的空调，如果想取得足够好的效果，那么必然无法只耗一度电。

众多空调厂商"一晚一度电"的宣传让消费者感到迷惑。专业人士表示，空调厂商"一晚一度电"的宣传，多数引用的是实验室数据，是设定好的理想状态。在现实中，大多数情况根本无法实现。

虽然事实已经很明显了，但部分空调厂商仍坚持使用"一晚一度电"的说法作宣传，以吸引消费者。不过，他们的方案也很巧妙：厂商宣传品均标注有"在特定条件下使用"或类似的提示，而且基本都在宣传品的角落位置且字体较小。因此，多数消费者都表示，他们都只注意到了"一晚一度电"的字样，根本没注意到下面还有提示。

北京一位购买了美的"一晚一度电"空调的消费者告诉记者，他当初就是冲着"一晚一度电"才买的这台空调。

那么，厂商这种片面强调宣传效果，淡化效果实现的条件的行为，对消费者是否公平呢？

要点解析
YAODIANJIEXI

厂商的如此宣传，可以视为在故意误导消费者。消费者得到的信息是不足的，有缺陷的，从而造成他们消费行为的失误。

生活中，误导性宣传十分常见。电信运营商的零元购机活动和很多商家名不副实的买一送一活动都属此类。

专家支招

面对林林总总的误导性宣传，消费者应当怎样应对呢？

1.看到有诱惑性的宣传，应仔细询问工作人员优惠活动的细则，而不是仅听导购员的介绍。他们最常用的方法就是说一半吸引人的，留一半吸引力不大的信息不说。

2.一旦由于误导性宣传导致个人利益受损，应及时向主管部门申诉。

¥ 信息安全：信息安全就是经济安全吗？

现实困惑

英国《卫报》于2013年6月爆料称，根据中情局内部人士的情报，美国情报部门多年来一直在使用特殊的软件，在美国国内收集三大手机通信运营商的所有通话记录、搜索关键字、电子邮件、社交网个人信息和银行卡转账记录。

此人就是曾经在美国中情局任职过的29岁男子爱德华·斯诺登。斯诺登的行为遭到了美国政府的打击报复。斯诺登本人因此流亡中国香港，但未得到有效庇护。对此，他表示自己并不后悔，因为他并不打算隐瞒身份，他坚信自己这样做没有错。

斯诺登称，他此举唯一的动机就是要告知公众，政府都以他们的名义做了什么以及做了哪些针对他们的事情。他提供给媒体第一份材料的同时带了一份自己的声明。他在声明中写道："我知道会因自己的行为遭殃。"

政府监控国民通信的消息一出，即在美国民众中间引起轩然大波。2013年6月11日，美国最具影响力的民权组织美国公民自由联盟正式起诉联邦政府，指认后者开展情报监视项目"棱镜"侵犯言论自由和公民隐私权，违反宪法，请求法院下令终止这一项目。

那么，美国国民为什么反对联邦政府对民间进行信息监控呢？

要点解析
YAODIANJIEXI

现代社会，信息本身就是财富。一旦自己的信息被他人知晓，实际上就是财富的转移和落空。因此，无论企业还是个人，对信息安全都是十分重视的。

信息安全本身包括的范围很大。大到国家军事政治等机密安全，小到如防范商业企业机密泄露、防范青少年对不良信息的浏览、个人信息的泄露等。

专家支招

面对联邦政府的监控，美国民众能够做出哪些反制措施呢？

1.通过国会议员对政府进行抨击。

2.通过游行集会的方式表达自己的不满。

3.推动相关立法，并加强对政府行为的监管和约束力。

（四）
国际贸易经济学

经济全球化：为什么会产生经济全球化？

现实困惑

在以前，一家公司所生产的产品，往往都是由自己一手包办。然而经济全球化的发展使这一概念越发模糊了。在现在的市场上，很多产品虽然标注了固定的品牌，甚至还注明了特定的生产国，但实际上已不是独家生产，甚至不是某一国制造的产品。世界知名的波音喷气客机，名义上是美国波音公司制造的，然而实际参与生产的企业是来自6个不同国家的1500家大企业和15000家小企业。再如，欧洲的"空中客车"飞机，参与研制和生产的企业除法国外，还有德国、英国、西班牙、荷兰、比利时、意大利等国的航空公司。它在法国的图卢兹最后总装，法国制造的零件还不到40%。

那么，这种经济全球化的现象是如何产生的呢？

要点解析
YAODIANJIEXI

经济全球化出现于20世纪80年代中期，90年代得到认可，但没有统一概念。国际货币基金组织在1997年5月发表的一份报告中指出，"经济全球化是指跨国商品与服务贸易及资本流动规模和形式的增加以及技术的广泛迅速传播使世界各国经济的相互依赖性增强"。

而经济合作与发展组织认为，"经济全球化可以被看作一种过程。在这个过程中，经济、市场、技术与通信形式都越来越具有全球特征，民族性和地方性在减少。"为此，可从三方面理解经济全球化：一是世界各国经济联系的加强和相互依赖程度日益提高；二是各国国内经济规则不断趋于一致；三是国际经济协调机制强化，即各种多边或区域组织对世界经济的协调和约束作用越来越强。总的来讲，经济全球化是指以市场经济为基础，以先进科技和生产力为手段，以发达国家为主导，以最大利润和经济效益为目标，通过分工、贸易、投资、跨国公司和要素流动等，实现各国市场分工与协作，相互融合的过程。

专家支招

经济全球化可以带来巨大的分工利益，推动世界生产力的发展。由于发达资本主义国家在经济全球化进程中占据优势地位，

在制定贸易和竞争规则方面具有更大的发言权，控制一些国际组织，所以发达国家是经济全球化的主要受益者。但是，经济全球化对发展中国家也具有积极的影响。以下四点是经济专家们总结的正面影响。

1.经济全球化是资源在全球范围内加速流动，发展中国家可以利用这一机会引进先进技术和管理经验，以实现产业结构的高级化，增强经济的竞争力，缩短与发达国家的差距。

2.发展中国家可以通过吸引外资，扩大就业，使劳动力资源的优势得以充分发挥。

3.发展中国家也可以利用不断扩大的国际市场解决产品销售问题，以对外贸易带动本国经济的发展。

4.发展中国家还可以借助投资自由化和比较优势组建大型跨国公司，积极参与经济全球化进程，以便从经济全球化中获取更大的利益。

WTO：WTO都有哪些作用？

现实困惑

2001年11月20日，世贸组织总干事

迈克尔·穆尔致函世贸组织成员，宣布中国政府已于2001年11月11日接受《中国加入世贸组织议定书》，这个议定书将于2001年12月11日生效，中国也于同日正式成为世贸组织成员。

外经贸部有关负责人表示，正式成为世贸组织成员后，中国将全面参与世贸组织的各项工作。不久，中国将向世贸组织总部所在地——瑞士日内瓦派出中华人民共和国常驻世界贸易组织代表团，并派出大使。中国将全面享受世贸组织赋予其成员的各项权利，并将遵守世贸组织规则，认真履行义务。"多哈发展议程"已经启动。作为世贸组织成员，中国将认真积极参加世贸组织新一轮多边贸易谈判，并在其中与其他成员一道发挥积极和建设性的作用。

世界贸易组织到底是一个什么样的组织呢？中国为什么也要积极地加入呢？

要点解析
YAODIANJIEXI

WTO是世界贸易组织——World Trade Organization的简称。1994年4月15日，在摩洛哥的马拉喀什市举行的关贸总协定乌拉圭回合部长会议决定成立更具全球性的世界贸易组织，以取代成立于1947年的关贸总协定。世界贸易组织是当代最重要的国际经济组织之一，目前拥有158个成员国，成员国贸易总额达到全球的97%，有"经济联合国"之称。

专家支招

2001年，中国宣布正式加入了世贸组织。但是中国的入世，在专家看来，是既有利也有弊：

1.它有利于中国参与国际经济合作和国际分工。

2.它有利于扩大出口和利用外资。

3.它有利于直接参与二十一世纪国际贸易规则的决策过程，摆脱别人制定规则而中国被动接受的不利状况，从而维护合法权益。

另外，在许多经济学家看来，加入世贸组织对我国的弱势产业是一个严峻的挑战。如果不加快改革的步伐，这些产业将面临被淘汰的危险。随着市场的进一步扩大，关税的大幅度减让，外国产品、服务和投资有可能更多地进入中国市场，国内一些产品、企业和产业免不了面临更加激烈的竞争。

¥ 信用证：信用证为什么能够保证国际贸易的顺利进行？

现实困惑

国内一做外销皮鞋的老板欣喜若

狂,因为他刚刚和南美洲一大型鞋业客户谈妥,对方订货500万美元的产品。不过对方有一个条件,那就是只先给付50万美元的订金,等鞋到了之后,再转账支付剩余的450万美元余款。

这本是一桩风险极大的买卖,不过,对方找了一家美国的中介公司做权威担保,并且制订了详细的合同。于是,三方公司的代表签署了该协议。

由于相信美国的中介公司,对客户的信誉也有信心,这位老板履行了合同。结果,两个月后,一个晴天霹雳将他击倒——对方收货后,借口货不对版,拒绝支付余款。这家企业无法推动担保公司向客户调查取证,而这笔项目的地位不算高,尽管政府义务性地向客户所在国政府提出了异议,但该国政府并未理睬。最后,该老板因损失惨重破产。

那么,如何在国际贸易中降低这种交易风险呢?

要点解析
YAODIANJIEXI

想要降低外贸活动中的交易风险,信用证制度是很有效的方法。信用证也称银行信用证,是指开证银行应申请人的要求,向第三方开立的、在一定的期限内凭符合规定的单据付款的书面保证文件。

基于信用证的外贸交易流程大致如下:

1.开证申请人根据合同,请开证行开证。

2.开证行向受益人开出信用证,并邮寄到出口人所在地的通知行。

3.通知行核对印鉴无误后,将信用证交受益人,一般来说就是客户。客户审核信用证内容与合同规定相符后,按信用证规定装运货物。

4.议付行按信用证条款审核单据无误后,把货款垫付给受益人。

5.议付行将汇票和货运单据寄开证行或其特定的付款行索偿。开证行核对单据无误后,付款给议付行。

6.开证行通知开证人付款赎单。

专家支招

外贸活动的风险很高,根本原因在于没有一个更高一级的权威机构来约束国际的贸易活动,主权国家彼此之间没有约束能力。而银行信用证的意义,就是借用不同国家银行的信用(银行的信用一般较高),来保障外贸活动的信用。因此在外贸活动中,应注意以下几点:

1.能使用信用证交易,尽量使用信用证交易。

2.信用证也不是万能的,该制度存在一些漏洞,因此不能因为采用了信用证制度就以为万事大吉了。

3.与别国企业进行贸易活动的时候,要仔细了解对方的背景和信用情况。

¥ 贸易顺差与逆差：顺差与逆差是互补的关系吗？

现实困惑

美国商务部发布的数据显示，美国2013年4月贸易逆差增加8.5%，至403亿美元，此前经过向下修正的3月贸易逆差为371亿美元。彭博调查的经济学家此前预期，贸易逆差将达到412亿美元。

美国2013年4月贸易逆差从三年多来最低位反弹，反映出消费品和商用设备进口增长，这缓解了人们对于经济增长放缓的担忧。但贸易逆差扩大可能抑制增长，因为它意味着，相比美国企业的海外销售所得，美国消费者和企业在海外产品上的支出更多。

贸易逆差对美国经济带来了巨大影响，那么它是如何产生的呢？

要点解析
YAODIANJIEXI

所谓贸易顺差是指在特定年度，一国出口贸易总额大于进口贸易总额，又称"出超"，表示该国当年对外贸易处于有利地位。贸易顺差的大小在很大程度上反映一国在特定年份对外贸易活动状况。通常情况下，一国不宜长期大量出现对外贸易顺差，因为此举很容易引起与有关贸易伙伴国的摩擦。例如，美、日两国双边关系市场发生波动，主要原因之一就是日方长期处于巨额顺差

状况。与此同时，大量外汇盈余通常会致使一国市场上本币投放量随之增长，因而很可能引起通货膨胀压力，不利于国民经济持续、健康发展。

贸易逆差则是指一国在一定时期内（如一年）出口贸易总值小于进口贸易总值，即贸易逆差。又称"入超"、"贸易赤字"。反映的是国与国之间的商品贸易状况，也是判断宏观经济运行状况的重要指标。

专家支招

如果一个国家经常出现贸易赤字现象，为了要支付进口的债务，必须要在市场上卖出本币以购买他国的货币来支付出口国的债务。这样，国民收入便会流入国外，使国家经济表现转弱。

政府若要改善这种状况，根据经济学家的建议，应该做到以下两点：

1.把国家的货币贬值，因为币值下降，即变相把出口商品价格降低，可以提高出口产品的竞争能力。因此，当该国外贸赤字扩大时，就会利淡该国货币，令该国货币下跌。

2.因为国际贸易状况是影响外汇汇率十分重要的因素，当出现外贸盈余时，则是利好该种货币的。日、美之间的贸易摩擦充分说

明了这一点。美国对日本的贸易连年出现逆差，致使美国贸易收支的恶化。为了限制日本对美贸易的顺差，美国政府对日施加压力，迫使日元升值。而日本政府则千方百计阻止日元升值过快，以保持较有利的贸易状况。同样的，关于人民币升值的问题也有这方面的斗争因素。

商品倾销：2.99美元的登山鞋是怎么来的？

现实困惑

2006年10月7日，欧盟正式表决通过了针对中国皮鞋征收16.5%的反倾销税的提案。其中作为中国皮鞋主要出口商的温州鞋企受到了严重的打击。

那么，为什么中国鞋业会受到商品倾销的指控呢？我们通过中国在美留学生的自述，来揭示其中的某些答案：

在欧洲留学的小刚喜欢运动，也喜欢爬山。大约是在2004年，他买了几双登山鞋，其中最便宜的是耐克牌的一双登山鞋。当时的价格是89.95美元。

然而，就在前几天，小刚去沃尔玛采购时发现，一款中国生产的登山鞋的价格只有2.99美元，且第二双半价。换句话说就是，买两双中国产的登山鞋只要3.49美元。也就是说包括运费、关税在内，每双只要十几元人民币。

对此小刚非常奇怪，也非常震惊，于是打电话给国内的朋友。小刚问他："在国内你能花十几元人民币买到一双登山鞋吗？"这位朋友对小刚说："都什么时代了，在国内哪还有十几元的鞋？何况你买的还是登山鞋。现在，花三百多块买的都是烂牌子，好一点的要一千多块。"可是，小刚的确在欧洲买到了十几元人民币一双的登山鞋。

那么，中国的鞋厂确实在欧洲存在倾销行为吗？

要点解析

YAODIANJIEXI

商品倾销就是厂商以低于商品成本的极其低廉的价格在某一地区销售商品，以达到消灭竞争对手，垄断整个市场的目的。

而十几元人民币的登山鞋自然是要低于它的生产成本价的，因此我国鞋厂在欧洲市场确实存在倾销行为。

倾销被视为一种不正当的竞争手段，为WTO所禁止，因此反倾销也成为各国保护本国市场，扶持本国企业强有力的借口和理由。

专家支招

我国鞋业之所以能够在国外卖到那么低的价格，与我国对出口企业的补贴是分不开的。因此，为了避免外国政府对我国产品征收反倾销税，我国的出口补贴制度应有所调整。

1.在补贴前对各国的反倾销政策有所了解，补贴的额度应限制在能够使企业在市场中占据优势地位，但又不至于触犯当地的反倾销法的水平内。

2.适度降低出口补贴，让国内民众也能用上物美价廉的自产商品。

¥ 保护主义：美国动用"201条款"说明了一个什么现象？

现实困惑

2002年3月，美国以欧盟、日本等八国出口的钢铁产品损害了美国钢铁业为由，动用"201条款"，宣布对多种钢材加征为期3年的进口税，税率总水平达30%。为报复美国提高进口钢材关税，2002年6月，欧盟对美国部分商品征收100%的关税，墨西哥、日本、韩国等也纷纷提高关税或采取紧急保障措施。在世贸组织的最终裁定中，美国被判违反WTO规则。但是，即便如此，这一场钢铁贸易战依然为双方都带来了巨大的损失。据估计，单是欧盟2002年的损失高达2.4亿美元。而美国在承受近数亿元损失的同时，还有7.4万人失业，弊大于利。

美国对"201条款"的动用说明了一个什么现象呢？

要点解析
YAODIANJIEXI

贸易保护主义，通常简称保护主义，是一种为了保护本国产业免受国外竞争压力而对进口产品设定极高关税、限定进口配额或其他减少进口额的经济政策。它与自由贸易模式正好相反，后者给进口产品免除关税，让外国的产品可以与国内市场接轨，而不使它们负担国内制造厂商背负的重税。

贸易保护主义经常被人们与重商主义和进口替代联系起来。重商主义认为保持一个可观的贸易顺差对一个国家是很有利的。而贸易保护主义也因为关税问题，存在两个分支：传统贸易保护主义（有意征收关税）和现代贸易保护主义（无意征收关税）。

专家支招

贸易政策是符合中国现阶段基本国情和对外开放政策的必然选择。在经济学专家看来，它符合中国现阶段的基本国情，并对中国现阶段的经济有着如下积极作用：

1.适度保护贸易政策对我国有关行业和企业实行一定程度的保护，使国际竞争限制在中国所能承受的范围内。

2.使我国逐步向WTO所要求的国际惯例接轨。

3.利于提高资源的配置效率，并与国际市场保持有机联系。

另外，专家还指出，适度保护贸易政策，开放是前提，贸易保护是在开放基础上的保护。随着国际分工和国际交换的深化，各国之间的经济联系日益加强。从某种程度上说，一个国家参与世界经济的程度和范围，成为衡量该国经济发展水平的重要标志。我国要想发展自己的经济，就必须逐步开放市场，把中国的市场纳入到整个世界市场经济体系中去，而不能独立于这个体系之外，并进一步提高中国企业在国际上的竞争能力，培养它们在竞争环境中生存和发展的本领。

¥ 贸易壁垒：如何破除贸易壁垒？

现实困惑

2013年，美国国会通过，并由奥巴马总统签署了《2013年合并与进一步持续拨款法案》。其第516条要求美国各政府机构考虑购买信息技术系统时，必须咨询执法部门，并就"网络间谍活动或破坏"的风险进行正式评估。评估必须包括"信息技术系统由中国拥有、主导或资助的一个或多个实体生产、制造或

组装相关的任何风险"。法案还规定，美国商务部、司法部、国家航空航天局和国家科学基金会不得利用任何拨款采购由中国政府拥有、管理或资助的一个或多个机构生产或组装的信息技术系统。

从2011年2月开始，美国国会就对华为和中兴进行调查，以确定它们的产品和服务是否威胁了美国的国家通信安全。美国对中国信息技术产品出口频频以"国家安全"为名发起刁难，贸易保护主义的踪迹一目了然。作为贸易保护主义的体现形式之一，我们应该如何应对贸易壁垒的出现呢？

要点解析
YAODIANJIEXI

贸易壁垒又称贸易障碍，是对国外商品劳务交换所设置的人为限制，主要是指一国对外国商品劳务进口所实行的各种限制措施。

贸易壁垒一般分非关税壁垒和关税壁垒两类。就广义而言，凡是使正常贸易受到阻碍，市场竞争机制作用受到干扰的各种人为措施，均属贸易壁垒的范畴。如进口税或起同等作用的其他关税；商品流通的各种数量限制；在生产者之间、购买者之间或使用者之间实行的各种歧视措施或做法；国家给予的各种补贴或强加的各种特殊负担；为划分市场范围或谋取额外利润而实行的各种限制性做法，等等。

关税及贸易总协定所推行的关税自由化、商品贸易自由化与劳务贸易壁垒，尽管在关税方面取得较大进展，在其他方面却收效甚微。某种形式的贸易壁垒削弱了，其他形式的贸易壁垒却加强了，各种新的贸易壁垒反而层出不穷。

专家支招

下面这些因素都将使有关技术性贸易壁垒问题不断升级，越来越成为影响国际贸易发展的重要因素：

1. 随着科学技术的不断发展，贸易中涉及的各种技术问题将更加复杂。

2. 经济全球化带来的不断激烈的国际市场竞争，也使得国家间的贸易保护手段花样翻新。

由于技术和经济发展水平的不同，各国制定和实施贸易壁垒的差别很大。一般来讲，发达成员居于主导地位，许多国际标准都是发达成员参与制定的。但是近几年来，发展中成员也越来越重视技术壁垒的引进与实施。发达国家贸易壁垒通报2 429件，占总量的56.21%，而发展中国家通报1 892件，占43.79%。自1999年以来，发展中国家的贸易壁垒通报量已经超过发达国家。部分

专家就此分析称，发展中国家实施贸易壁垒的趋势大有后来居上之势。

￥ 国民待遇：加拿大对待美国期刊的政策违法吗？

现实困惑

1996年，美国要求与加拿大进行磋商。起因是加拿大颁布第9958号关税令禁止外国出版的不同版本期刊的进口，即只要进口到加拿大的期刊中有5%以上的广告内容是针对加拿大市场的，就不允许进口；对不同版本的期刊征收货物税，并且对进口期刊实行与本地期刊不同的邮寄费率。随后，有一家美国期刊离开加拿大市场回到美国，另外一家加拿大的杂志也停止了在美国的发行。美国认为加拿大的措施违反了WTO的国民待遇原则，向WTO争端解决机构DSB提出上诉，并请示成立专家组。1997年2月21日，专家组作出报告。1997年4月29日，加拿大向上诉机构提出上诉。

美国所说的国民待遇原则到底是什么样的原则呢？

要点解析
YAODIANJIEXI

国民待遇是国际习惯法中重要的原则，意思是外国人与当地居民享受同等的待遇。根据国民待遇，如果一个国家

将特定的权利、利益或特权授予自己的公民，它也必须将这些优惠给予处在该国的他国公民。在国际协定的背景下，一国必须向其他缔约国的公民提供平等的待遇，这通常指对进入当地市场的进口货品和本地生产的货品一视同仁。

虽然国民待遇的安排对外国人有利，但同时意味着当一国剥夺了本国公民权利，可相应剥夺外国人的权利。因此，国际出现诉求，要求制定待遇的最低标准，以提供基本的保障，容许进入司法程序。"国民待遇"与"待遇的最低标准"之间的冲突通常与"征收"有关，并反映了工业化和发展中国家之间的角力。许多发展中国家可征收本国公民的财产，并希望行使相同权力，征收外国人的财产。

虽然若干有争议的联合国大会决议（不具法律约束力）支持国民待遇，但征收的问题几乎全部以国家间的条约和私营实体间的合同来处理，而不是依赖国际惯例。国民待遇只适用于进入当地市场的产品、服务或知识产权项目。因此，海关对进口货征收进口税，没有对本地生产的产品收取同等的税，并不是违反了国民待遇。

专家支招

国民待遇是最惠国待遇的有益补充，因此有的专家就指出：

1.在实现所有世贸组织成员平等待遇基础上，世贸组织成员的商品或服务进入另一成员领土后，也应该享受与该国的商品或服务相同的待遇。

2.也就是说，这正是世贸组织非歧视贸易原则的另一体现——国民待遇原则，严格讲应是外国商品或服务与进口国国内商品或服务处于平等待遇的原则。

¥ 比较利益：它和绝对利益有关系吗？

现实困惑

起步晚、资金少的比亚迪汽车，在一开始似乎在中国市场中没有看到任何发展的机会。但是令人意外的是，较晚的起步与资金的缺乏并未成为比亚迪的劣势。通过独创性的流程改造，比亚迪把电池制造这一资本密集的产业变成了劳动密集型产业，最大限度地将技术与中国的比较优势——劳动力结合，获得了外国竞争对手难以企及的成本优势。同时，半自动、半人工的生产流程在柔性化生产方面具有巨大的优势，企业由此进入螺旋上升的良性循环。

在比亚迪汽车的发展中，比亚迪汽车充分利用了比较利益的作用。那么比较利益到底是什么呢？它都有哪些神奇的作用呢？

要点解析
YAODIANJIEXI

比较利益，或被称之为比较优势与相对优势，是经济学的概念，解释了为何在一方拥有较另一方更低的机会成本的优势下生产，贸易对双方都有利。可分为静态比较优势和动态比较优势。当一方进行一项生产时所付出的机会成本比另一方低，这一方面拥有了进行这项生产的比较优势。例如甲国和乙国都只生产衣服和食物，在同质的资源下，甲国生产一单位衣服的机会成本是二单位食物，而乙国生产一单位衣服的机会成本是三单位食物，根据比较优势理论，甲国享有生产衣服的比较优势，便应该专业生产衣服，并出口之，以换取食物。而乙国在生产衣服上有比较劣势，意味着它生产食物享有比较优势。没有任何一方在所有物品的生产上均享有比较优势，所以比较优势的本质是互利的。

专家支招

关于比较利益的发展，专家给出了如下的解释：

1.亚当·斯密提出了绝对优势以解释国际贸易，亚当·斯密将不同国家同种产品的成本进行直接比较，认为某种产品上所花生产成本绝对地低就称之为具有"绝对优势"。

2.根据亚当·斯密的看法，先进国家不会与落后国家贸易，因为逻辑上一个国家可以享有生产所有物品的绝对优势。这个含意显然与现实不符。

3.比较优势理论源于亚当·斯密的绝对优势理论。李嘉图发展了亚当·斯密的绝对优势理论。

4.在《政治经济学及赋税原理》中，提出了著名的比较优势理论。李嘉图所确定的比较优势理论的核心是：一个国家倘若专门生产自己相对优势较大的产品，并通过国际贸易换取自己不具有相对优势的产品，就能获得利益。

5.李嘉图的理论实际上说明在单一要素经济中，生产率的差异造成比较优势，而比较优势决定了生产模式。

¥ 购买力平价：购买力平价和购买力有关系吗？

现实困惑

2001年的中国人均国内生产总值只有911美元，与日本的32 535美元不可同日而语。对此，有人提出反驳意见，认为人民币汇率低，按美元折算以后，中国的物价水平远远低于日本。因此，对名义国内生产总值加以比较毫无意义。

而且，受媒体有失偏颇的报道蛊惑，很多日本人虽然承认中国在总体上尚与日本无法相比，却以为以上海为中心的沿海地区的发展阶段与日本已无太大差距。然而，当我们从购买力平价的角度来看时，中国全境、沿海地区和上海的人均经济实力难以相提并论。那么购买力平价到底是怎样一个概念呢？

要点解析
YAODIANJIEXI

购买力平价，又称相对购买力指标，是一种根据各国不同的价格水平计算出来的货币之间的等值系数，使我们能够在经济学上对各国的国内生产总值进行合理比较，这种理论汇率与实际汇率可能有很大的差距。购买力平价计算单位为国际元或称作"国际货币单位"。购买力平价是以美元为基础，即以1美元在美国的购买力为参考基数。故1国际元等于1美元在美国的购买力。因此很多情况下，购买力平价直接使用国际元计价。

该理论指出，在对外贸易平衡的情况下，两国之间的汇率将会趋向于靠拢购买力平价。一般来讲，这个指标要根据相对于经济的重要性考察许多货物价格才能得出。

专家支招

在许多专家看来，即使使用正确的购买力平价，人均国内生

产总值也只能表明一个国家经济的整体产出值，而不能直接作为普通人的生活水平的尺度。其他的指标包括：

    1.住宅和校舍的质量；

    2.公共服务的质量和水平；

    3.污染程度；

    4.消费者保护法的力度。

这些指标都是很难测定的，并且未在国民生产总值中反映出来。所以即使是用购买力平价调整过的人均国民生产总值也要谨慎使用，因为它只是生活质量的众多标准之一。事实上生活水平有时很少被购买力平价所影响。

例如2002年日本的人均国内生产总值是40 000美元，购买力平价调整后是27 000美元；美国是37 500美元，调整后为36 000美元。但是美国的犯罪率较日本高，贫困人口和地区比重较日本大，而日本的人均国土面积也较美国小，国民享有的个人自由据称比不上美国。而且生活质量还依赖于主观判断和个人好恶。最后，平均国内生产总值并不能表明财富分配是否平等。

¥ 口红效应：口红销量激增的奥秘是什么？

现实困惑

2008年的世界性经济金融危机，给"口红"带来了市场。美国媒体称，口红、面膜的销量开始上升，而做头发、做按摩等"放松消费"也很有人气，这与其他大宗商品和奢侈品的低迷销量呈现出鲜明的对比。全球几大化妆品巨头的销售额证实了这一观点，其中包括法国欧莱雅公司、德国拜尔斯多尔夫股份公司以及日本资生堂公司等。欧莱雅公司2008年上半年销售额逆市增长5.3%。"口红效应"开始显现，而"口红效应"这一20世纪30年代提出的理论也在海外媒体上不断亮相。那么，"口红效应"到底是一种什么效应呢？

要点解析
YAODIANJIEXI

"口红效应"是一种有趣的经济现象，也叫"低价产品偏爱趋势"。在美国，每当经济不景气时，口红的销量反而会直线上升。而造成这种现象的原因则是，在美国，人们认为口红是一种比较廉价的消费品，在经济不景气的情况下，人们仍然会有强烈的消费欲望，所以会转而购买比较廉价的商品。口红作为一种廉价的非必要之物，可以对消费者起到一种安慰的作用。另外，经济的

衰退会让一些人的收入降低，从而使很多人手中的钱在满足基本生活之后几乎所剩无几，而这些不算多的钱，消费者正好用在了购买廉价的非必要之物上。

专家支招

"口红效应"源自海外对某些消费现象的描述，产生的原因是：

1.每当经济不景气，人们的消费就会转向购买廉价商品，而口红虽非生活必需品，却兼具廉价和粉饰的作用，能给消费者带来心理慰藉。

2.经济危机之下，消费者的购物心理和消费行为等都发生了变化，普通消费者个个都变成了砍价高手，经济危机也使得如口红这类的廉价化妆品和文化类的产品出现了大卖。20世纪30年代美国经济大萧条时期首次提出"口红效应"经济理论。

在中国国内，"口红效应"一词的走红，源自中国电影行业的一场讨论。而讨论的重点集中在以下几点：

1.世界经济金融危机，很容易让人联想起20世纪二三十年代的经济危机。

2.那时几乎所有的行业都沉

寂趋冷，好莱坞的电影却乘势腾飞。热闹的歌舞片大行其道，给观众带来欢乐和希望，还让秀兰·邓波儿成为家喻户晓的明星。

3.有人因此认为，中国电影也可借"口红效应"，找到一次逆境上扬的机会。同时有学者指出，由电影借"口红效应"推广开去，其他文化娱乐产业也可以从"口红效应"中获益。

¥ 热钱：如何在短期内以钱生钱？

现实困惑

2010年11月3日，美国宣布其最新利率决策。但会议的结果早已被猜到：美联储推出第二轮量化宽松措施，并有可能迫使英国、欧元区被动跟进放松银根。在一个星期内，欧元区、日本、澳大利亚和印度等重要经济体的央行都召开货币政策会议，讨论对策。打开闸门的是美国，被钱潮所淹的很可能是亚洲。

亚洲货币"应声齐涨"，韩元、新元、泰铢、马来西亚林吉特等兑美元的价格纷纷触及数周、数年乃至历史高点。作为自由贸易港与进入中国大陆的跳板，香港首当其冲。一个细节是，体现香港整体二手楼价的中原城市领先指数，近一个多月来持续逼近1997年的历史高位。一时之间，各大媒体报道称，中国正在遭受热钱围困。那么各大媒体所说的"热钱"到底是一个什么东西呢？

要点解析
YAODIANJIEXI

热钱又称游资，是投机性短期资金，只为追求高回报而在市场上迅速流动。热钱炒作的对象包括股票、黄金、其他贵金属、期货、货币、房产乃至农产品，例如红豆、绿豆、大蒜。从2001年至2010年十年间，流入中国的热钱平均为每年250亿美元，相当于中国同期外汇储备的9%。热钱与正当投资的最大分别是热钱的根本目的在于投机盈利，而不是制造就业、商品或服务。

用数学公式来表达，热钱的定义是：

国家（或地区）的外汇储备增加量 – 外商直接投资金额 – 贸易顺差金额 = 热钱

《商业词典》对其的定义则为："迅速移向能提供更好回报的任何国家的流动性极高的短期资本。"

专家支招

上海证券研发中心的专家认为：

1.传统意义上的热钱主要指国

际短期资本，但是在讨论我国热钱问题时应该将热钱的界定结合我国国情做某些调整。

2.依据国际资本对我国经济发展的作用和影响，可以把所有制度外流入的、以追求价差收益为目的的国际资本都看作热钱，其中既包括国际短期资本，也包括中长期资本。

甄别热钱以及确定热钱的金额大小并非易事，主要是因为：

1.热钱的性质并非一成不变，一些长期资本在一定情况下也可以转化为短期资本，短期资本可以转化为热钱。

2.经济和金融环境是否会导致资金从投资走向投机，从投机走向逃离。中国现行的实际上固定的汇率制度和美元持续贬值的外部金融环境，造就了热钱进出的套利机会。

回荡效应：均衡发展是避免回荡效应的关键吗？

现实困惑

现在大学生就业难让社会各界都很头疼，一般分析都将其归咎于大学扩招和课程设置不适应社会需要。但这两种解释并不能令人满意，因为中国大学生

占总人口的比例还是远远低于国际平均水平的，何况中国的经济正处于高速发展的过程当中。如果用"回荡效应"来解释，可能就比较贴切一点——大学生就业难正是中国高端工业部门衰落的结果。

近年来不少经济学家都津津乐道于"一亿条牛仔裤换一架波音飞机"。试问：生产牛仔裤能为大学生提供多少白领就业岗位？生产大飞机又能够提供多少白领就业岗位？

大学生就业难，导致了新"读书无用论"的流行，结果肯定会影响到教育、文化的发展。而教育、文化的落后又会对经济、社会的发展产生什么样的影响？这是"扩展效应"还是"回荡效应"？

要点解析
YAODIANJIEXI

回荡效应是由诺贝尔经济学奖获得者贡纳尔·缪尔达尔提出来的一个经济学概念，本意是指一个地区经济增长对另一个地区的经济增长产生不利影响的效应。比如资本、技术等要素从增长缓慢的地区流向增长迅速的地区，污染严重的项目由先进地区转移到落后地区。

在国际贸易中，由于回荡效应，会出现这样的局面：穷国输入大量工业品，而本国由于缺乏竞争力造成的工业人口被迫向农业部门转移，城市经济得不到发展，大众生活水平得不到提高。

为避免回荡效应，这就需要企业均衡发展。有关专家在对回荡效应经过研究之后，对企业的发展提出了以下三点建议：

1.要有系统论的思想。社会是由大大小小众多的系统组成的，企业既是社会系统中的一个环节，本身又是一个完整的系统，同时企业内部又有许多小系统。这么一种客观存在就决定了企业的健康发展必须从系统论出发，考虑制约企业发展的各个环节。

2.从系统论角度出发确立企业发展的均衡指标体系。从竞争的角度来看，一个企业在市场中的地位决定于产品、价格、渠道、服务和品牌这五个因素，企业要均衡发展就必须尽一切可能使这五个方面的工作取得一种最佳的综合效果。

3.在均衡指标系统中确立主要矛盾和次要矛盾。企业在创业初始，它的主要矛盾是技术的开发、市场的开拓，而企业文化、人力资源管理则是企业发展的次要矛盾。

¥ 里昂惕夫之谜：悖论如何改变世界？

现实困惑

20世纪30年代，瑞典经济学家赫克歇尔·俄林创立了著名的要素禀赋理论，为经济学界普遍认可。该理论认为：一个国家出口的应该是密集使用本国丰富的生产要素生产的商品，进口的应该是密集使用本国稀缺的生产要素生产的商品。

俄林的理论被经济学界所认可，但是十几年之后，美国经济学家里昂惕夫在统计美国经济资料的时候，却发现了一个奇怪的现象：

他从全美167个行业商品中选出净进出口额最大的10类商品，并分别计算出每100万美元的出进口总额中的要素比例，结果发现，美国并未集中出口自身有利资源密集型的产品，这与俄林的理论设想相反。

为了探究其中的奥秘，经过多年的研究与整理，里昂惕夫于1953年在题为《国内生产与对外贸易：美国资本状况的重新检验》的论文中提出了投入–产出方法，并最终于1973年获得第五届诺贝尔经济学奖。

那么，里昂惕夫之谜为什么被称作"悖论"，却又获得认可了呢？

要点解析
YAODIANJIEXI

里昂惕夫之谜又称"里昂惕夫悖论"或"里昂惕夫反论"，主要因其与已为经济学界所广泛接受的赫克歇尔-俄林模型（H-O模型）正好相反而得名。为解开里昂惕夫反论，西方学术界提出了一些解释：

里昂惕夫之谜是对H-O模型的国际分工和贸易模式应用于实际的大挑战。验证结果表明俄林的理论脱离了国际分工和国际贸易的实际情况，并引起了对"谜"的各种解释和相关理论的发展。里昂惕夫提出的投入-产出模型在分析经济问题时也具有重要作用。

专家支招

很显然，里昂惕夫理论的先进性，其核心就在于考虑国际分工。那么，如何才能运用好里昂惕夫理论来分析和解决问题呢？

1.把经济理论、数学方法和统计三者结合起来。

2.把定性分析和定量分析结合起来。

3.把理论研究和实践论证结合起来。

4.把比较利益的静态分析和动态转移过程结合起来。

5.特别需要注意的是在产品周期说中动态地考察了比较利益的

转移过程，使比较利益理论动态化。

在里昂惕夫理论的指导下，运用以上方法分析经济问题，定能达到事半功倍的效果。

跨国公司：一家公司如何联结世界？

现实困惑

改革开放后不久，在中国民众尚对所谓市场经济一无所知，更没听说过所谓跨国公司的时候，美国惠普公司于1981年在中国电子进出口总公司设立了中国惠普技术服务处，由此开始了与中国合作的实质性阶段。随后，在1983年，中美双方代表在美国签署《合资经营备忘录》，开创了"市场和销售、制造、研究与发展"相统一的管理原则的背景下，中国惠普有限公司（China Hewllett-Packard Co., Ltd.）于1984年6月20日在北京正式成立。美国惠普公司也由此成为第一家投资中国市场的跨国公司。

那么，一家公司如何才能成为跨国公司呢？

要点解析
YAODIANJIEXI

跨国公司是指由两个或两个以上国家的经济实体所组成，并从事生产、销售和其他经营活动的国际性大型企业。

为了更好地定位跨国公司，学者们归纳出了跨国公司的5个基本特征：

1.实力雄厚的主体，在许多国家建立有子公司或分公司。

2.完整的决策体系，各子公司有各自的决策机构，但其决策必须服从于最高决策中心。

3.从全球战略出发安排自己的经营活动，在世界范围内寻求市场和合理的生产布局。

4.强大的经济和技术实力，信息传递速度快，资金跨国转移方便。

5.对某些产品，或在某些地区，带有不同程度的垄断性。

作为跨国公司，它们的特点一般包括：产品质量高，技术服务强。

专家支招

想成为一家跨国公司，除了要有竞争力外，还要满足哪些条件呢？

1.能促进国际贸易和世界经济的增长。

2.能对发达国家的对外贸易造成影响。

3.能对发展中国家的对外贸易造成影响。

4.能控制许多重要的制成品和原料贸易。

5.能控制国际技术贸易。

¥ 同业收购：联想是怎样通过一笔生意成为世界第三的？

现实困惑

2004年12月8日，联想集团正式宣布收购IBM PC事业部，收购范围为IBM全球的台式电脑和笔记本电脑的全部业务。联想获得IBM在个人电脑领域的全部知识产权，遍布全球一百六十多个国家的销售网络、一万名员工以及在为期五年内使用"IBM"和"Think"品牌的权利。新联想总部设在美国纽约，在北京和罗利(位于美国北卡罗来纳州)设立主要运营中心。交易后，新联想以中国为主要生产基地。

联想收购IBM PC事业部的支出总计为17.5亿美元。同业收购以后，新联想的股东构成中，联想控股占有46.22%的股份，IBM占有18.91%的股份，公众股占有34.87%的股份。同业收购交易完成后，新联想的年销售额将超过120亿美元，成为继DELL和HP之后全球第三大PC厂商，成为进入世界500强的高科技和制造企业。联想在国际化的道路上迈出了非常关键的一步。

联想集团为什么能收购并运营成功，又是如何做到的呢？

要点解析
YAODIANJIEXI

通过上面的例子，联想集团收购IBM后一下子变成了"胖子"。那究竟什么是收购，收购是怎么起作用的呢？

收购是指一个公司通过产权交易取得其他公司一定程度的控制权，以实现一定经济目标的经济行为。也就是说，收购和合作是不同的，与合资也不一样，是一方完全领有另一方。

专家支招

就在联想的收购行动后不久，平安集团也于2008年启动了收购富通集团的方案，只是最终以亏损230亿人民币的代价惨淡收场。为何两个案例的结果有天壤之别呢？同业收购想要获得成功需要哪些前提条件呢？

1. 收购是由至少两家企业参与，需要一系列复杂操作的系统工程。

2. 要成功进行企业收购需要谨守五项原则：合理、合法、可操作性强、产业导向正确、产品竞争力强。

3. "沟通"环节也非常重要，技术和理念的交流是重点。

¥ 集体谈判：有可能实现劳资双方共赢吗？

现实困惑

2011年11月16日，深圳冠星精密表链厂的12名员工代表与资方代表在律师的陪同下就加班费、工资制度等问题进行了集体谈判。此次谈判的起因是冠星公司为节约成本，准备将打磨部的薪酬方式从"计件制"改为"计时制"，月薪预计由2 300~2 800元降至2 000元以下。若实施计时制，工厂可随时控制同样时间段的产品数量，但不用再支付过高的费用。以此为导火索，多年来工厂没有足额缴纳工人住房公积金和养老保险也被提出来。而工人们最不能接受的是从2005年开始，厂方以"上厕所、喝水"等为由，每日克扣员工工时40分钟，既不算工资也不给加班费。他们多次向管理方提出改善要求，并呈上书面意见，但工厂一直未予回应。"这是无奈的选择。"10月17日，表带（打磨）部员工开始采取集体行动，尔后全厂员工声援。经当地政府多次调解未果后，双方最终派出代表进行集体谈判，并在数小时后就以上各项问题达成了共识，最终圆满解决了各项问题，达到了双赢的效果。

那么，在什么情况下可以进行集体谈判呢？

要点解析
YAODIANJIEXI

集体谈判是指劳方集体性地通过工会与资方谈判雇佣条件，而资方必须参与，而谈判结果具有法律约束力。其目的是希望劳资双方能够在一个较平等的情况下订立雇佣条件，以保障劳方应有的权益。集体谈判权是一些国家及地区赋予劳工的一种权力。

运用集体谈判的方式进行沟通既可以有效地为劳动者争得平等的地位、必要的劳动条件和基本的生活保障等一些合法权益，也可以使雇主通过谈判的方式加强劳资双方的沟通与合作，促进劳动关系的稳定，推动企业目标的实现和企业效益的提高。

通过上述事例，从劳资关系制度的角度看，我国劳资间合作关系多建立在个体层面，并非建立在工会集体谈判所达成的集体层面上。如此，一旦产生劳资纠纷，双方就会更多地转向企业外部来寻求解决办法，如行政救济和司法救济，而劳资利益争议空白化直接导致劳动者利益诉求机制缺失。

专家支招

劳动者提出工资增长的诉求，似乎无法无据，有些底气不足；资方则认为劳动者违反企业规章制度甚至是法律，拒绝也在情理之中。集体行动遂成为劳动

者表达诉求新形式。而面对这种局面时，工人们应如何应对呢？

1.明确自身的诉求；

2.不搞暴力，不搞破坏，尽力争取自己的权利；

3.在争取到较多工人的意见后，向司法人员或工会咨询，取得援助；

4.在工会的干预下与资方进行谈判。

集体谈判使工人通过集体行动的力量，以最简洁、最快速、最直接的方式实现了自己的利益诉求。并且在谈判后，资方和工人方面的关系非但不会疏远，反而更密切，不得不说是一种双赢的、高效的解决纠纷的方式。

¥ 关税：为什么关税是国民经济的保护伞？

现实困惑

2012年，海关总署公布信息称，2月17日，国内进口新西兰原奶粉的申报数量已经超过1 580吨的特保措施触发标准。这就意味着，从2012年2月18日起，我国从新西兰进口的原奶粉将按最惠国税率征收关税，即关税将从之前的5.8%上涨至10%。

这则新闻读起来有点让人摸不着头

脑。既然奶粉进口关税将要按"最惠国税率"征收，为什么税率反而上涨了？

要点解析
YAODIANJIEXI

其实，"最惠国税率"并不是"最优惠国内消费者"，而是"最优惠国内生产者"。而"特保措施"要保障的也不是要进口奶粉的消费者，而是国内的乳业生产者。在中国能从奶粉高关税中获益的，当然就是那几大乳业厂商了。

关税的作用主要有四点：维护国家主权和经济利益，保护和促进本国经济的发展，调节国民经济和对外贸易，促进国家财政收入。今天，关税已成为各国政府维护本国政治、经济权益，乃至进行国际经济竞争的一个重要武器。

我国作为发展中国家，一直十分重视利用关税保护本国的"幼稚工业"。促进进口替代工业发展，关税在保护和促进我国工农业生产的发展方面发挥了重要作用。

专家支招

关税的分类方式很多，按税率大体可以分为五类：最惠国税率、协定税率、特惠税率、普通税率、暂定税率与关税配额税率。这些税率标准的主要依据是贸易对方国家或地区对我国的商品的态度。

在运用关税保护功能的同

时，我们也不能忘记关税的另一项职能——促进经济发展。以下措施可以使我们更好地利用关税达到发展经济的目的。

1. 充分发挥关税加强双边、多边经贸合作的作用。

2. 进一步实施比最惠国税率更加优惠的协定税率和特惠税率。

3. 降低部分商品的关税壁垒，以期吸引更多的外资注入国内市场。

4. 对于某些市场前景广阔的国家和地区，可以以适当地降低关税为条件，换取本国公司进入该国家或地区的许可或支持。

￥ 世界银行：世界银行是全球最高等的银行吗？

现实困惑

张蓓上学学到了与世界银行相关的知识，不过他没有听太仔细，就回去和正在为融资发愁的爸爸说："爸爸，有一个世界银行，可以向世界上所有的公司贷款。既然安徽的银行不借给你钱，你就去从世界银行贷款呗。"

张蓓爸虽然没有听说过世界银行，不过既然是课堂上讲的，应该不会错。于是，他找来世界银行的电话，希望联系到银行的工作人员，并从他们那里贷款。不过，对方说的是外语，张蓓爸无法和对方沟通。于是，他决定请一名翻译，替他与对方交流。

不过，当他和应征来帮他交流的翻译说起自己目的的时候，翻译告诉他，从世界银行贷款没那么容易。

那么，什么是世界银行，是不是所有人都可以从世界银行贷款呢？

要点解析
YAODIANJIEXI

世界银行是世界银行集团的俗称，该集团向100多个发展中国家以及经济转型国家提供贷款、咨询服务。世界银行的贷款对象包括：会员国官方、国营企业、私营企业。若借款人不是政府，则要政府担保。

由于国家要负担起监督还款的义务，因此向世界银行借贷，必须走国家监督的程序。

专家支招

世界银行虽好，但是企业想从世界银行贷款，也需要知道它的贷款规则：

（1）只有参加国际货币基金组织的国家，才允许申请成为世界银行的成员，只有成员国才能申请贷款，私人生产性企业申请贷款要由政府担保。

（2）世界银行贷款通常都是长期的，一般为15~20年不等，宽限期为5年左右，利率为6.3%左右。因此短期贷款不容易从世界银行获得。

（3）世界银行贷款手续烦琐，要求严格，一般都需要一年半到两年时间的审核。

（五）
金融货币经济学

¥ 货币：石头也能成为货币吗？

现实困惑

在浩渺无垠的太平洋上，有一座美丽的岛屿——雅浦岛，岛上大约生活了六千多人。这个岛由于远离大陆，因此生活在这个岛上的居民还保留了一些淳朴原始的生活方式，比如，他们至今还用着石币。

这种石币是一种石灰岩矿物，表面遍布花纹，大小从几十厘米到几米不等。石币越大，质地越好，该石币所代表的价值便越高。石币并不是产自雅浦岛，据说几个世纪前，殖民者来到这个小岛上，并带来了这种印有奇特图案的石头。因其非常珍贵，当地人便将其当作以物换物的中介。石币代表着财富，这一点得到了岛上居民的共识。即便有人在运送期间不慎将石币掉入海洋，只要有陪同人员目睹，那么这个人依然可以得到与石币相符的财富。

第二次世界大战的时候，日军入侵这个小岛，将大量的石币打碎铺路，石币一下子变成稀有的东西，满足不了岛上居民的日常需求。于是，战争结束后，随着该岛旅游业的开发，岛上居民越来越愿意用美元同游客进行交易，石币作为货币的作用慢慢消失了。

请问，石头也能成为货币吗？

要点解析
YAODIANJIEXI

根据经济学的定义，货币是指从商品中分离出来固定地充当一般等价物的商品。货币本身是商品，它固定地充当商品交易的媒介。

雅浦岛本身不出产这种带特殊图案的石头，从外面往岛内运送也不方便，因此这种石头被岛内居民视为珍贵的东西，愿意把它当作是商品交易的媒介，并且承认它的价值。因此，雅浦岛石币就是一种货币。

专家支招

人类使用货币的历史由来已久，远在原始社会时期，人们就知道用一头羊换一把打磨好的石斧，然后再用石斧换一些漂亮鸟类的羽毛。因此，石斧就充当了一次货币的角色。后来人们发现贝壳受到大家的欢迎，都喜欢用东西交换贝壳，而且贝壳易于携带，于是贝壳就成了固定的交换媒介，贝壳因此成为最原始的货币之一。

怎样使用货币，才能发挥它最大的价值呢？

1.保持货币的流动性。货币存在的意义就是交换，没有交换，货币就是无用的。

2.进行性价比高的交易。交易的性价比就是对生产和分工的选择，这种选择有利于全社会生产率的提高。

¥ 储蓄：你有储蓄的习惯吗？

现实困惑

李爽最近遇到了麻烦事，他想跟他女朋友结婚，可是未来的丈母娘坚持要彩礼10万元，说没钱就别想娶她女儿。李爽是一个普通的上班族，刚上班三年，一点钱也没存下，就连买房子的首付还是家里给垫上的。李爽非常喜欢他的女朋友，可是他又不好意思再向家里伸手。闷闷不乐的他跑到同学兼同事钱立这里来诉苦了。

钱立听了李爽的苦楚后，转身找了一张银行卡递给李爽，然后说："你那女朋友人不错，要是因为这10万块钱而错过就可惜了。这样吧，我这里有7万块钱，你先拿着用吧，到时候别忘了请我喝喜酒就成。"

"7万！"李爽有点吃惊，"这是你爸妈给你的吧？我不能要，你还得买房子呢。"

钱立说："你就拿着吧，这是我自己这三年存下来的钱。我不急着买房子，你先应急。"

李爽听了这话更吃惊了，他问道："你存下来的？咱俩一起工作，我的工资比你还高500元呢，我一点钱都没存下来，你怎么会存这么多钱？"

钱立笑了笑说："工作这三年来，我一直保持着存款的习惯。我每个月都会把工资的1/2存入银行，三年来从未断过。每当我想要花这个钱的时候，我都会克制自己，就这样积少成多。"

听了钱立的话后，李爽感触颇大，表示以后要向钱立学习，每个月都存点钱，以备将来之需。

亲爱的读者朋友，你有存钱的习惯吗？你了解银行储蓄吗？

要点解析
YAODIANJIEXI

每个月在银行存入2 000元，三年之后就能存下7万元，小小的存款有时候能够给人生带来莫大的惊喜。勤俭节约是

中华民族的传统美德，如果李爽能够像钱立一样每个月存下2 000元，而不是把这个钱消费掉，那么李爽就不会被未来的丈母娘难倒了。

专家支招

储蓄是指存款人将暂时不用或结余的货币收入存入银行或其他金融机构的一种存款活动。储蓄应该本着"存款自愿、取款自由、存款有息、为储户保密"的原则。在我国，储蓄的基本形式主要有活期存款和定期存款两种。每种存款方式都有自己的特点，活期存款可以随时取款，但利息低；定期存款则要到了约定时间才能取款，但利息高。

怎样存款，获得的收益最高呢？

1.定期存款比活期存款的收益高。

2.投资新存款比一般存款收益高。但是这类存款已经超出了基本存款的意义所在，是一种介于存款和投资之间的资本运用形式。

¥ 贷款：如何借别人的钱生自己的财？

现实困惑

话说东汉末年，曹操挟天子以令诸侯，陆续扫除袁绍、袁术等割据势力，统一北方。可是南方的割据势力刘备、刘表、孙权等拒不承认曹操的权威，惹得曹操率领八十万大军南下讨伐。

刘备实力弱小，自量不是曹操的对手，于是主动和孙权联合起来。孙权谋士周瑜故意为难刘备谋士诸葛亮，给他下达任务，要他在十天内负责造十万支箭。诸葛亮明知周瑜这是算计他，但是为了抗曹大业，还是答应了下来。

诸葛亮向鲁肃借了20只船，来到曹营的附近。这时，天降浓雾，曹营里的人只看见有船过来，却不清楚有多少人马。心慌之下，他们就一个劲地射箭，企图阻止敌船靠近，岂不知这正中了诸葛亮的计。不一会儿，船上扎满了箭，诸葛亮就带着这些箭回东吴了。

周瑜知道此事后，摇头叹道：我周瑜不如诸葛亮。

亲爱的读者朋友，你从诸葛亮"草船借箭"的故事里悟到了什么道理？

要点解析
YAODIANJIEXI

诸葛亮凭借自己的聪明才智，借来东吴的船和人，用这些"资本"赚取了

曹军10万支箭。诸葛亮这招"借别人的钱生自己的财"的计谋确实奇妙，怪不得周瑜甘拜下风。

借别人的钱生自己的财，这就是我们今天要讲的经济学知识——贷款。贷款是银行或其他金融机构按一定利率和必须归还等条件出借货币资金的一种信用活动形式。银行通过贷款的方式，将资源投放到社会上，既可以使资源合理分配，又可以取得利息而增加自身的财富。

专家支招

企业和个人应当怎样充分利用贷款，给自己带来收益呢？

1.有好的项目，才能充分利用贷款。好项目的收益高，能够在偿还贷款之后给企业留下足够的收益。

2.企业必须在银行有着好的信用度。一旦企业或个人在银行贷款后偿还不及时或不足额，就会在银行留下不良的信用记录，从而很难再次从银行贷到款项了。

¥ 信用风险：谁能料到刘备会失信于人？

现实困惑

赤壁之战结束后，曹操败退，孙权和刘备则分别得到了南郡、江夏郡和荆

州附近的零陵、桂阳、长沙三郡。

刘备这时听从诸葛亮的建议，向孙权借取荆州屯兵。东吴的鲁肃力劝孙权把荆州借给刘备。他的理由是：北面曹操尚在，孙刘联盟必须维持；最关键的是，刘备是皇族，他的信誉是毋庸置疑的。结果孙权听从了鲁肃的建议，把荆州借给了刘备。

可惜的是，鲁肃失算了，东吴借荆州给刘备，就像肉包子打狗一样，一去不回。而鲁肃也因此而受到了孙权的责难。

鲁肃犯下的错误在哪里？

要点解析
YAODIANJIEXI

鲁肃最大的错误就在于相信刘备的信誉。他认为刘备是东汉皇叔，为人口碑极好。正是这两个因素使得鲁肃极力劝说孙权把荆州借给刘备，然而他忘了一点，信誉也是有风险的。刘备信誉一向很好，这不代表着他不会违背自己的诺言。

因此，再高的信用，也是有风险的。

信用风险，又称违约风险，是指借款人未能履行约定契约中的义务而造成经济损失的风险，即受信人不能履行还本付息的责任而使授信人的预期收益与实际收益发生偏离的可能性。它是金融风险的主要类型。

专家支招

由于信用风险会对鲁肃这样的授信人造成很大的损失，因此在经济活动中对信用风险进行管理就显得非常重要。

那么，怎样管理信用风险呢？

1.管理信用风险有多种方法，例如贷款审查的标准化和贷款对象多样化。除此之外，银行还会出售有信用风险的资产，以此达到规避风险的目的。

2.信用风险是消灭不掉的，它将会一直存在在金融市场中。对信用风险的监管万万不可松懈，不然就会得到鲁肃的下场。

¥ 挤兑：挤兑现象为什么会"刺痛"银行？

现实困惑

汇业银行是澳门一家颇有实力的银行，在香港和澳门均有业务，主要专注于投资银行、商业银行和保险等服务。

2005年9月15日，美国财政部怀疑汇丰银行协助朝鲜客户洗黑钱、协助伪钞流通等支持恐怖主义活动，建议美国公司断绝与该银行的任何联系。此消息一经传出，顿时引来澳门市民的恐慌，他们害怕汇业银行会被美国政府制裁，自己存入汇丰银行的钱财遭到损失。结果，大量市民纷纷前往汇丰银行兑现，短短两天时间，汇丰银行就被提走了三亿澳门元，占其总存款额十分之一。汇丰银行为了挽回市民的信誉，紧急从其他地方调集了大量现金，对外宣布银行有足够现金应付挤兑。不过，市民并不买账，挤兑现象越来越严重，甚至波及了其他银行的业务，引起澳门金融市场的混乱。

澳门特区政府对此高度重视，专门成立调查小组处理此事。不久之后，当时的澳门特首何厚铧以"汇业银行的客户提款出现严重不正常情况"为理由，引用《金融体系法律制度》，宣布特区政府参与汇业银行的管理，以巩固公众对金融体系的信心。两年以后，特区政府才把管理权交回汇丰银行，而汇丰银行在此次事件中损失惨重。

为什么挤兑现象会对银行造成重大损失呢？

要点解析
YAODIANJIEXI

汇丰银行受到美国财政部的指控，这引发了普通民众对汇丰银行的信任危机，他们担心自己的存款受到损失，因此争抢着兑现。如果兑现的总额超过了银行的现款数额，那么银行就会面临着破产危机。汇丰银行这次危机，如果不是因为其财力雄厚以及澳门特区政府的参与，那么等待它的下场很可能就是倒闭。

专家支招

挤兑是银行业的一个名词，是指在银行券流通的条件下，银行券持有者争相到发行银行券的银行要求兑现贵金属货币的现象。挤兑往往是因为存款人失去了对银行的信任，这个时候如果银行的准备金不足，那么银行很可能就会倒闭。在现在的金融市场里，一家银行因为挤兑而倒闭，这往往会引起整个银行体系的危机，挤兑恐慌会从一家银行波及整个银行业。

为了避免出现挤兑，银行应该常设怎样的制度呢？

1.应对挤兑危机，最好的办法就是建立完善的存款保险制度。当公众了解存款保险制度后，即便银行出现问题，他们也不必着急去银行挤兑。因为他们损失会有保险机构赔偿，这也就降低了挤兑现象发生的概率。

2.除了存款保险之外，中央银行的担保也是很关键的。我国的商业银行之所以可靠，就是因为有强大的央行作为支付后盾。

¥ 资本市场：荷兰人为什么喜欢资本市场？

17世纪，随着新航路的开辟，荷兰人踊跃去海外探险，他们把各地特产运回荷兰贩卖。由于这些货物是荷兰市场缺少的东西，因此受到了荷兰人的欢迎，这些探险者们也发了一笔财，于是越来越多的人愿意到海外去贩卖货物。

那时候的航海技术还很落后，只有政府资助的探险队伍才会拥有坚固的大船，私人探险队使用的很多都是小船。这就增加了航海的风险，经常出现连船带人葬身海底的事故。那时候的人们就梦想着哪一天可以随政府探险队出海，这样可以降低风险，还能发一笔大财。可是政府的船只再大也有个限度，根本装不了那么多人，因此很多人"傍大腿发大财"的梦想无法实现。

荷兰政府也很苦恼，治理国家需要花费很多钱财，而且现在又要资助探险活动。探险队伍能够带回财物还好，要是发生海难，这一趟的花销就打了水漂。因此，荷兰政府很想集社会之财力进行探险活动。可是，如何才能让民众心甘情愿地把财物交出来呢？荷兰政府想到了一个好办法，他们在1602年建立了一个商业公司——荷兰东印度公司。东印度公司发行了当时价值650万荷兰

盾的股票，几乎每个荷兰人都购买了股票。东印度公司承诺，每个人在家里就可以凭借手中的股票分享到公司的探险队伍所带回来的财物。于是，早期的资本市场就这样诞生了。

请问，资本市场为什么会受到荷兰人的欢迎？

要点解析
YAODIANJIEXI

海外未知的财物吸引着荷兰政府和普通民众。普通民众有闲钱，可是一个人的钱财买不到大船，组织不了探险活动，而且风险极高。荷兰政府倒是有大船，可是组织一次探险活动和贸易活动需要花费大量钱财，荷兰政府有时候无力承担。这时候，荷兰就需要资本市场进行运作。东印度公司向全国发行股票，把每一个荷兰人手中的闲钱集中起来，组织庞大的探险和贸易活动，再通过股票与每个荷兰人分享赚取的利润。这样，荷兰政府减轻了财政负担，荷兰民众降低了出海风险。这是两全其美之事，因此资本市场受到荷兰人的欢迎。

专家支招

资本市场是金融市场的一部分，它是一种市场形式，它包括所有关系到提供和需求长期资本的人、机构以及他们之间的关系。

资本市场在国家经济的发展

中起到了巨大的作用，正如荷兰人喜欢资本市场一样，任何一个国家都离不开资本市场。

1.资本市场集中民众手里的不被用于消费的金融资本，然后将资本投放到最需要的地方，达到了资源分配的效果，这样可以提高整个国民经济的财富。

2.资本市场可以把国民经济中的金融资本转化为实质资本，起到促进国民经济发展的作用。

¥ 政府救市：虎口拔牙的壮举由谁来演绎？

现实困惑

金融界人士对1997年的亚洲金融风暴都不陌生。1997年11月，继在泰国取得胜利之后，对冲基金开始对港币进攻。宏观对冲基金在汇市、股市、期市联动造市，大量沽空港元现汇换美元，同时卖空港元期货，股市上也有做空动作。但在香港特区政府的抵抗下，三次进攻均未摧毁港元。

1998年8月5日，对冲基金卷土重来。量子基金和老虎基金开始炒卖港元。它们首先向银行借来大量港元在市场上抛售，换来美元借出以赚取利息，同时大量卖空港股期货。一旦市场上港币过多，港币汇率自然会下跌，这时用美元来支付港元债务就显得很划算，能够赚到不少钱了。

不过，香港政府没有对此坐视不管。香港特区政府提高了利率，隔夜拆息一度高达300%，并动用外汇储备近1 200亿港元（约150亿美元）大量购入港股。在中央政府的配合下，对冲基金无力撼动香港市场，最终退场。

如果没有港府紧急救市，香港经济将会是怎样一个结果？

要点解析
YAODIANJIEXI

对冲基金全力抛售港元，会导致港币贬值；沽空港股期货，则会使香港股指下跌，这两者都会严重打击香港的金融和外贸能力，而这两者刚好是香港经济的重心所在。因此，一旦香港政府没有紧急救市，那么香港经济受到的打击，将是毁灭性的。

专家支招

港府雷霆救市的行动成功保住了香港的经济稳定，但是政府过分干预经济在长期来看并不健康。因此政府一般会做两手准备：

1.遭遇经济突然问题时，采取一切可利用的手段稳定经济。

2.危机过去之后，则逐步淡出对经济的影响。

1997年的金融风暴之中，香

港政府动用了大量外汇储备投入股市，一度占有港股7%的市值，更成为部分公司的大股东，一旦股市下挫联系汇率将有可能崩溃。所以到1999年11月，港府把购买的港股以盈富基金上市，分批售回市场。

¥ 次级债券：为什么明知银行可能不还钱，还是有人愿意借钱给它们？

现实困惑

2008年9月16日、17日连续两日，中国A股的银行板块出现集体跌停的壮观景象。人们一般觉得，银行，尤其是国有商业银行的股价应该是很稳定的，怎么会突然跌停呢？

这一切的疑问最终被招商银行的公告解答了。9月17日，招商银行发布公告，称其持有雷曼兄弟发行的债券共计7 000万美元，其中高级债券6 000万美元，次级债券1 000万美元。而2008年的美国正处于金融危机的风口浪尖之上，雷曼兄弟已经宣布破产。

也就是说，工商银行等购买的雷曼债券可能收不回来了。具体来讲，一旦破产就要进行清算，也就是把自己手里所有的资产都拿出来还债。不过这里有一个次序问题。首先还的是高级债券

和贷款，而这一批债务雷曼已经无力偿还。而次级债券是在高级债券还完之后再还，现在高级债券都没钱还了，所以次级债券肯定血本无归。因此，招商银行的公告一出，招商银行的股票就趴在了跌停板上，一动不动。

既然次级债券偿还的可能性小，为什么人们还会选择持有它呢？

要点解析
YAODIANJIEXI

次级债券是指偿还次序优于公司股本权益，但低于公司一般债务的一种债务形式。如果一家公司破产了，那么最先需要偿还的是正常的债权或者贷款，等这些债券和贷款全部偿还完毕之后，才对次级债券进行偿还，如果还有剩余的钱就会留给股东分了。

不过次级债券有一个明显的优势——持有收益更高。商业银行不同信用水平的次级债券的发行利率水平都较高。如"招商固息次级债券"的发行利率比期限略短"国开固息品种"的当月市场收益率要高出约80个基点，预计银行次级债券的定价区间应在期限相近的"国开债"品种收益率基础上上浮100个基点左右，并视发行人的具体信用状况而有所差异，其总体高息特征较为明显。

专家支招

对于次级债券，应该理性看待，根据需求购买和持有。

1.如果更看重收益，忽略风险，则更宜购买次级债券；

2.如果更看重风险，能够接受略小的收益，则应购买一般债券。

国际游资：索罗斯为什么这么嚣张？

1997年，东南亚各国遭遇了严重的游资进攻。泰国损失最为严重。不过，马来西亚经济也受到了巨大打击。"这个家伙（索罗斯）来到我们的国家，一夜之间，使我们全国人民十几年的奋斗化为乌有。"这句话是马来西亚总理马哈蒂尔在1997年东南亚金融危机时说的。

事实上，马来西亚并不是索罗斯手上唯一的牺牲品。他曾于1992年打垮了曾经的世界中央银行——英格兰银行，最终迫使英国退出欧洲汇率体系；1994年，墨西哥的货币比索一夜之间贬值一半以上，也是此人的"功劳"。因此马来西亚政府无须慨叹时运不济，他们的损失不算最严重的。

索罗斯何许人物，焉能如此嚣张？

要点解析
YAODIANJIEXI

索罗斯是当今全球最大的金融投机

客，他旗下的量子基金应该算是国际游资的开山鼻祖了。不管你是一个国家还是一个地区，或者一个国际经济组织，只要你的经济出现漏洞，他们就闻风而动，倾巢前来狙击你。

国际游资，又可称为国际投机资本，指那些长期游离于本国实体经济之外，在各个国家和经济体之间快速流动，以追逐短期高额利润为最终目的的资本。国际游资一般投资于那些高风险高收益的金融衍生品，如外汇、期货、期权、股票等。

而索罗斯手中的这股游资，则因其投资领域的刁钻，更多地利用和供给他国的经济漏洞来获利而闻名。

专家支招

对于国际游资，我们应当公平地看待与对待，既利用好它有利的一面，又防止它对本国经济造成危害。

1.充分利用国际游资来提高本国经济产业发展。对被攻击国来说，国际游资是巨大灾难的缔造者和国家财富的掠夺者，但并不能因此对它全盘否定，更不能因噎废食。东南亚金融危机时，由于中国大陆地区存在着资本管制，大陆没有受到什么影响。然而出于对这些鳄鱼的恐惧，中国政府在资本账户开放的问题上越来越小心,逐渐放慢了资本账户开放的步伐。

2.对国际游资进行有效和严格的监管,防止它们钻本国经济的空子,进行掠夺式攻击。

¥ 人民币升值:美国为什么希望人民币升值?

现实困惑

2013年,就在习奥会谈前夕,据英国《路透社》报道,一支由美国两党参议员组成的团队周三提出立法,将引入一套新的工具来对抗所谓"人民币的货币操纵"。

这个法案名为《货币汇率监督改革法案》,其主要内容为,如果美国财政部证实中国货币汇率的确存在不合规问题,该法案将授权美国商务部对受补贴的进口商品强制征收"反补贴税"。当然,这里面还涉及货币操纵和政府补贴的关系,需要商务部慎重调查和分析。

国际经济人士认为,美国表面上在攻击中国操纵人民币汇率,其实并不意味着中国确实存在操纵汇率的行为,反而是美国意图操纵人民币升值的障眼法。事实上,人民币的汇率已经是2005年以来的最高水平,但美国碍于中国强大的制造能力,仍然逼迫人民币继续

升值。

人民币升值可以为美国带来怎样的好处,使美国国会一直念念不忘推动它的实现呢?

要点解析
YAODIANJIEXI

人民币升值是指相对其他货币来说,人民币的购买力增强,主要表现在同样数量的人民币可以换取更多数量的外币。但是人民币升值是相对外国货币来说的,在国内市场无法显现,钱并没有变得更加值钱。

一旦人民币加速升值,最不高兴的应当数中国的出口企业。由于人民币的升值,他们的出口减少了。比如,一双鞋的成本是24元人民币,当8元人民币兑1美元时,成本也就是3美元。现在假如人民币升值到6元兑1美元,那么显然鞋子的成本上升到4美元。成本提升,企业的竞争力就下降了,能够出口的产品就减少了,而美国的制造企业相应地则会加强他们的竞争优势。

专家支招

人民币升值对美制造业是好事,对中国本身也不是只有坏处。让我们来看看人民币升值为我国带来的好处。

1.人民币升值了,普通老百姓手中的钱就更加值钱了。出国、留学的费用会降低,购买国外的

进口产品也花不了那么多钱。

2. 由于人民币的升值，进口国外产品用不了那么多钱了，会让不少人受益。特别是我国的很多原材料进口商，像中石化和中国的钢铁企业，每年都需要从外国进口大量的原材料，他们都是受益者。同时中国企业去购买国外的先进技术也用不了那么多钱了，可以加快先进技术和设备的引进。

¥ 流动性过剩：钱越多越好吗？

现实困惑

美国前任联邦储备委员会主席格林斯潘曾经说："面对危机，你所要做的只是开闸放水。" 这里格老所说的"水"是指美元，"闸"就是印钞机。

2008年，在时任总统布什主导下，美国国会通过了7 000亿美元的救市计划，紧接着奥巴马一上台又弄了8 000亿美元的救市计划。如此的大手笔让世人叹为观止。在这7 000亿"不良资产资助计划"里有个很大的组成部分是"资本收购计划"，也就是用2 500亿美元去购买银行优先股，充实银行资本金，鼓励他们向企业和消费者放贷。

不仅美国，各国的政府，包括欧盟、日本，甚至像中国这样的一些新兴经济体，也都向本国的金融系统中注入了大量的流动性。中国的四万亿投资计划，就是产生于这样的背景之下。

那么，增加货币流动性，能够带来怎样的好处呢？同时是否存在副作用？

要点解析
YAODIANJIEXI

美国政府增加流动性的举措是为了应对金融危机。危机之中，很多银行由于害怕顾客挤兑，加上手里现金又不多，所以都不敢大笔放贷，这样资本在市场上的流动性就成了问题。一旦流动性降低，贷款减少，麻烦可就大了。因此，美国政府要做的，就是增加货币的流动性。

而另一方面，根据流动性理论，我们知道，当流动性增加时，必然会造成物价上涨，也就是所谓的通货膨胀。而通货膨胀则会降低人民手中单位货币的购买力。

居民要用货币去购买商品，企业要用货币去购买原材料和劳动力，所以在一个经济体中有一定的货币需求量，但是当货币供给远远大于货币需求时，剩余的资金就需要找出路。这些钱如果拿去买商品就造成物价上涨，拿去办工厂、盖房子，就会造成投资过热，拿去买股票就会造成股价大涨，这就是流动性过剩。

专家支招

货币流动是好的，但流动过剩却是坏的。因此，政府在货币流动性上需要做的是：

1.增加货币的流动速度，以提振经济。

2.限制货币的流动量，以减轻通货膨胀到可接受的范围内。

3.坚持优先加强货币流速，用增加流量的方法作为辅助性调节工具。

¥ 中央银行：中央银行是最后的放贷者吗？

现实困惑

狮子大王由于不懂经济运行规律，错误地发行了货币数量，引起了市场流通的混乱，于是他就把这个难题交给了森林经济学专家猴子来处理。

猴子成立了森林第一家银行，根据市场情况决定货币的发行量。动物们有了多余的货币可以存进银行，缺钱的动物可以到银行暂时借点钱，等有钱了再归还银行。猴子的举措很快就使森林经济稳定下来。狮子大王对猴子的表现很满意，决定把猴子的方法推广到整个大森林，在别的地方又陆续建立了几个银行。

银行的出现，促进了经济活动的繁荣。但是由于每个银行都有货币发行权，它们只根据自己负责的区域情况来决定货币发行量，这对于整个森林经济是不利的，造成了整个森林的货币混乱。狮子大王只好又找来了经济学家猴子商量解决这个问题。最终它们决定，收回各个银行的货币发行权，统一由第一家银行发行货币，并正式命名第一家银行为"森林中央银行"。中央银行有唯一的货币发行权，它管理着整个森林的银行系统，其他银行从中央银行提取货币，然后再把货币通过各种方式投放到市场上。如此一来，森林混乱的货币问题得到了解决。

需要钱的动物去银行借贷，银行去中央银行借贷，这是不是说明了中央银行是最后的放贷者？

要点解析
YAODIANJIEXI

需要钱的动物去银行借贷，银行去中央银行借贷，中央银行在表面上是"最后的放贷者"的形象，实际上中央银行不是放贷者的性质。中央银行是国家赋予其制定和执行货币政策，对国民经济进行宏观调控，对金融机构乃至金融业进行监督管理的特殊的金融机构。从其定义来看，中央银行从事的业务不是为了营利的目的，而是为实现国家宏观经济目标服务。这是中央银行区别于一般银行之所在。

专家支招

中央银行产生于17世纪后半期，形成于19世纪初叶。在历史发展过程中，中央银行有了三大职能，中央银行是发行的银行，它是全国唯一可以发行货币的机构；中央银行是银行的银行，它的业务对象不是一般企业和个人，而是一般银行和其他金融机构；中央银行是国家的银行，它代理国库，代理国家债券的发行，向国家给予信贷支持，为国家保管外汇和黄金准备，制定并监督有关金融管理法规。

如何让央行充分发挥它的作用呢？

1.需要让央行成为金融规则的制定者，这样才能使整个金融体系按照央行的设计而运行。

2.央行的政策必须受到政府的管控，不然金融体系很容易和政治方向脱钩。

负利率：钱存在银行里也会贬值吗？

现实困惑

2008年年初，一个大学生手里有10 000元钱，这是他下半年的学费。由于还有半年时间，他决定把这笔钱存入银行，一则安全，二则到时候还能拿到一部分利息。

教他经济学的老师知道这件事情，就对他说："你把这笔钱存入银行，过半年后再取出，你亏了。"大学生很纳闷地说："钱存入银行，我半年后取出，到时候连本带利，应该是赚了啊，怎么会亏呢？"

亲爱的读者朋友，你知道老师和大学生谁说对了吗？

要点解析
YAODIANJIEXI

2008年上半年的定期存款利率是3.78%，CPI（居民消费价格指数）同比上涨了7.9%，国家征收5%的利息税。大学生年初存入银行10 000元，那么半年后他能拿到的利息为：10 000 × 3.78% − (10 000 × 3.78%) × 5% = 359.1（元）；由于这半年来CPI同比上涨了7.9%，所以大学生的钱贬值为：10 000 × 7.9% = 790（元）。大学生存入银行10 000元，表面上增加了359.1元的利息，而实际上减少了430.9元（790元 − 359.1元）。所以，经济学老师说对了。

专家支招

最近几年，很多国民都会感受到，一年过去了，即使没有买房买车，没有炒股，只要把钱存入银行里，到年底都会缩水。我国的通货膨胀率居高不下，超过银行利率，存款者把钱存入银行就意味着财富缩水，这表明我国进入了"负利率时代"。

负利率的出现，意味着物价上涨，货币购买力下降，也就是通货膨胀。那么，人们应当如何应对负利率的出现呢？

1.这个时代，将钱放在银行里显然不合时宜。"不要将鸡蛋放在一个篮子里"，一个合理的理财计划，应该把基金、保险、股票、债券等考虑进来，多方投资，降低风险，提高收益率。

2.要想避免负利率带来的危害，除了多方面投资分担风险之外，生活上还需要开源节流。生活要精打细算，用好家庭收入，做到心里清楚每一笔钱都花在哪里，关掉那些不必要的开支。

总之，负利率面前，要行动起来，不可以坐等财产干缩。

复利：国库的粮食为什么填不满小小的棋盘？

现实困惑

相传，国际象棋起源于古印度，一位大臣把他新发明的游戏献给了国王。国王很喜欢这种前所未闻的游戏，不用上战场，即可以体会到战争的感觉。尤

其是看到在游戏里，国王也被车、马、象、兵四个兵种保护着，国王就更加高兴了。他决定要重重的奖赏象棋的发明者，于是国王问大臣："我很喜欢你献给我的游戏，作为回报，你要我给你什么奖赏呢？"

大臣想了想，就开口说："尊敬的国王陛下，我只想要一点微不足道的奖赏。请陛下在棋盘的第一个格子里放1粒麦子，第二个格子里放2粒，第三个格子里放4粒，第四个格子里放8粒……以此类推，每一个次序在后的格子里放的麦粒都必须是前一个格子麦粒数目的倍数，直到最后一个格子第64格放满为止。"

国王听了后，立刻说："这个要求也太低了吧，你确定要这么小的奖赏？"大臣说："尊敬的国王陛下，只要您把所有的格子都放满麦子，我就很满足了。""好吧！"国王答应了大臣的请求。但很快，国王就发现自己被大臣欺骗了，因为他发现，即便是把国库里所有的粮食都给放在棋盘里，也填不满它。

聪明的读者朋友，为什么整个国库的粮食都填不满小小的棋盘呢？

要点解析
YAODIANJIEXI

故事里的大臣耍了一个小聪明，他的要求虽然起点很低，但是终点却很高。从经济学角度来看，他利用了复利

的道理。根据大臣的要求，每一个次序在后的格子里放的麦粒都必须是前一个格子麦粒数目的倍数，即第一个格子放 $2^1=2$ 个，第二个格子放 $2^2=4$ 个，第三个格子放 $2^3=8$ 个……第六十四个格子放 $2^{64}=1.844\,674\,407\,371\times10^{19}$，这是一个天文数字，怪不得国库里所有的粮食都填不满棋盘呢。

专家支招

上面的故事给我们展示了复利的魅力。复利是指在每经过一个计息期后，都要将所剩利息加入本金，以计算下期的利息。这样，在每一个计息期，上一个计息期的利息都将成为生息的本金，即俗称的"利滚利"。复利的起点虽然很低，但是终点往往很高，就连爱因斯坦也说复利是世界第八大奇迹。

复利是神奇的，怎样利用这个神奇的事物为自己服务呢？

1.向外借贷时，尽量采用复利。

2.从外界借贷时，则避免采用复利。

¥ 汇率：都是出国，为什么差距那么大？

现实困惑

美国人A到中国旅游，当时的汇率是1:6.8，因此他用10万美元兑换了68万人民币。A去了中国好多地方，吃了中国的美食，学了绕口的汉语，看了中国的山水，领略了中华文化的美，在中国吃吃喝喝玩乐了一年，花了18万人民币。等他准备回美国的时候，汇率已经变成了1:5，于是他把剩下的50万人民币兑换成了10万美元。

A很高兴，向朋友美国人B吹嘘自己如何在中国白吃白喝了一年，结果遭到B的鄙视。原来，B跟A同一时间进入中国，他也用10万美元兑换了68万人民币，但是他用50万元买了房子，用另外的18万元吃喝玩乐。一年之后，房子增值了，B把房子卖了得到100万人民币，以1:5的汇率兑换成美元20万。这样一来，B不仅在中国白吃白喝了一年，还赚到了10万美元，这令A感到非常佩服。

A和B把自己的故事发到网上，中国人C看到了，感觉很悲哀。原来，当A和B进入中国的时候，C去了美国。他听说在国外赚钱多，就去美国打工赚钱。走的时候，他用68万元人民币兑换了10万美元，用这10万美元作为本金，在美国辛辛苦苦干了一年，赚了3.6万美元。一年之后，他准备回国了，把13.6万美元以1：5的汇率兑换成了68万人民币。来时68万元，回去时还是68万元，C免费给美国服务了一年。

同样的情况，为什么C跟A、B的差距那么大呢？

要点解析
YAODIANJIEXI

同样的情况，A和B可以在中国免费吃喝，而C却只能免费给美国服务，这是因为汇率的问题。1美元可以兑换5元人民币，甚至更多，才会出现故事里的情况。如果1美元只能兑换1元人民币，那么相信C的情况就不会跟A、B差距那么大了。

专家支招

汇率是指一国货币兑换另一国货币的比率。由于世界各国货币的名称不同，币值不一，所以一国货币对其他国家的货币要规定一个兑换率，即汇率。

汇率对外贸企业的影响是很大的，这类企业应如何应对汇率的变化呢？

1.汇率上升，说明国外能用更少的钱购买中国商品，有利于中国商品的出口。这时出口企业应扩大生产。

2.汇率下降，说明中国可以用更少的钱购买国外商品，这就不利于中国商品的出口，因此出口企业可以考虑暂缓生产，用这段时间来提升自身实力。

¥ 外汇储备：外汇储备越多越好吗？

现实困惑

甲和乙去市场上买苹果，中国人说："买我的吧，我的苹果1个1元人民币。"美国人说："买我的吧，我的苹果1个1美元。"

甲说："那我用1美元买美国苹果好了，吃起来放心。"

乙说："不必花钱，你就可以吃到苹果。"

甲说："如何不用花钱就可以吃到苹果？"

乙说："你可以先向中国人借一个苹果，然后用这个苹果跟美国人换1美元。拿着1美元去买中国人的苹果，可以买到6个，还给中国人一个苹果，你还剩下5个。"

甲说："有这样的好事？那为什么中国人自己不做？"

乙说："中国人为了出口商品赚取外汇，就规定6元人民币=1美元，也就是说6个中国的苹果可以兑换1个美国的苹果。中国为了赚取外汇，不在乎浪费多少中国商品，只要能赚到钱就行，赚到钱立刻再到中国进货。"

甲说："听说中国现在的外汇储备世界第一，原来是这么赚到的。那中国这么多的外汇储备有什么用啊？"

乙说："中国人根本就不敢花这个钱，所以外汇储备起不到多大的作用。"

甲说："自己的钱为什么不敢花？"

乙说："中国人要是把外汇花在国内，还得先兑换成本国货币。由于苹果都卖到了国外，人民币越来越多，远远超过了实体经济的规模，这样就会引起通货膨胀；如果中国人把外汇花在国外，那么还得先兑换成外国货币，6元人民币一兑换就成了1美元了，也就是6个中国苹果一兑换就成了1个美国苹果了。这样一来，拿资源换取外汇的努力就全白费了。"

甲说："原来这么回事啊，那岂不是说，中国的外汇就像一个烫手的山芋，吃又吃不下，扔又不舍得扔，最后只能烂在锅里了。"

看了上面的故事，你觉得外汇储备越多越好吗？

要点解析
YAODIANJIEXI

故事虽小，揭示的道理却深刻。上面的故事涉及最近几年的一个热门话题——中国外汇过多的问题。一些专家学者认为，过多的外汇储备带来了许多问题。首先，外汇储备无法投入国内生产使用，这就容易产生机会成本问题。中国如果不把资源用来购买外汇，就可以用来进口商品和劳务，增加生产的实际资源，从而增加就业和国民收入。其次，外汇储备过大，这就意味着相应的要扩大货币供应量，这些年国内的通货膨胀问题就有这方面的原因。最后，外汇储备过大会有风险，美元跌一次，中国就会损失几百个亿。

专家支招

外汇储备，又称外汇存底，指一国政府所持有的国际储备资产中的外汇部分，即一国政府保有的以外币表示的债权，是一个国家货币当局持有并可以随时兑换外国货币的资产。

外汇储备对于一个国家来说是很重要的，那么如何更好地利用外汇储备，让它发挥出应有的作用呢？

1.将外汇储备应用于调节国际收支，保证对外支付。

2.用于干预外汇市场，稳定本币汇率。

3.用在维护国际信誉，提高融资能力和抵抗金融风险上。

¥ 外汇套利：吉姆是如何喝到免费啤酒的？

现实困惑

经济学里有个著名的免费喝啤酒的故事。在美国和墨西哥的边界上有一座小镇，一条马路把小镇一分为二，路南边的领土属于墨西哥，路北边的领土属于美国。

吉姆是小镇上的一位居民，镇上的人都觉得他很厉害，因为他能免费喝啤酒。吉姆每次喝酒都付钱，但是喝来喝去总能把钱喝回来，最后不花一分钱。镇民感到很奇怪，就问吉姆是如何做到的。吉姆拗不过大家，就把免费喝啤酒的秘密说了出来。原来，吉姆出门喝酒只带1比索（墨西哥货币）。吉姆先是到墨西哥的小镇上，用0.1比索买一杯啤酒，然后来到美国的小镇上。这里的美元和比索的汇率是1美元：0.9比索。于是，吉姆就把剩下的0.9比索换了1美元，用0.1美元买了一杯啤酒。吉姆最后又回到墨西哥的小镇上，这里的比索和美元的汇率是1比索：0.9美元，吉姆把喝酒剩下的0.9美元兑换成1比索。他出门的时候带了1比索，回家的时候还是1比索，不过吉姆这一天免费喝了两杯啤酒。

亲爱的读者朋友，你知道吉姆喝免费啤酒的秘密了吗？

要点解析
YAODIANJIEXI

吉姆之所以能够喝到免费啤酒，是因为他发现了一个秘密，这个秘密就是美国和墨西哥的汇率是不同的。在美国，1美元兑换0.9比索，但在墨西哥，1比索兑换0.9美元。不同的汇率之间形成了差异，吉姆正是利用汇率差异进行套利活动，喝到免费啤酒的。

专家支招

在经济学中，外汇套利是指利用外汇汇率的波动或者外币币种之间的汇率差别赚取买卖差价收益。当汇率定得不正确时，就会有人从事套利活动，即把一种货币在汇率高估的地方换成另一种货币，再把另一种货币拿到汇率低估的地方换为原来的货币，获取其差额。

外汇套利对被套利的国家是不利的，因此国家层面需要做到：

1.时刻紧盯外汇市场，使本国货币和外币在国际市场上保持合理汇率。

2.可以考虑让汇率完全市场化，这样就可以避免为汇率问题劳神费力。

¥ 购买力：十元钱何时变得不值钱了？

现实困惑

最近电视台举办了一场有奖问答活动，记者走上街头询问民众："10元人民币能够买到什么？"下面是各行各业民众的回答。

刘同学是大学生，她抱怨学校食堂又涨价了，涨幅大概是一元到两元。"以前三元五就能吃个荤菜，现在至少要五元钱。"

张先生在北京上班，他能够明显感觉到人民币的购买力在下降。"前几年十元钱差不多能炒两个菜，现在十元钱连个土豆丝盖浇饭都吃不到。"

李先生是一名体育教练，他回忆说："三十年前十元钱可以买到一双回力鞋，现在最便宜的回力鞋得五十多元。"

王阿姨五十岁了，说起十元钱能买到什么，她最有体会了。她说："现在十元钱可以买三个大包子，十年前可以买二十多个呢；以前十元钱可以买二十斤①菜心，现在十元钱只可以买两斤左右。"

亲爱的读者朋友，你能从民众的回答中理解购买力这个概念了吗？

要点解析
YAODIANJIEXI

人民币购买力指的是人们支付货币购买商品或劳务的能力，它反映该时期全社会市场容量的大小。

从微观层面来看，购买力是人们用单位货币能够购买到的物品与劳务量。现在，等面额的货币能够换取到的生活、生产资料变少了。

专家支招

近年来，人民币购买力下降是人们谈论得比较多的话题。对此，我们可以给出这样的建议：

1.由于货币购买力下降了，也就是商品升值了，因此人们应更多投入到生产中去，从而创造价值，换取更多的货币。

2.本国货币在国内的购买力下降了，不代表在国际上的购买力也会下降。事实上，近年来人民币一直处于升值之中。因此，国人可以尝试购买国外生产的产品，来冲抵国内的货币购买力下降。

¥ 巨无霸指数：这个近乎玩笑的指数有什么实际作用吗？

现实困惑

在经济学界，人们常会做一个有趣的实验。

假设一个巨无霸汉堡在美国的价

---
① 1斤=500克。

格是4美元，在英国的价格是3英镑，在中国的价格是15元，那么该汉堡在美、英、中三国的价格比为4：3：15。而这时人们再检查三国货币的汇率。如果三国货币汇率的比例为4：3：20，那么他们就会得出结论说，人民币被严重低估了。

上述案例在经济学里被称为"巨无霸指数"，这个近乎玩笑的指数有什么实际作用吗？

要点解析
YAODIANJIEXI

让我们来分析一下这个故事中的价格数据。

同样的一个巨无霸汉堡，在美国要4美元，在英国要3英镑，在中国却要15元。这说明同样的一件商品，人民币要付出美元的4倍或者英镑的5倍才能买到。因此在这三国货币里面，人民币最不值钱，或者说人民币的购买能力最低。

但是，人民币的购买力在汉堡上体现为英镑的1/5，而当时的两国汇率为20：3，后者说明人民币的市价，即购买力为英镑的3/20，即近似为0.75/5。

通过对两者进行比较，我们发现，国际市场上，人民币的币值比在快餐店里低，因此，经济人士说人民币被低估了。

专家支招

巨无霸指数是用一个国家的以当地货币计量的巨无霸价格，除以另一个国家的以当地货币表示的巨无霸价格。该商数用来跟实际的汇率比较，要是商数比汇率低，就表示第一国货币的汇价被低估了（根据购买力平价理论）；相反，要是商数比汇率高，则第一国货币的汇价被高估了。

根据巨无霸指数，人们可以：

1.粗略估计一种货币在国际市场上价格变动的可能性。

2.在得知这种变动的可能性之后，就可以通过这种货币投资炒作而获利了。

¥ 布雷顿森林体系：美元如何成为世界货币的？

现实困惑

第二次世界大战结束后，世界上大部分的国家都遭受到了战争的重创，经济一片萧条。一些国家为了扩大出口，赚取外汇，纷纷贬值本国货币，致使国际汇率混乱，影响国际经济的发展。

美国是第二次世界大战的最大赢家，不仅本土未遭受到炮火的肆虐，在经济上还发了一笔大财。据统计，第二次世界大战结束后，世界上大约75%的黄金流进了美国。财大气粗的美国想要与全世界做生意，当然不会允许国际汇率混乱的情况存在。于是1944年5月，美国邀请苏、中、法等世界上主要的44个国家在美国布雷顿森林举行会议，这就是历史上著名的布雷顿森林会议。

经过激烈的讨价还价，会议通过了三个重要的文件——《联合国家货币金融会议的最后议定书》《国际货币基金组织协定》和《国际复兴开发银行协定》，决定成立两个国际金融组织，总称"布雷顿森林体系"。

亲爱的读者朋友，你知道布雷顿森林体系的两个重要机构是什么吗？

要点解析
YAODIANJIEXI

根据《国际货币基金组织协定》和《国际复兴开发银行协定》这两个重要文件，世界各国协商成立了国际货币基金组织和世界银行这两个重要的机构。

国际货币基金组织于1947年3月1日正式开业，它的作用是促进世界各国的货币合作；提供贷款帮助会员国解决国际收支不平衡；取消各国的外汇管制；促进国际汇率的稳定。

世界银行于1946年6月25日正式开业，它的作用是提供贷款，促进会员国经济的健康发展；促进世界资金的流动；为私人银行向各会员国的贷款提供担保。

专家支招

布雷顿森林体系的主要内容是：美元与黄金挂钩，其他国家货币与美元挂钩，这就是"金本位制"，又称美元－黄金本位制。

世界各国把本国货币与黄金挂钩，而美国的黄金储量占世界的75%左右，美国以其雄厚的黄金储量使得美元成了黄金的"等价物"。各国货币只有通过美元才能同黄金发生关系，美元处于中心地位，起世界货币的作用。

在知道了布雷顿森林体系之后，我们可以得出这样的结论：

1.美元和黄金是紧密相关的，其中一种的价格发生变化，另一种也会相应变化。通过这一点，我们可以更好地了解国际金融产品市场。

2.美元的币值是相对稳定的，这是因为黄金的价值是稳定的，两者存在挂钩关系。

注：布雷顿森林体系在1975年以后已经逐渐瓦解，但其影响力在今天仍在。

国家破产：国家也会还不起钱吗？

现实困惑

洛森以前是一个捕鱼工人，聚敛了

大量的财富。他致富的主要手段和大多数冰岛人一样，购买冰岛支柱产业银行业的股票。在银行大赚时，他的身价也逐渐上涨。但是危机袭来时，银行业持有的资产——美国的次级债券变得分文不值，濒临破产。于是政府宣布国有化洛森持有其债权的Glitnir银行，洛森便因此而什么也没有了。

冰岛，是一个北欧的小国，人口只有32万，世世代代以捕鱼为生。20世纪八九十年代，政府首脑忽然觉得整天捕鱼太没出息，于是大力发展金融业。冰岛的银行在国家的鼓励下，也像国际上的大投行一样，从国际上借来大量的低息资金，然后大量购买高息的资产，很不幸，美国发行的次级债券就是该国购买的其中一种。

在2008年之前，冰岛一直被评为世界上适宜居住的国家，人均国民生产总值居世界第四，公民福利好，连上大学都是免费。更难能可贵的是，他的国民平均寿命为世界第一，达到81.15岁。然而次贷危机来了，所有的一切都变了。"整个社会充满恐惧，有相当部分的人已经失去了一切。"2008年10月，在雷克雅未克举办的一场迷笛音乐节结束以后，洛森如是说。

2008年，冰岛的债务规模已经超过1383亿美元，但它2007年的国民生产总值只有193.7亿美元。当一个企业资不抵债时，可以被拍卖；当一个主权国家资不抵债的时候，也会被卖掉吗？

要点解析
YAODIANJIEXI

所谓破产，指企业或个人的全部资产不足以清偿到期债务时，债权人有权要求法院宣布其破产，并将其资产平均偿还债权人，并且免除掉那些不能偿还的债务。如果一个国家资不抵债时可以宣布破产被拍卖，那么绝对是人类历史上最惨痛的破产了。

如果冰岛是一个企业，它资不抵债时，可由法庭宣布破产，实行保护了。只是它再怎么小也是一个主权国家，国际上还没有相关的程序将一个主权国家进行拍卖和清算。所以，这些债务只能靠它的子孙后代一点一点还了。从现在冰岛欠下的债务来看，全国老百姓就算不喝水、不吃饭、不花一分钱，也要还上十来年。

专家支招

通过冰岛破产的例子，我们能得出以下结论：

1.如果你想随意挥霍金钱，进行大风险投资，就必须有不怕破产的理由（比如你也是一个主权国家，法律上没人管得了你）。

2.如果有人能管得了你，有权利和能力清算你，那么投资投机的时候就别下太大的赌注，否则可能会把自己输掉。

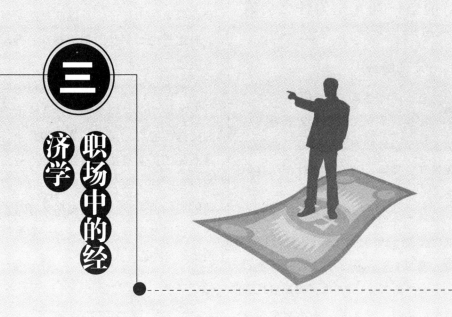

三

职场中的经济学

（一）
投资理财经济学

¥ 股票：刘元生为什么会成为最富散户？

现实困惑

刘元生是香港商人，和王石是亲密的合作伙伴。早在王石创建万科前，从事录像机生意时，刘元生的公司就在为其提供日本货源，两人因此结下深厚的友谊。

后来王石创办万科，刘元生就买了万科的股票。1988年，万科共发行2 800万股，每股1元。不过当时万科并不出名，净资产只有1 324万元，因此股民并不热衷。王石亲自上阵，在深圳闹市区摆摊卖股票，甚至去过菜市场叫卖，最后还是没有完全卖出。刘元生出于兄弟义气，就买了360万股，之后又进行了增持。

1991年，万科成功上市，成为深圳最早的"老八股"之一。持有万科股票的股民大都收获颇丰。而如今经过无数次配股、送股，刘元生持有万科的股份已经达到8 000多万股，成为第三大流通股股东。而他也因此成了中国市场上最富有的散户。

刘元生为什么能够在股市中取得巨大的成功？

要点解析
YAODIANJIEXI

股票是一种出资证明，当一个自然人或法人向股份有限公司投资时，便可获得股票作为凭证，并以此来证明自己的股东身份，享受股东所具有的参与企业决策、分享企业利润等权利。

而刘元生之所以能够在股市中取得巨大的成功，是源于他对企业价值的精准把握。股票的买卖，其实和蔬菜等普通商品的买卖有很多相同之处。只是蔬菜值多少钱一眼就能看出来，而一家公司的股份值多少钱可不是那么容易发现的，所以就出现了那么多专门靠发现股票价值来吃饭的人。

专家支招

股份制企业是改革开放以后才在我国出现的一种企业所有制，也就是多个自然人或法人按出资额占有一定比例的股份。这种企业在世界上已经有了将近400年的历史了，它是伴随着企业经营规模的不断扩大与资本不足而产生的。伴随着股份制的发展，股份交易转让的需求出现了，所以有了股票交易市场。从刘元生身上，我们能学到哪些经验呢？

1.购买一手股票是大幅获利的保障。上市公司股票的发行价通常都比较低，远低于上市后在证券交易市场上的价格。但是股票的上市价不是普通交易者能够拿到的。因此，有以接近发行价购买股票的机会，不要错过。

2.一旦确认手中股票的价值，不要轻易动摇，要相信自己的判断。

基金：基金比股票更赚钱吗？

现实困惑

刘迪和大多数人一样，不知道买股票好还是买基金好。于是一半资金交由基金经理打理，一半用来自己投资。经过多年的实践，他最终相信：半个基民远胜半个股民。

2001年9月，股市见顶2 245点，刘迪花2万元买了基金。随后他发现，从他购买开始，基金几乎一直处于下跌之中。最惨的时候，在2005年9月，基金拦腰截断，跌至0.46元。

这时，刘迪的基金已经跌去了一半以上，不过他还是抱有一线希望，没有卖掉。功夫不负有心人，基金终于慢慢开始反弹。看准时机，刘迪在0.5元的价位上又买入了一些，总共本金6万元

左右。

后来随着股指的上扬，基金一路走牛，给出三次大规模分红，加上红利，他净赚了12.8万元，比本金6万元翻了两倍以上。

而刘迪炒股虽然最终没有亏钱，却没有赚到多少钱。相比之下，劳神费力。

基金真的比股票更赚钱吗？为什么？

要点解析
YAODIANJIEXI

我们先来看一下什么是基金。基金从广义上说是机构投资者的统称，包括信托投资基金、保险基金、退休基金、慈善基金等。狭义的基金主要指证券投资基金，是将众多的投资者的资金集中起来，形成独立资产，由基金管理人管理，以投资组合的方法进行证券投资的一种投资方式。人们常说的基金都是指狭义基金。

基金和股票的区别在于，基金都有专门的基金经理在打理，他们是专业的投资人士。因此，基金本身虽然也可能亏损，但是获利的概率比不懂股市的股民自己操作，要稳妥得多。

专家支招

买基金比买股票更赚钱吗？

不一定。实际上，很多基金经理操盘时，都是通过在股市中买进

卖出来获利，并从中抽取佣金的。换言之，如果股民的操盘能力够强，其实炒股比买基金可能赚到更多的钱。因此，我们得出以下结论：

1.对于炒股高手而言，炒股本身比投资基金更赚钱。

2.对于普通股民来说，购买基金比自己炒股更稳妥，更可能带来稳定的收益。

3.买基金还是买股票，很多个人投资者对此总是犹豫不决，一方面承认自己不如那些专门搞投资理财的人专业，另一方面把钱拿给别人去投资自己又不放心。因此，投资者应尽可能地选择可信的基金经理来帮助自己操作资金。

4.其实投资基金，心态很重要，要以储蓄的理念，不计较短期波动的心态，才会真正迎来属于自己的春天。

¥ 期货：沪铜大王是怎样炼成的？

现实困惑

冯成毅是2012年期货大赛4月和5月月度冠军，被称为"沪铜大王"。

很多人都想知道他是怎么成功的。

冯成毅的期货生涯于1993年在深圳有色金属交易所起步。或缘于此，20年来他只专注于铜这一个品种。

有朋友揭发：冯成毅时常会不看盘就下单交易。冯成毅解释说，盯盘是基本功，就像扎马步，我盯铜已经盯了20年了。也许，正是扎实的基本功，使得冯成毅可以眼中无盘而心中有盘，达到人盘合一的境地，对每一笔价格波动的含义及后市趋向了然于胸。

冯成毅虽然被同行敬仰，但是也并非不曾走过弯路。从1993年入行到1996年赚到第一个百万，再到1998年赚到第一个千万，冯成毅的期货人生，走得似乎比绝大多数期货人都要顺当。然而，期货市场从不会放弃折磨人的本性，27岁即手握千万的冯成毅也难免年少轻狂。很快，"千万"又还给了市场。只是，父亲的鼓励让他又一次站了起来："在哪里跌倒就在哪里爬起来！如果你就此放弃，今后无论你干什么，都不会再昂起头。"

"成功=70%的勤奋+20%的天赋+10%的运气，"冯成毅说，"要获得超越常人的成功，必然要付出超越常人的代价。"

冯成毅有哪些优点帮助他在期货市场上获得成功呢？

要点解析
YAODIANJIEXI

对于更多的人来说，期货是一个相

对陌生的领域。期货的英文为Futures，是由"未来"一词演化而来。其含义是：交易双方不必在买卖发生的初期就交收实货，而是共同约定在未来的某一时候交收实货，因此中国人就称其为"期货"。

期货与现货完全不同，现货是实实在在可以交易的货（商品），期货主要不是货，而是以某种大宗产品及金融资产为标的标准化可交易合约。因此，这个标的物可以是某种商品（例如黄金、原油、农产品），也可以是金融工具。投资者可以对期货进行投资或投机。

专家支招

从冯成毅身上，我们能看出，拥有以下资质可以帮助人们在期货市场上获得成功：

1.有坚强的毅力。除非是节假日休市，冯成毅白天盯国内铜，晚上盯外盘铜，很少有在凌晨1点以前睡觉的。20年如一日，铜价的K线图已经深深地刻在了他的脑海里。

2.专业化。人们的精力是有限的，冯成毅20年来只专注于铜这一个品种，才可以做到不看盘交易和短平快交易。

¥ 保险：为什么保险对于每一个社会人都很重要？

现实困惑

某兵营曾经流行这样一种游戏：上级军官每年召集一次达10 000人的聚会，发给每人一把手枪，并告诉他们，这10 000把手枪中只有30把枪有真的子弹。然后，要求他们每人朝自己的脑袋上开一枪，作为奖赏，大家可以在余下的一年里吃好喝好，并得到大量的奖金。这样的游戏，每年都要进行一次。

有人也许认为这种游戏过于残忍，为什么一定要有的人死亡呢？其实，在现实生活中，每个人都在玩这样的游戏。

在我国，每年1 000个人中都会有3个人因为各种各样的意外原因死去。而一个人是无法保证自己就不是这3个人中的一员的。虽然千分之三的概率很小，但是因为涉及生命这个最重要的东西，因此，即便概率再降低一个数量级，其威胁也是很大的。

如果你是一个社会人，考虑到自己每天都要面对的风险，你想要做的是什么？是不是需要买保险？

要点解析
YAODIANJIEXI

毫无疑问，每个人面对这样的情形，都会选择去购买保险。

保险是以契约的形式确立双方经济关系，以缴纳保险费建立起来的保险基金，是一种对保险合同规定范围内的灾害事故所造成的损失进行经济补偿或给付的经济形式。保险可分为社会保险和商业保险，社会保险由政府主导，而商业保险则由被保险人向保险公司购买。

专家支招

保险是一个朝阳产业，我们购买保险的时候应该注意哪些问题呢？

1.购买和自己可能遇到的最大风险相对应的险种。目前保险行业划分为财险和寿险两大块，人们应该分别根据自己想保险的是财产还是生命安全做出选择。

2.不要单纯相信销售人员的介绍，购买保险前要到保险公司认真了解该险种的细节，以免认识出现偏差。

3.购买信誉好的保险公司的业务，这样能够更好地保证保险获得赔付的可能性。

¥ 黄金：普通人如何投资黄金？

1848年加利福尼亚发现金矿，引发了矿业开发热。金矿被发现后，士兵离开了营房，仆人离开了主人，涌向金矿发源地。美国沸腾了！

近在咫尺的圣弗朗西斯科首先感受到了淘金热的冲击，几乎所有的企业停止了营业，海员把船只抛弃在了圣弗朗西斯科湾，农民典押田宅，甚至连传教士也离开了布道所。这些人的目标都是黄金。

数不清的淘金者使加利福尼亚人口猛增。附近许多城镇很快成为国际性的城市。

自1854年起，加利福尼亚的黄金产值下降，淘金热呈下降趋势，但随后，第二次淘金热又发生了，这次淘金热的中心是科罗拉多发现的金矿和后来19世纪70年代在内华达发现的金矿。

历史上，人们通过淘金发了大财，现代社会，大部分人不可能淘到金子，那么怎样才能靠金子来发财呢？

要点解析
YAODIANJIEXI

现代都市人虽然不能亲身体验淘金的魅力，但是可以通过投资黄金产品来实现利用黄金盈利的目的。

黄金投资主要分为实物黄金、黄金T+D、纸黄金、现货黄金、国际现货黄金（俗称伦敦金）、天通金、期货黄金、黄金预付款这些比较流行的形式。

一般说来，国际上最大的黄金投资平台还是集中在期货领域，期货黄金也是普通人投资黄金最简便的方法，也是最公平、最国际化的途径。

专家支招

虽然期货黄金是最值得推荐的黄金投资方式，但国内还是有很大的实物黄金投资群体。针对这部分人群，我们给出以下建议：

1.购买黄金制品时，切记要发票，这是保障消费者权益的核心。

2.如有疑问可以及时检测，国家技监部门下属的黄金珠宝检测机构在各大城市都有分布，检测黄金珠宝饰品成分比较容易。

3.选择投资金条、金块等黄金制品，要选择承诺回购的正规商家，质量可以保证。

4.要选择有信誉的品牌企业，绝不要贪图便宜选择无品牌商贩，而且黄金价格比较透明，明显低于市场价格的要提防。

私募基金：私募基金和公募基金有什么区别?

2013年6月，天津市政府副秘书长陈宗胜透露，天津正在妥善处理涉嫌非法集资等问题的26只私募股权基金，涉案金额几十亿元。不过，通过社会媒体渠道，人们认为这些私募案涉及资金的数额"超过200亿元"。

私募案的曝光不止天津一地，北京、成都两地均出现了该类企业。其中一家名为"北京金玺田"的股权投资基金管理有限公司便是该类伪私募基金的典型。

该公司的法人代表为王福升，而企业注册地是一家旅馆的客房。警方获知此事后，随即将其逮捕。只是让人无法释怀的是，尽管王福升目前正处于取保候审阶段，但其公司的骗局仍处于"运作"之中。

为了追寻事实真相，记者曾以已投资人的身份拨打王福升助理蒋梦娟的电话，对方表示需要"开拓市场"后方能得到还款。

"现在公司没有钱给你，除非你能再拉来人投资，我们才能把钱退给你。王福升自己亲口说过，不怕人来告他，募集来的钱也不经他的账户。"这位助理告诉记者。

私募基金和公募基金有什么区别？为什么存在如此严重的监管漏洞呢？

要点解析
YAODIANJIEXI

公募基金可以通过在市场上做广告来吸引大众认购，相对门槛也较低，一般1 000元左右即可认购。私募基金一般是向特定的投资者发行募集的，进入门槛比较高，在国内至少是50万，一般都是100万，甚至更高。但是私募基金的人数一般比较少，最多只有200人，所以一般面向的都是一些资金实力较为雄厚的投资者。

目前，针对私募的法律法规还不是很完善，这已经成为国内私募行业发展的最大瓶颈。私募的存在一般都是通过很多变通的方式，比如投资人一起出资组建一个投资公司，再委托个管理人，然后用自有资金投资。但这样要双重征税，而且手续麻烦。要是各个投资人将账号和密码告诉管理人，让其操作又属于代客理财，需要受到较严厉的监管和信息披露。政策的缺失仍是私募人的一块心病。

专家支招

对于私募基金，我国尚缺乏足够严密的监督规程。因此，对现阶段投资基金，我们提出以下建议：

1.在对利润要求不高的情况下尽量还是投资公募基金，因为公募基金在我国的发展更成熟，监管也更周密。

2.如果一定要投资私募基金，也要选择那些口碑好、更为可靠的私募基金进行投资。

3.一定要投资私募基金，而又

不能确定私募的安全性的时候，首次投资金额尽量小些，并且选择那些回报周期更短的基金品种。

¥ 大小非：非流通股解禁是好事还是坏事?

现实困惑

熟悉A股行情的人都知道，2005年以前，中国的证券市场一直比较低迷。但是，自从2005年4月29日，酝酿良久的《关于上市公司股权分置改革试点有关问题的通知》发布，至2007年，我国A股市场出现了一轮波澜壮阔的超级牛市，市值一路上扬到接近6 000点。股改对这一特定时期的附加推动力显然无可忽视。

那么，《关于上市公司股权分置改革试点有关问题的通知》的核心是什么？它又是通过怎样的方式影响到股市行情的呢？

要点解析
YAODIANJIEXI

《关于上市公司股权分置改革试点有关问题的通知》的核心就是大小非解禁，也就是非流通股解禁。

大小非中的非是指非流通股，也就是不能在证券市场上自由买卖的股票。大非是指占股本比例较大的非流通股，一般占总股本5%以上，小非则指占总股本5%以下的非流通股。

20世纪90年代初期，中国要建立一个股票市场。但是很多大型国企都控制着国家的经济命脉，关乎国家的经济安全，最后想出来的解决办法就是：企业70%的股票不流通，剩下的30%在证券市场上流通。这样即使30%全被外国人买走了，控制权也仍在我们手里。

但是大小非的限制很快暴露出了问题。因为非流通股不能上市套现，所以国企根本不在乎公司在证券市场上的股票价格。因此没有话语权的流通股股东的利益经常受到损害，久而久之就没有人愿意投资了。所以在2005年以前，中国的证券市场一直比较低迷。而大小非解禁之后，股市出现井喷也就在情理之中了。

专家支招

大小非解禁并非一蹴而就，目前仍有股份在未解禁之中。对于这些不断解禁的股份，我们建议进行以下处理：

1.通常非流通股解禁后，大股东就有可能抛售股票进行套现，这往往会造成股价下跌。因此对刚刚解禁的股票，应谨慎投资。

2.新解禁股会下跌的情况也不是绝对的，那些业绩较好、具有发展前景的公司，在解禁后还有

可能股价上涨。因为在解禁前人们对解禁的预期已经使得股价下跌了，解禁后若没有大规模套现行为，股价自然就会回升到原来位置。

3.从大股东是否套现可以看出公司的经营状况，因为他们是这家公司的管理者，是对公司最为了解的人。一旦解禁后，大股东密集套现，那么该股则不应列为首选投资股票。

股指期货：巴林银行为何破产？

现实困惑

巴林银行是英国的一家老牌银行，具有233年历史，在全球范围内掌控着270多亿英镑资产。没人能够想到，1995年这个巴林银行会轰然倒塌。摧毁这家大型银行的，居然是一个28岁的年轻职员。

这个人就是里森。里森是巴林银行期货公司在新加坡的职员。里森在期货方面的造诣要高于其他同事，因此有些高傲。1994年下半年起，里森判断日本经济走出低谷，将开始复苏，因此逐渐买入日经225指数期货。

可惜，天有不测风云。1995年1月17日，关西发生大地震后，日本股市大幅

下跌，里森的投资也因此损失惨重。不过里森仍然坚信自己的观点，即股价将会回升。因此，他不但不减仓，居然还加仓。这些加仓的钱直接从公司的特别账户里出。

但是到了2月23日，日经指数再次急剧下挫，合约收盘价跌至17 473点以下，而里森的合约平均买入价为18 130点。这时，该笔投资已经累计亏损达到了480亿日元。再加上来自日本政府的债券的空头期货上的损失，巴林银行已经无法招架，最终破产。

一个普通职员的失误，就造成了一个老牌银行的破产，这种事情真的能够发生吗？

要点解析
YAODIANJIEXI

巴林银行之所以破产，有两方面的原因，一方面是其自身存在管理漏洞，另一方面则是股指期货变动太大导致的。

股指期货是指以股价指数为标的物的标准化期货合约。双方约定在未来的某个特定时间，按照事先确定的股价指数的大小，进行标的指数的买卖。作为期货交易的一种类型，股指期货交易与普通商品期货交易具有基本相同的特征和流程。

但是，股指期货也有不同于其他期货品种的特征，那就是变动幅度大。再加上期货市场存在杠杆，股指期货的变动又被数十倍地放大了。正是这些，造

成了巴林银行集团的破产。

专家支招

股指期货和普通期货一样具有套期保值的功能，拿来投机的话也具有风险性高的特征。为了减小投资中产生损失的可能性，我们给出以下建议：

1.如果只是为了获利，并不一定要选择股指期货作为投资工具，其他期货品种也能够带来大的利益收获。这样就可以规避掉股指期货的高风险。

2.如果一定要投资股指期货，那么应挑选稳定的、熟悉的股指品种进行投资，如道指、恒指这些期货。日经指数受国际经济环境影响太大，缺乏足够的背后支撑力量，投资风险较高。

3.如果出于某些原因，必须要选择不熟悉的股指期货品种进行投资，应适度降低操作杠杆的倍率，在自身财力能够负担得起的前提下操盘。

老鼠仓：基金投资客怎会养"鼠"为患？

现实困惑

2012年6月，被称为"史上最大老鼠

仓案"——李旭利内幕交易案首度开庭审理。案情剪辑如下:

李旭利的账户在2010年4月7日上午9点半开始下单,到9点32分下单完毕,买入逾5000万元的工商银行和建设银行股票。

十几分钟之后,李旭利在自己兼职为基金经理的"交银蓝筹基金"上,下单买入了工商银行股票。值得注意的是,该基金有两个基金经理,平时都是另一个基金经理下单,唯独这笔单子是李旭利下的,其针对性非常明显。

有人会问,这样就算违法了吗?两笔都是正常交易啊。不过,李旭利确实存在肥私嫌疑。5000万元的股票,可以在一定程度上拉升该股的股价。而他随后在自己获利更大的基金上买入,就能够乘上这轮趋势,从此获利。

事实上,同年6月,李旭利直接将上述股票抛出,交易累计获利899万余元,并分得红利172万余元。这就是老鼠仓的获利能力。

那么,老鼠仓是什么?老鼠仓的存在对投资人的利益有怎样的影响呢?

要点解析
YAODIANJIEXI

老鼠仓是指证券从业人员在用公有资金拉升股价之前,先用私人的资金在低位建仓,待用公有资金拉升到高位后私人仓位率先卖出获利。目前很多基金都存在着老鼠仓现象。由于基金募集的资金数额巨大,能够有效拉升股价,更

利于建立老鼠仓。

老鼠仓的最大危害就在于其"损公肥私"的特性。以"老鼠"角色出现的基金经理,先自己购买一种金融投资产品,然后再用自己管理的投资基金购买同一产品。由于后者的资金大,往往可以推高这种产品的市场价格,这时,基金经理再在高位出售自己持有的产品,从而获利。

但一只基金的力量只能够推动某种产品短暂的价格变动,长期来看,该产品的价格最终会回归整体市场对其的估值。而基金经理由于在高位买入金融产品,其管理的基金必然会在价格的回归上有所损失。因此,基金老鼠仓,是基金经理监守自盗、损公肥私的主要方式。

专家支招

对于投资人来说,老鼠仓的存在严重损害了他们的利益。那么,为了避免自己投资的基金出现老鼠仓,投资人应当如何去做呢?

1.选择短线投资型基金。短线投资型基金的每一笔交易都以短期获利为目标,这样在交易之后,基金经理的操盘能力很快就会得到印证。一旦出现客户利益损害,也可以很快得到纠正。而在长线基金中,操盘的胜败并不

能以短期内的涨跌衡量，基金经理受到的监督较小，因此更方便他们建立老鼠仓。

2.选择口碑好的基金和基金经理。如果不确定基金或基金经理的口碑，则至少选择一支口碑尚好的基金，这种基金出现老鼠仓的可能性更小。

3.对自己购买的基金多加关注，一旦发现可疑情况，尽早向基金管理公司反馈，甚至直接联系公安机关处理。

¥ 价值投资：学股神为何却不赚钱？

现实困惑

2013年，股神巴菲特访华，A股又掀起一股"股神热"，其中股神参股的比亚迪公司股价连创新高。越来越多的股民开始学习股神的价值投资理念。

但走股神的路就不会亏吗？有人发现，有小散户坚持价值投资5年多，却仍然没有赚到钱。

"我买的浦发银行，一直没怎么涨。"彭先生2008年买入了6 000股浦发银行的股票。"根据巴菲特价值投资理论，我分析了浦发银行的基本面，觉得可以投资。但是，谁能想到浦发银行在刚开始上涨过一段时间后，就开始了下

跌。"彭先生说。

彭先生没有在下跌中放弃他的价值投资理念，结果由于股价持续下跌，亏损过30%。

为什么巴菲特自己坚持价值投资能够获利，他的追随者们却未必能够重演股神的成功呢？

要点解析
YAODIANJIEXI

20世纪30年代，本杰明·格雷厄姆提出了价值投资的理念。巴菲特只是把该理论发扬光大的人。由于巴菲特的成绩显赫，因此他的这种投资理念也广受推崇。价值投资的精髓是投资于那些股票价格远低于其内在价值的公司，并且长期持有，从此享受公司成长带来的好处。

不过，很多人只是学到了股神方法的皮毛。更有甚者，盲目持有，没有进行精确的估算。这样一来，明明一只股票的价格已经超过其价值，他们也不会卖出，结果导致出现下跌和损失。

事实上，股神虽然提倡长期投资，但不等于不出手。比如，股神曾宣传坚定持有吉列公司的股票，但当吉列被宝洁收购之后，股神认为由于公司太大，吉列的盈利能力趋弱，随后将所持股份全部抛出。

专家支招

通过对股神本人和他的不成功的追随者的对比，我们可以看

出，进行价值投资，要注意以下几点：

1.长期价值投资不等于死守到底，投资者只记得股神说买入优质公司股票要长期持有，而忘记了股神提醒过，在合适的价格买入，并且随时跟踪公司发展状况，要与当初预期相符合。

2.价值投资本身的科学性并未得到严谨的证实。甚至有资深投资者表示，巴菲特之所以成为股神，是因为美国股市长期牛市成就了他。在A股这种长期熊市之下，股神也会无可奈何。因此，对股神的经验，国人可以借鉴，却不能盲从。

3.股神的投资，并不总适合散户跟风。比如，迄今为止，巴菲特买入的中国股票仅有两只，并且均为H股，一支是中国石油H股，另一支就是比亚迪H股。对于后者，巴菲特也是作为战略投资者入股，而并非从二级市场买入。

¥ 套期保值：为何聪明反被聪明误？

2008年10月21日，中信泰富发布公告称，公司仍在生效的杠杆式外汇合约按公平价定值亏损147亿港元。该巨亏事件令香港证券界震惊，在复牌后短短一周内，中信泰富的股价跌去七成。一手打造中信泰富的荣智健宣布辞职。

那么，这噩梦般的故事情节是怎样的呢？

中信泰富在澳大利亚建了一个铁矿石项目，需要从澳大利亚和欧洲购买设备和原材料。为了与澳国进行交易，中信泰富就需要大量地把手中的港元、美元先去兑换成澳元。

这时，中信泰富中的精明人士提出，当年上半年，澳元处于升值之中，如果在交易中不断兑换澳元，那么中信泰富将不断遭受升高中的汇率风险。为了规避这个风险，他们与其他几家投行签订了一份合约，即在2010年10月份之前，泰富固定按照0.87美元换1澳元的价格分月从这些投行手中换取总额为90亿的澳元。这样一来，即使澳元再升值，中信泰富也不用怕了，他们可以每个月按固定的0.87美元的价格去买入澳元，成本也就锁定了。

可惜天公不作美，金融危机爆发了。受到危机影响，澳元出现了前所未有的大幅贬值。到2008年11月，美澳汇率降到了0.65。但根据协议，中信泰富还要用0.87美元的价格每个月从投行手中购入澳元，最终导致了20亿美元的汇率损失。

为什么中信泰富明明是为了保证利

益才签订的协议，反而却因协议而损失了巨额资本呢？

要点解析
YAODIANJIEXI

一般大型企业在进行数额巨大的海外收购时，由于付款时间较长，而且不是一次性付清，所以必须要考虑到本币与外币之间汇率的波动产生的风险。为了锁定成本，一般企业都会进行外汇的期货交易，这就是套期保值。

套期保值是指把期货市场当作转移价格风险的场所，利用期货合约来规避未来的不确定性风险。比如某公司想在未来三个月买入100吨大豆，但是又害怕价格会上涨，所以就在期货市场上买入100吨大豆，三个月后成交。这样价格就被锁定了，大豆价格的波动就与其没有关系了。

但套期保值成功是有条件的，那就是正确预判商品的价格走势。一旦预估与走势相反，套期保值就会变成套期贬值了。

专家支招

也就是说，套期保值本身是好事，但是如果处理不当也会变成坏事。为了确保好心不要办坏事，我们有以下建议：

1.套期保值前一定要详细论证，确保对商品价格走势的预估是正确的。

2.套期保值的行为要有一定限度，不能过分，能够达到保值的预期即可，不应过滥。原本中信泰富在澳洲的投资，未来20年也只需要26亿澳元左右，他们却买了90亿澳元，这已经不再是套期保值，而是投机了。单单的套期保值，其所遭到的损失肯定在可承受的范围之内，天堂与地狱只是一步之遥。

¥ 羊群效应：如何当一只理性的羊？

现实困惑

2013年，关于联想收购IBM公司服务器业务的传闻愈演愈烈。《华尔街日报》网络版报道，IBM曾与联想集团就出售部分服务器业务进行高级别谈判。

IBM历史上已经多次出售那些未来不被看好的业务。2005年，联想集团曾以12.5亿美元股票加现金的价格，收购了IBM的个人电脑业务。IBM随后增强了高利润率的软件和咨询业务。

而近期，IBM高层认为，服务器是继PC业务之后的下一个利润之锚。为了专心运营云计算、分析和智慧星球解决方案等高收益领域，IBM考虑再次和老朋友联想公司达成交易。

事实上，IBM公司的服务器业务确

实出现了下滑的趋势。在IBM公司公布的2013年第一季度财报中，x86服务器产品systemX销售收入减少了9%。

不过，即便如此，在试图寻求出售的时候，个人电脑和服务器还都是IBM公司的重要利润来源，但是为什么该公司总在这些利润来源尚存很大价值的时候卖掉它们呢？

要点解析
YAODIANJIEXI

IBM公司之所以希望卖掉个人电脑和服务器业务，主要是因为他们害怕羊群效应带来的利润缩减。

羊群效应又可称为从众心理，即通过其他人的表现来推断事物的好坏以及确定是否值得我们效仿。羊群是一种很散乱的组织，平时在一起也是盲目地左冲右撞，但一旦有一只头羊奔跑起来，其他的羊也会不假思索地一哄而上。即使它们不知道是因为有捕食者的出现，还是因为前面有更好的草场。

羊群效应在经济领域同样存在。IBM公司曾因电脑生产收获颇丰，它扮演了第一只羊的角色，但是随后全球的电脑制造商以羊群的角色出现了。一旦整体羊群都参与到行动之中，头羊获得的利润就会大幅减少，因此，IBM选择另择方向，避免羊群效应带来的利润缩减。

专家支招

证券市场上也存在着大量的"羊群"。但是到最后只有那些领头羊才能获利，跟风者往往亏损出局，而那些领头者也就是我们通常说的庄家。为了能够在证券市场上获利，我们应该怎样处理羊群效应呢？

1.有智慧的人懂得何时当跟风的小羊羔，何时当领跑的头羊。

2.如果没有能力当头羊，且跟风获利的可能性大时可以跟风。

3.如果没有能力当领头羊，且跟风亏损的可能性大时，应选择当不跟风的小羊羔。

¥ 对冲：索罗斯如何从外汇市场赚到钱的？

现实困惑

1989年东西德统一后，德国经济强劲增长，德国马克坚挺，与之相对的，英镑则开始贬值。为了支持英镑的币值稳定，英国希望德国降低马克的利率以缓解英镑的压力。可是德国也有德国的为难处，他们希望以高利率政策来为经济降温，以缓解高增长带来的经济过热。

结果，英镑在货币市场中持续下挫。尽管德国最终对英国施以援手，抛售马克并购进英镑，但仍无济于事。最后，严谨的德国人得出结论：欧洲货币体制的不稳定只有通过货币贬值才能解决。

也就是说，英镑必将大幅贬值。这点讯息被索罗斯察觉到了，于是他旗下的量子基金以5%的保证金方式大笔借贷英镑，购买马克。

在此次行动中，索罗斯的量子基金卖空了相当于70亿美元的英镑，买进了相当于60亿美元的马克。由于事实符合预期，英镑大幅贬值，索罗斯只付出了一小部分购买到的马克，就偿还了所有的英镑债务。最后，他在一个多月时间内净赚15亿美元，而其代价则由欧洲国家的央行承担，英镑在1个月内汇率下挫20%，央行损失惨重。

索罗斯是如何从外汇市场赚到钱的呢？

要点解析
YAODIANJIEXI

索罗斯的操作手法就是对冲。

对冲（hedge）指特意减低另一项投资风险的投资。它是一种在减低商业风险的同时仍然能在投资中获利的手法。

索罗斯用英镑购买马克，既能对冲借贷英镑的风险，又能在英镑贬值之后转换获利。

专家支招

对冲行为可以起到减小风险的作用。在计划对冲时，应考虑

几个因素：

1.对冲行为的成本是否可以被对冲后获得的收益所抵销。如果能够抵销，则可以对冲，如果无法抵销则不应对冲。

2.对冲的方向应考虑清楚，否则投资会转变成亏损。比如，1989年，索罗斯如果借入马克，购买英镑，则会亏损15亿美元，而非盈利。

¥ 做空：行情越差怎么会赚得越多？

现实困惑

2013年最受关注的投资领域热点一定是金价。从4月开始明显显现的金价下跌，引发了抢金潮，但随后被证明是有欠妥当的。不过，对于北京市昌平区市民陆先生来说，却并不是这样。

"今年5月初国际金价不断下跌，一些朋友劝我抄底。"陆先生称，不过他还是咨询了一些专业机构的分析师。这些分析师认为，金价尚有下降趋势，因此建议他暂时做空。

结果，事实证明陆先生的审慎是十分必要的。5月8日，国际黄金价格跌破了1 600美元/盎司，人们都认为已经够低了，但陆先生还是做了2千克黄金的空单。5月15日，国内黄金期货价格到了317

元/克，陆先生在一周内赚了2万元。

陆先生逆市盈利的秘诀在哪里？

要点解析
YAODIANJIEXI

黄金市场处于下跌状态，陆先生投资黄金仍然盈利，是因为他并没有做多，而是选择了做空黄金。

做空是指预期未来行情下跌，将手中股票按目前价格卖出，待行情跌后买进，获取差价利润。其交易行为特点为先卖后买，实际上有点像商业中的赊货交易模式。

我国股市一直没有放开做空的机制，股民一直只能做多，也就是买涨。但近些年来大盘一直处于下跌状态，这就导致了股民普遍赔钱的现状。而一旦放开做空，那么股民就可以买跌做空，在下行行情中仍然可以赚钱了。

专家支招

做空可以在下行行情中赚钱，那么在做空中应注意什么呢？

1. 做空机制是强者的游戏，作为股票市场的弱势群体，如果没有法律和制度的保护，中小投资者参与这种危险的游戏是极易受到伤害的。

2. 对于广大中小投资者来说，对做空机制一定要有一颗戒备和警惕之心。

3. 对于监管当局来讲，我们强烈呼吁，在推出做空机制时，一定要慎之又慎，特别是要同时出台相关法律、法规，并加强监管，切实保护广大中小投资者的合法权益。

¥ 投资：为什么说人生无处不投资？

现实困惑

徐亮生于一个富裕家庭，父亲经营着一家企业。徐亮仗着自己家有钱，压根儿对未来没有任何打算。然而，突然有一天，他父亲病故，而他父亲的公司也破产了，徐亮变得一无所有。没有了钱，那些朋友们、女朋友都不和他联系了。为了生存，徐亮决定去工作。他找到父亲的一个朋友的公司，请求对方给他一份工作。看在徐亮父亲的面子上，对方同意了。就这样，徐亮在那家公司上班了。每当想起那些背离他的朋友，他就咬起牙，拼命地工作，以求自我救赎。

三年以后，因为表现优异，徐亮被提拔为公司分管某区域的销售经理。正当他准备接着在这个公司拼命干下去的时候，一个律师告诉他，他父亲的公司其实并没有破产。当初父亲看他不思进取，担心资产交给不懂事的他会被他马上败完，就一直交给律师打理。他父亲嘱托律师，等徐亮的表现能够胜任接手这份遗嘱时再告诉他真相。而父亲在遗嘱中提到将遗产分一部分给他的好友，即徐亮所在公司的老板。因为这位老板一直在暗暗地教导他，而这也正是他父亲的嘱托。

为什么徐亮的父亲为了教育徐亮，甘愿支付大笔报酬给那位老板，让他帮忙教育徐亮？

要点解析
YAODIANJIEXI

虽说徐亮的父亲为了教育儿子花费了大笔的金钱，但是他仍然是一个成功的投资者。这个投资的高明之处在于，宁可花大把钱用来教育自己的继承人，也不把钱交给一个不懂事的孩子去打理。因为一旦无所事事的徐亮接手了自己的产业，把所有的家业败光就是很自然的事了。

投资是指货币转化为资本的过程。投资可分为实物投资和证券投资。前者是以货币投入企业，通过生产经营活动取得一定利润。后者是以货币购买企业发行的股票和公司债券，间接参与企业的利润分配。

为了自己的家业能够被发扬光大，父亲把一部分钱投资在了孩子的教育上。受到教育的孩子，会更好地保护和发展自己的事业。而徐亮的能力，就是他父亲这笔投资所获得的资本了。

专家支招

投资可以使投资者获得他们希望得到的收益，但是投资仍然可能失败。为了保障自己的投资收到预期的效果，人们应当注意：

1. 投资之前，一定对这个市场有一定的了解，不能盲目。

2. 前期投资正常运作之后，一定会有利润，如果你想做大，就要把赚的钱再投资，不断发展。在这种情况下，资金的运作就很讲究，每次投资都不能把所有你能动用的钱全部投入，不要以为钱越多发展得越快。你永远要提前做好有风险的准备，万一出现风险，你手上一定要有资金来运转。

¥ 经济效率：福特怎样打败竞争对手的？

现实困惑

亨利·福特的流水作业生产，让他的汽车产品在市场上可以藐视一切对手。而这一切，都要归功于福特式生产的高效率。

特拉华大学教授戴维·亨谢尔介绍说："前一天，平均每人每20分钟组装一台磁石发电机。可是在推行流水作业那一天，每人平均每13分10秒就组装好了一台。而这时工人们并不熟悉生产流程，很多时候存在浪费。最终，从推行流水作业开始不到一年，装配时间便减到了5分钟。"

流水作业的方式，在那时是这样的：用绳子钩住的部分组装好的车辆被拖着从工人身旁经过，工人们一次只组装上一个部件。由于推行流水作业，生产效率提高了，福特公司一年就生产出几十万辆汽车，在当时是一项极出色的成就。由于有着如此之高的生产效率，福特公司将该品牌汽车降价一半，降至每辆260美元，从而迅速占领了市场。

亨利·福特的流水线生产为什么能够帮助他打败所有的竞争对手？

要点解析
YAODIANJIEXI

福特之所以能够获得如此大的成功，在市场上获得绝对优势，全都依赖于他的企业在生产方式上拥有的高效率。经济活动效率的高低，直接影响着经济目的实现的好坏。正因如此，世界各国都一直在努力提高自身的经济效率，能够保持比其他竞争对手更高的经济效率，就会在经济竞争中立于不败之地。

经济效率是指用时间来衡量的经济活动的效果。它用单位时间内所完成的某种经济工作的数量和质量来表示。单位时间完成的经济任务越多，经济效率就越高；反之，经济效率就越低。在经济学中，经济效率是指资源的有效利用，资源的有效利用程度要以生产者达到的产量使消费者得到的满足程度来衡量。

专家支招

我们知道，经济效率对企业和个人而言都是十分重要的，那么提高经济效率的手段都有哪些呢？

1.技术革新。科学技术是第一生产力，这是颠扑不破的真理。

2.管理革新。福特的流水线模式就是生产资料的管理革新。事实证明，管理革新也能带来巨大的效率提升。

3.人力资源保障。就目前来说，管理的极限就是个人。而个人能力的发挥则要看人力资源工作做得是否得当。如何促进员工发挥出他们最大的劳动能力，是企业需要深入研究的命题。

¥ 债券收益：为什么投资债券的收益要低于股票？

现实困惑

耿先生是一名老股民，去年他尝试着购买了5万元的企业债券，利率为5%。

"然而，由于债券的交易量比较稀少，很快就被套住了。"耿先生很无奈地说。

有赖于自己多年炒股的经验，他最终还是解套了。可是此后，耿先生再也没有买过债券，因为债券虽然比较安全，但是赚的钱也相对较少。

"很多人都觉得债券和股票一样，越早买越赚钱，其实不是这样。"尽管仅仅做过一次债券，耿先生还是有了自己的心得。他认为，"债券一定要在二级市场买卖，并在派息之后卖掉。如果要买债券的话，不要在刚刚发行的时候买，因为买了之后价格会很快跌到面值之下。"这与一般人的看法不同。

耿先生还介绍，有时可以利用机会炒价差，在大家纷纷抛售的时候建仓，应该会取得不错的收益。如前一年7-8月，地方政府发放了很多的城投债，导致地方债券大幅下跌，价格波动很大，这就是机会。

为什么投资债券的收益要小于股票呢？

要点解析
YAODIANJIEXI

债券是政府、金融机构、工商企业等直接向社会借债筹措资金时，向投资者发行，承诺按一定利率支付利息，并按约定条件偿还本金的债权债务凭证。

债券之所以获利会比股票低，是因为一份债券的最大收益是一定的，即债务人允诺支付的利息总额。而股票则不同，一只股票的价格可以一直上涨，并没有最高限额的限制。

由于通过购买债券可以获得额外收益，因此很多人以购买债券作为投资的手段。在我国，债券的收益相对股票要稳定，风险更小，但可以达到的收益率也相应要低很多。

专家支招

作为投资工具，债券的投资特征主要有：安全性高，收益高于银行存款，流动性强。那么什么人适合投资债券，而非股票呢？

1.希望投资的风险更小的投资者。

2.能够接受债券套现的长周期的投资者。

¥ 可分散风险：为什么说不要和股票谈恋爱？

现实困惑

聂先生在外企工作，他不仅炒股，而且买基金，银行有收益不错的理财产品同样也不放过。

聂先生所在的公司，工作时间比较自由。进入工作岗位之后，聂先生发现同事们的投资理财并不仅限于股票和银行储蓄，不少人购买国债、基金什么的。"后来同单位的同事推荐我把'鸡蛋放在不同的篮子里',分散投资的风险，因此我去投资开放式基金，好处就是间接地通过专业的基金公司去投资股票。"

聂先生说："由于目前实际利率为负，我的目标就是跑赢CPI。在投资方面我并不是一个激进的人，我最主要的是追求资金安全。"

对于未来的谋划，聂先生的想法是，充分发挥分散投资的特点，在银行理财、股票基金等方面都有涉及。适合自己的投资产品就多买一点。

"我的资金不多，不过由于分散投资，我确实跑赢了CPI。如果我今年将资金全部投在股票上面，别说跑赢CPI，亏损能够在20%以下就不错了！"聂先生如是说。

聂先生是如何保证资产增幅跑赢CPI的？

要点解析
YAODIANJIEXI

聂先生跑赢CPI的秘诀就在于分散投资。在金融投资中，人们无法绝对保证自己的选择是正确的，因此，应该通过分散投资来分散风险。而如果一项投资中的风险是可以通过"把鸡蛋放在不同的篮子里"来分散的，那么它就是可分散风险。

可分散风险又称非系统风险或称公司特有风险，它是指某些因素给个别证券带来经济损失的可能性。非系统风险与公司相关。它是由个别公司的一些重要事件引起的，可以通过多样化来避免的风险。

专家支招

知道了分散投资对风险的抵销作用，那么，在面对可分散风险的时候，我们的应对步骤应该是怎样的呢？

1.首先进行风险评估，只有准确地判定了风险的特性，才能制定下一步的对策。

2.当确定面临的风险是可分散风险后，进行投资产品分析，判断何种产品适合用来分散风险。

3.对所选产品进行走势分析。在某一特定时期，不同资产的收益表现往往存在较大差异，这就为资产配置提供了现实基础。

4.根据用来分散风险的产品的走势，决定对它们的组合方式。

5.执行投资之后，及时关注各产品的变动情况，对计划适时调整。

¥ 不可分散风险：交易中如何面对不可抗力？

现实困惑

美国是西方国家中较早引入大规模

金融市场的。很多美国人都在股市有投资。不仅如此，他们还购买基金产品，以分担风险。

可是，1929年的经济危机打碎了一切的风险屏障。10月29日，股指从之前的最高点骤然下跌了平均40个百分点，而且是普遍的下跌。那些试图分散投资以规避风险的人，所购买的股票全都在下跌。成千上万的美国人眼睁睁看着他们一生的积蓄在几天内烟消云散。

10月29日，全美国人牢记的日子。这是美国证券史上最黑暗的一天。此后，美国和全球进入了长达10年的经济萧条。这一天也被称为"黑色星期二"。

这一天里，所有投资美国股市的人都遭受了巨大的损失，即便是那些同时购买了各种不同金融产品的人。为什么这次金融危机，人们无法通过分散购买不同产品的方式来避险呢？

要点解析
YAODIANJIEXI

当整体市场中的所有产品走势都与预期相反的时候，投资者就无法通过分散购买产品的方式来分散风险了。这种投资风险就是不可分散风险。

不可分散风险又称系统风险或称市场风险，它是指某些因素给市场上所有证券带来经济损失的可能性。它是指不能通过多样化来减小的风险；也指由于某种因素的影响和变化，导致股市上所有股票价格的下跌，从而给股票持有人

带来损失的可能性。系统风险的诱因发生在企业外部，上市公司本身无法控制它，其带来的影响面一般都比较大。

在股市里，大盘行情相对于个股行情来说，其风险的不可分散性更强。这是因为投资者找不到第二个大盘行情来完全取代大盘的地位。

专家支招

不可分散风险对市场的冲击和对投资者利益的损害是很大的。这里我们提出几点不可分散风险的特征，来帮助投资者更早地发现不可分散风险的存在：

1.它是由共同因素引起的。经济方面的如利率、现行汇率、通货膨胀、宏观经济政策与货币政策、能源危机、经济周期循环等；政治方面的如政权更迭、战争冲突等；社会方面的如体制变革、所有制改造等。

2.它对市场上所有的股票持有者都有影响，只不过有些股票比另一些股票的敏感程度高一些而已。如基础性行业、原材料行业等，其股票的不可分散风险就可能更高。

3.它无法通过分散投资来加以消除。由于不可分散风险是个别企业或行业所不能控制的，是社会、经济政治大系统内的一些因

素所造成的，它影响着绝大多数企业的运营，所以，股民无论如何选择投资组合都无济于事。

（二）
管理经济学

¥ 产能：生产率不是越高越好吗？

现实困惑

2008年年末，媒体曝出了兴利来特钢董事长包存林的猝死事件。

关于包存林的死因，企业对外的公告是因病猝死。不过据知情人透露，业内一般认为包存林是因企业资金链断裂，走投无路自杀身亡。

据知情人透露，54岁的包存林一直身体很好，从前没有生过什么病，因此猝死的可能性极小。而且，在他去世前一周，他就有过轻生的念头。他当时吞下大把的安眠药，被送往医院，最终醒了过来。而且他的家人为防不测，随后对他严加看护，可惜还是没能阻止他的离世。

2005年，为了做大做强，包存林花费大量资金用于土地扩建和新上马的热

连轧生产线等。他认为，这些固定资产投产后，年产出可达5亿~10亿元。但是随着2008年金融危机的蔓延，全球对钢铁需求快速下降，包存林的产能就变得过剩了。

因此，人们普遍认为，包存林是因为扩张太快而出现了过剩的产能，加上高额债务无力偿还，才选择了不归路。

产能这个东西，不是越高越好吗？

要点解析
YAODIANJIEXI

产能也就是生产能力。指在一定时间内，企业参与生产的全部固定资产在既定的组织技术条件下，能够生产的产品数量。

产能是由生产率决定的，从宏观上讲，生产率越高，企业创造价值的能力就越强。但是在微观层面，并非创造出了价值，就一定能够转化成企业的收益。

当社会需求不足时，生产过高也无从销售，这时高产能会出现浪费。

专家支招

产能是企业降低长期成本的关键，但是通过借贷提高产能是有风险的，我们应该在提高产能的道路上谨慎行事：

1.在提升产能之前，考虑社会经济对产量增加的耐受力。

2.尽量逐步提升产能，尤其是

在通过借贷的方式来提升产能的时候。

3.在进行产能大跃进之前，一定要谨慎地进行风险评估。

4.避免盲目投资，一味扩张。

政治手腕：怎样处理员工跳槽的问题？

现实困惑

2006年，完美时空公司的主力策划吴睿被蓝港在线挖走了。王峰之前是金山高级副总裁，2006年开始创业，拿着VC几千万美元经营蓝港，到处招揽人才，挖别的公司的墙脚。

这个口子绝不能开，必须堵住。否则，完美的员工都去跟着吴睿跳槽，怎么办？但对这个事情，池宇峰觉得不太好办。

另一方面，王峰今天挖一个，明天还可以再挖一个。为了留住人才，企业的重要手段就是涨薪。但是企业不能给所有人涨工资。公司那么大，人才济济，企业花不起那个钱。

不过事情还是被完美地解决了。2008年4月，完美时空用300万美元投资了逸海情天公司。完美时空投资其300万美元，获取约20%的股份。而逸海情天的代表作《倚天剑与屠龙刀》的代理商正是王峰的蓝港公司。

结果，完美时空入股逸海情天没多久，吴睿就离开蓝港，重到完美时空上班，回到了池宇峰的怀抱。

池宇峰是怎样在不和吴睿直接接触的情况下让他回到自己的公司上班的呢？

要点解析
YAODIANJIEXI

王峰的蓝港代理逸海情天的游戏，而池宇峰的完美时空公司是逸海情天的股东。股东可以参与公司的决策，因此随时能让王峰的公司失去这款游戏的代理权。吴睿看到池老板一出手就扼住了新老板的咽喉，明白自己已经被剑锋所指。那么自己留在蓝港，就让王峰难做，因此他回到了完美。

池宇峰在这次人才危机中，运用了高超的政治手腕，表现了卓越的商业才能。

专家支招

在企业运营中使用政治手腕，有些过于厚黑的感觉，容易引起外界的争议。因此，为了避免这样的效果出现，在运用政治手腕时，应注意以下几点：

1.运营好公司，尽量不让对手钻到空子，减少使用政治手腕的概率。

2.在不得不使用政治手腕时，应把握好"度"，尽量避免和对手完全撕破脸皮。

3.使用过政治手腕后，应考虑和对方进一步和解，以免形成永久性的敌对关系。

鲇鱼效应：为什么说360刺激了我国互联网企业整体发展？

现实困惑

也许提起周鸿祎，有人不曾耳闻，但是如果提起360安全卫士，那么必然是众人皆知了。其实，周鸿祎正是360安全公司的灵魂。

"像巴顿将军，喜欢打仗，闲不下来。"这是周鸿祎对自己的评价。说得很客观，没有自夸，也没有自贬。

周鸿祎从1998年出道开始，一直在挑战巨头。他先做了3721中文搜索，冲垮了原CNNIC的渠道体系；后来在雅虎做一搜，在垂直搜索方面，超过百度，做成"中国最大娱乐音乐搜索"；周鸿祎在任期间，雅虎邮箱成为用户数量第二的在线邮箱。

不仅如此，360安全卫士的兴起，更是把周鸿祎捧到了天上。可是这还不算完，周鸿祎成长起来之后，分别和腾讯、百度展开正面竞争，在卫士和搜索两大领域分别挑战这两大巨头。

业内认为，无论多憎恶360，都难以否认它是中国互联网的一条鲇鱼。它肆无忌惮、横冲直撞，刺激了整体互联网行业的更新和进步。

鲇鱼的存在，对经济会产生正面影响，还是负面影响呢？

要点解析
YAODIANJIEXI

挪威人爱吃沙丁鱼，尤其是活鱼。但是，由于沙丁鱼生性懒惰，不爱运动，返航的路途又很长，因此捕捞到的沙丁鱼往往一回到码头就死了。即使有些活的，也是奄奄一息。有一名渔民把一条专吃沙丁鱼的鲇鱼放进鱼仓，而沙丁鱼发现鲇鱼后，加速游动，因此鲜活地回到了港口。

因此，作为刺激物的鲇鱼，对整体经济效率的提升是有益的。

专家支招

"鲇鱼效应"是企业领导层激发员工活力的有效措施之一。作为企业，应如何借助鲇鱼效应，来提升公司员工的工作效率呢？

1.企业要不断补充新鲜血液，把那些富有朝气、思维敏捷的年轻生力军引入职工队伍中，甚至管理层。给那些故步自封、因循守旧的懒惰员工和官僚带来竞争压力，才能唤起"沙丁鱼"们的生存意识和竞争求胜之心。

2.要不断地引进新技术、新工艺、新设备、新管理观念，这样才能使企业在市场大潮中搏击风浪，增强生存能力和适应能力。

蓝斯登原则：宽容对于一个领导者来说有多重要？

现实困惑

李先生是一家公司市场科的科长，小赵是他的下属。李科长资历比较深，但是能力一般。工作开始不久后，小赵已经让科长领教了双方的差距。举一个最为简单的例子：李科长的电脑水平不高，所以他对电子邮件等现代通信工具有一种莫名的恐惧感。有一次，他让小赵往全国各分公司发一份国庆促销通知，小赵领命后群发电子邮件，三五分钟就把事情搞定了。

李科长不放心地说："假如有个别分公司没有开机或开了机但没有收到怎么办？"小赵回答说："没事的，我已经往每个分公司的至少两个邮箱发了邮件，确保万无一失。"

"还是不行。"李科长仍然不放心，"你干脆给他们发传真吧。让他们签收后再传回来。这样再出了差错就是分公司的责任，而不能说我们没通知到。"

于是一份两页纸的传真发到了全国二十多个分公司。整整一个多小时，小赵站在传真机旁，机械地说着同样的话："喂，××分公司吗？我是总部市场科的，请给个信号，我发一份传真，一共两页，签收后再传回来一份……"然后听到"嘀——"的一响，做同样的送纸动作……

一天，小赵实在忍不住了，他跟李科长发生了激烈的争吵。小赵愤愤地说："公司资源浪费和办事效率不高就是被你这种人害的。"而李科长则回了一句："你不想干你可以选择辞职。"

就这样，在李科长的持续打压下，小赵愤然辞职了。然而两年后，当小赵通过自己的努力成为另一家公司的部门高级主管的时候，李科长却下岗了。

李科长和小赵的故事说明了什么？

要点解析
YAODIANJIEXI

李科长的失败在于自身不加强学习的同时，对下属缺乏一种宽容。当你发现你的下属在飞速成长的时候，正确的做法应该是马上意识到学习的紧迫感，而不是想方设法地把下属给打压下去。

在你往上爬的时候，一定要保持梯子的整洁，否则你下来时可能会滑倒。这就是蓝斯登原则。李科长虽然身居高位，但不懂得善待下属，最终因此而落马。

也就是说，一个人要做到进退有度，才不会进退维谷，才能宠辱不惊。

这个故事告诉我们，做领导一定要有容人之量。有很多公司管理者，比较喜欢在管理岗位上板起面孔，做出一副父亲的模样。他们大概觉得这样才能赢得下属的尊重，树立起自己的权威，从而方便管理。这是走入了管理的误区。现代人的平等意识普遍增强了，板起面孔不能真正成为权威！

专家支招

作为领导，在和下属相处中，应该注意哪些细节呢？

1. 放下尊长意识，和下级进行平等的沟通。

2. 平等沟通不代表是朋友关系。在企业内部构建朋友关系不利于企业管理。

3. 放下尊长意识是指不靠威慑管理下属，但是也不能只有恩惠，需要恩威并施，才能收到最好的效果。

¥ 卢维斯定理：谦虚不仅会令人进步，还会让企业进步吗？

现实困惑

下面是发生在百度CEO李彦宏身上的故事。

百度公司的一位副总裁带队讨论一个产品，召开了一个会议。会议中，李彦宏进来了，听了几句想要发言。这位副总裁毫不犹豫地打断了李彦宏："Robin，我说完了你再说好吗？"李老板听了，马上闭嘴，并端坐听讲。对于这种情形，百度的老人已经见惯不惊，只有新人惊讶。原来在百度不能插话，老板也不例外。

同样一个发生在李老板身上的例子是：2008年百度推出了即时通信工具"百度Hi"。其实李彦宏自己觉得这个产品如果叫作"百度小声"，市场反应应该更好。不过他最终没能说服产品经理。由于产品经理认为"百度Hi"更好，最后就用了这个名字。作为企业的大老板，李彦宏并非不能决定产品的定名，只是他没有那么去做。

李彦宏之所以能够管理好百度这样一家巨头级企业，从上面的故事中，你能体会到其中的奥秘吗？

要点解析
YAODIANJIEXI

李彦宏所做的很简单，就是谦虚，懂得尊重他人的意见。根据著名的卢维斯定理，我们知道：谦虚不是把自己想得很糟，而是完全不想自己。如果把自己想得太好，就很容易将别人想得很糟。

而一旦把别人想得糟了，人就会变得刚愎自用。这时，更加科学的全民决策制度就被独断专权所代替了。虽说"百度Hi"的名称也许换成"百度小声"更好，但是站在全局的角度来看，李彦宏还是给了产品经理充分的信任和自由。

专家支招

> 根据卢维斯定理，我们给出管理企业和团队以下几点原则：
>
> 1.即便身居高位，仍要保持谦卑之心。
>
> 2.谦虚不等于不表达意见，只是在表达自己意见的同时也对别人的意见持尊重的态度。
>
> 3.真正的谦虚是装不出来的，时间一长装出来的谦虚就会露馅。因此，提升个人修养是管理者的要务。

￥ 托得利定理：马云为什么要把支付宝送给国家？

现实困惑

百度老板李彦宏，转了篇搜狐的博文，下面摘录几句：

"在这样一个自扫门前雪的利益集团诉求横行的平台上，互联网行业注定是弱势群体……此前国务院的三网融合意见中就对互联网产业未见任何鼓励和支持，而是让电信和广电融合对外挺进互联网地盘。所以，如果期待两会能给互联网以政策利好几乎不可能……在中国最高级别的决策会议上，却没有一个人愿意振臂高呼，或者哪怕是敢于提一两个句子来呐喊。"

很明显，在大多数互联网人眼里，国家政策站在了自己的对立面上。但是，并不是所有人都是如此。淘宝老总马云就有过"只要国家需要，支付宝可以随时送给国家"的豪言壮语。

淘宝的服务对象主体是民间资本，这些民间资本经过马云的整合之后，迸发出强劲的生命力。

马云的成功，说明了什么？

要点解析
YAODIANJIEXI

马云的成功，很大程度上是因为他在思想上的兼容并包。一方面，他具备民营经济追求利润的思想，因为这一点，他整合了江浙沪的小商家；另外一方面，他还具备全局观，愿意"只要国家需要，支付宝可以随时送给国家"。正因为他有这种决心，国家才一直没有强制淘宝商家纳税。

因此，马云的成功，就在于他用兼容并包的思想，同时接纳并执行国家层面和私营层面的经营理念。实际上，托得利定理也对此做出了证明："测验一个人的智力是否属于上乘，只看脑子里能否同时容纳两种相反的思想，而无碍于其处世行事。"

专家支招

作为一个商人，思想上的兼容并包是非常重要的。谷歌退出中国市场就是因为佩奇的思想不够兼容并包。所以，佩奇不是一个成功的商人，只是一个成功的产品经理。那么，如何使自己的思想变得兼容性更强呢？

1.树立以营利为中心的根本目的，而不是执拗于个人信仰和道德层面的公论。

2.不断地学习新知识可以帮助接受新事物。

¥ 人性化管理：富士康何以冲突案频发？

2012年9月24日，富士康太原工厂发生了大规模骚乱。太原当地警方称，据初步了解是部分员工和园区保安等在宿舍区发生冲突。事件中共有40人受伤入院救治，均为男性，其中的3名重伤患者目前生命体征平稳，其余人伤势较轻，没有人员死亡。事发原因正在进一步调查。

尽管当地政府称正在进一步调查冲突的原因，但多名富士康员工声称，保安与员工的持续交恶是此事爆发的主要原因。

有人在园区唐槐路南门看到，十余米宽的大门，被电动栅栏占去近10米，留给员工的是各一米宽的进出口。据门口等朋友的一名员工介绍，进出时说话会被保安骂。有一些暗访的记者，也曾数次听到保安大声斥责进出的员工："不要说话，把卡掏出来，赶快进去。"

一名叫小红(化名)的女员工声称，参与此次冲突的很多员工和保安有过节，她以前也曾多次被保安训斥。"有一次我穿着制服从车间出来，在回宿舍的路上解开了领口的扣子，保安看到后大骂了我一顿，都是很难听的话。我回去和舍友诉苦，她们都笑话我承受能力差——她们以前也遇到过类似的情况，都习以为常了。"

从上述内容，你能够推断出富士康管理上存在哪些问题吗？

要点解析
YAODIANJIEXI

富士康工厂管理的最大问题就在于管理形式简单粗暴，不够人性化。

人性化管理，就是一种在整个企业管理过程中充分注意人性要素，以充分开掘人的潜能为己任的管理模式。

富士康保安的这种管理方式，明显侵犯了员工的尊严，与人性化的管理相去甚远。

专家支招

为了把企业建设成为一个真正的人性化管理的组织机构，最高管理层需要做哪些工作呢？

1.加强对基层管理人员的教育工作，向他们充分灌输人性化管理的重要性。

2.引入监督与问责机制，对不够人性化的管理进行处罚。

3.建立基层员工向最高管理层反馈的渠道，这样能够有效打击基层管理人员的嚣张气焰。

¥ 洛伯定理：阿里巴巴为什么拒绝CEO的存在？

现实困惑

阿里巴巴是由马云在1999年一手创立的企业对企业的网上贸易市场平台，目前是中国最大和世界第二大网络公司。但是就在2013年，马云正式从阿里集团CEO的位子上退下来，并声称将淡化CEO对企业的影响。

"未来阿里可能没有公司存在，只有组织存在，所有业务都通过一个网格化的方法，用'自组织'的方式朝一个共同目标努力，而不是由上而下的指令。而最理想的状态，是这个组织'没有CEO'，就算有CEO也能最大程度去降低CEO的压力。"

"阿里拆分后的接近30个产业群，没有谁跟谁汇报，每个群里还会增长出无数小公司，这就是阿里强调的'生态'。这些不叫公司，是30个产业群，没有谁向谁汇报。但有这个群以后，边上会有无数个小公司长出来。因为这棵树会长很多松果，有了很多松果会来很多松鼠。这样形成了一个体系。"

一般而言，CEO就是一个企业的灵魂和代言人，马云为什么要淡化CEO的影响呢？他不怕自己一手建立的阿里集团因此而涣散吗？

要点解析
YAODIANJIEXI

其实，对于一个CEO来讲，阿里集团确实太大了。而企业越大，就越难以管理。淘宝之前被爆出阎利珉贪渎案，就是企业规模过大带来的腐败案例。

治大企业病，换人、运动只是治标，有货真价实的发展策略才可能治本。马云担心沿用传统手法，头痛医头、兵来将挡，使弊端越陷越深，因此，他引入了平台化管理。而这和洛伯定理不谋而合。

美国管理学家R·洛伯研究发现，对于一个经理人来说，最要紧的不是你在场时的情况，而是你不在场时会怎样。如果只想让下属听你的，那么当你不在身边时他们就不知道应该听谁的了。这种现象被称为洛伯定理。

专家支招

根据洛伯定理，我们建议领导在位期间，不要仅着眼于彰显自己对企业的贡献，更要着手建立一种常态化的企业自我管理的机制。那么，如何去做呢？

1.分权。权力过于集中，永远不能实现企业自我管理，那只能强化个人对企业的影响力。

2.平台化。形成一种类似于联合国的运营体系，最高管理者作为协调人出现，淡化管理者形象。

3.加强监督。建立或引入有力的监督和执行部门，辅助企业进行自我管理。

费斯诺定理：人为什么长了两只耳朵，却只有一张嘴呢？

现实困惑

人们通常认为企业主和他们的代理律师之间的关系是非常好的，其实，大量的企业主都对与自己合作的律师颇有微词。而这其中，就包括对律师不善于倾听的指责。

沃克公司是一家专门维护企业家利益的精品律师事务所。其创立者及首席执行官Scott Edward Walker撰文写道：

"律师喜欢别人听他们娓娓道来，却不善于倾听。企业家希望他们的律师可以仔细聆听他们关心的问题，然后妥善处理它们，而且他们并不想被打断。我深有同感，尤其是在我协商交易并努力结案的时候。我多次在会议室跟其他的律师协商业务，都看见律师们在把玩黑莓手机或者接听电话。这些行为不仅粗鲁无礼，而且是差劲的工作表现。"

无独有偶，Bit Torrent的发明者Bram Cohen最近的一篇文章准确地描述了他对律师的沮丧："律师就像电话公司，以误导你来累计时间为生。"

那么，人们为什么对律师的不喜倾听如此反感呢？

要点解析
YAODIANJIEXI

出于工作特征，大部分律师都有"我问你答，不多不少"的交流习惯。之所以会产生这种现象，与大众对法律知识不熟，不懂得叙述中的主次有关。

但是，仍然存在一些大众认为是重要的信息，而被律师拒绝倾听的情况。通常，当这种情况出现时，大众将为此付出惨重的代价。

因此，虽然律师的职业特征决定了他们说的比正常人多，他们也应该认真学一下费斯诺定理：人有两只耳朵，却只有一张嘴巴，这意味着人应该多听少讲。

专家支招

通过费斯诺定理，我们知道了倾听的重要性。那么，在倾听中，如何提高效率呢？

1.对于那些叙述烦冗的讲话者，倾听者可以边听边分析，在未遗忘之前充分利用听取到的资料。

2.对于那些间断的叙述，则应聚精会神听取，以免漏过重要信息。

3.在对方诉说之前，大致说明自己期望对方所讲的内容，这样可以避免对方说无用的内容。

4.如果对方讲述不足或过快，应在对方完成陈述后提请补充。

¥ 牢骚效应：员工如何"管理"老板的行为？

现实困惑

这个故事是关于金山网络公司的。今天的金山公司已经接受了腾讯的注资，作为腾讯对抗360的急先锋。如今，金山快意地活着。而在2010年的时候，有着20年历史的老金山几乎可以用"半死不活"来形容。

当时金山旗下的网游可以挣点钱，但基本不增长；WPS不挣钱；毒霸被360节节逼退中。就在这时，傅盛空降金

山。为了带领金山突破360的围剿，傅盛砍掉了金山网盾。这个产品是老金山人的骄傲，总用户有8 000万，大家认为它是"用来打败360的唯一期望"。在砍掉金山网盾的当夜，技术副总裁陈勇就崩溃了，号啕大哭。

也正是从这时起，金山内部对傅盛牢骚不断，很多人闹离职。不过，傅盛顶住内部的压力，每天指导改产品，盯用户量，终于等来了3Q大战和腾讯的注资。

金山内部曾经存在的大量牢骚和情绪，为什么没有击垮傅盛？

要点解析
YAODIANJIEXI

其实，牢骚的作用不仅仅是负面的，在更多的情况下，牢骚可以产生正面作用。尤其是下面员工的牢骚，对管理层来说是一种激励。

哈佛大学心理学教授梅约通过"谈话试验"活动总结：凡是公司中有对工作发牢骚的人，那家公司或老板一定比没有这种人或有这种人而把牢骚埋在肚子里的公司要成功得多。这就是著名的"牢骚效应"。

因此，傅盛能够坚持等到腾讯的到来，下面员工的牢骚起到了很大的作用。

专家支招

鉴于牢骚效应对管理层起到的激励作用，企业应鼓励员工

对企业发展中遇到的问题畅所欲言。具体来说，可以进行以下尝试：

1.设置员工向最高层直接反映问题的通道，并定期安排专人查看通过这些通道传递来的牢骚。

2.慎重处理员工牢骚的问题。只有解决了问题，员工才会知道牢骚是有用的，因此继续发牢骚。

3.如果管理层能够在进行管理活动的时候多站在员工的角度看问题，那么牢骚就会变少，而这正是和谐高效的企业应有的状态。

避雷针效应：龙永图为何要选一个"耐骂"的秘书？

现实困惑

对中国入世进程有所关注的人都知道，当年推动入世的先锋官是外经贸部部长龙永图。龙永图在入世谈判过程中，为自己选定了一名秘书。当他指明这位秘书的人选时，周围人都是大跌眼镜。

在众人眼中，秘书都是勤勤恳恳、少言少语的。他们讲话很少，做事谨慎，对领导体贴入微。但是龙永图选的秘书，处世风格完全不一样。

这个人是一个大大咧咧、从来不会照顾领导的人。龙永图和他出国，经常要龙永图自己走到他房间里说："请你起来，到点了。"对于日程安排，他有时甚至不如龙永图清楚。原本9点的活动，他却说9点半。经过核查，十有九次他是错的。

为什么龙永图会选他当秘书呢？这是因为谈判的压力大，龙永图的脾气也很大。有时候，他回来以后一句话也不说。其他人都不愿自讨没趣，就不到他房间里来。唯有那位秘书，每次都是不敲门就大大咧咧走进来，和龙永图聊天。而且，这个人最大的优点就是耐骂。无论怎么骂，他都能很快地调整好自己，又继续回到龙永图身边工作。

那么，龙永图选一个"耐骂"的秘书，目的何在呢？

要点解析
YAODIANJIEXI

在入世的代表团中，没有工作能力差的弱兵。但是龙永图的情绪使这些人的工作积极性不高，而不能主动工作的人是无法很好地帮助龙永图处理日常事务的，因此，龙永图需要一个很会疏导压力的秘书。

在经济学中，"避雷针效应"的寓意是：善疏则通，能导必安。那名工作人员正是因为在性格上具有先天的避雷针特征，而得到了龙永图的重用。

专家支招

在工作和生活中，人们都会面临一些压力。那么如何妥善处理这些压力呢？

1.进行减压活动，如体育竞技等，让自己因压力产生的不良情绪被疏导出来。

2.提高自身实力，将外部的压力对自己的影响减到最小。

¥ 氨基酸组合效应：盛大注资编剧产业意欲何为？

现实困惑

2013年4月11日，盛大文学编剧公司在北京宣布成立，并与作家莫言授权的《红高粱》剧组、深圳文交所、网络作家唐家三少等签署了剧本合作的意向书。

同时，盛大集团总裁邱文友宣布代表盛大董事长陈天桥以10亿资金规模成立基金，助推编剧公司开展业务。

在此之前，盛大文学已于2010年12月成为国内最大的民营出版公司。那么，盛大注资编剧产业意欲何为呢？

要点解析
YAODIANJIEXI

要分析出盛大此举的目的，要从大局上来着眼。编剧上游是文学作品，下游是影视剧。就目前来看，影视剧是文学作品套现的重要渠道，但是一般文学作品并不适合直接用作影视剧拍摄蓝本。因此，盛大步入编剧产业，帮文学作品创造了套现的新渠道。这增加了写手不被挖走的砝码。

而另一方面，盛大旗下的酷6视频网站也需要优秀的影视资源。在版权费用高昂的今天，采用自主创作的剧本将大大降低酷6的运营成本。

因此，实现盛大集团的整体利益，需要把文学创作、剧本改编和视频贩售整合到一起。之前盛大的体系中存在剧本改编这块短板，但此后就没有了。

专家支招

在组成人体蛋白质必需的八种氨基酸中，只要有一种含量不足，其他七种就无法合成蛋白质。这就是氨基酸组合效应。氨基酸组合效应同样运行在经济中。因此，企业为了有效运作，必须注意：

1.在做运营计划的时候，要考虑到经营活动中所需的所有"必需氨基酸"。

2.一旦出现某种"必需氨基酸"的不足，则应马上着手补充，不要等到运营症候出现了才着手改善。

¥ 米格25效应：管理中最不能缺少的是什么元素？

现实困惑

2004年6月，NBA的湖人队在总决赛中对战活塞队。从球队的人员结构来看，湖人队有科比、奥尼尔、马龙、佩顿。湖人队是一个由巨星组成的"超级团队"，每一个位置上的成员都是全联盟最优秀的。而对手活塞队则是14年来第一次闯入总决赛，赛前甚至没有人预测活塞队能进入总决赛。因此，没人怀疑湖人夺冠的能力。

但是，最终的结果让人大跌眼镜。湖人队几乎没做多少抵抗便以1∶4败下阵来。而赛后，球迷没有指责球员的发挥，而是把矛头都对准了湖人队的总教练：菲尔·杰克逊。

这是为什么呢？

要点解析
YAODIANJIEXI

湖人的失败有很多理由，如奥尼尔和科比争风吃醋，在比赛中单打独斗，全然没有配合；马龙和佩顿也是冲着总冠军戒指而来的，根本就无法融入整个团队，无法完全发挥出作用。因此，这个全明星级别的湖人队，就如同一盘散沙，其战斗力自然大打折扣。

在经济界，也有类似的事，这就是米格25效应。苏联研制的米格25喷气式战斗机的许多零部件与美国的相比都落后，但因设计者考虑了整体性能，故能在升降、速度、应急反应等方面成为当时世界一流。米格25效应说的就是，所谓最佳整体，乃是个体的最佳组合。

因此，球迷之所以指责球队的总教练，就是因为是总教练的失职才导致了湖人队成员之间配合不足的结果。

专家支招

在现代企业管理中，团队已经成为企业结构的普遍模式，因此管理层务必要注意米格25效应对工作团队的影响。这需要管理者树立以下观念：

1. 适用就是最好的。
2. 和谐才能发挥团队的力量。
3. 领导者的作用就是对资源进行优化组合。

¥ 磨合效应：互联网江湖中最大的一对冤家是如何炼成的？

现实困惑

金山网络CEO傅盛和360老总周鸿祎的恩怨是互联网江湖上盛传的故事。

傅盛和周鸿祎一直在合作，或者说前者曾是后者手下大将。从3721到雅虎，再到奇虎，傅盛从一个一线员工做到360安全卫士事业部总经理。但是，两人之间并非一般的老板和员工的关系，一直有英雄相惜的情绪流淌在他们心间，而且他们在管理手段上一直存在分歧。

2008年年初，360的二号人物——总裁齐向东面试了一个程序员，给出两万的月薪。不过事业部总经理傅盛和技术总监徐鸣都没有面试过该程序员。两万的月薪，在当时超过了360所有的程序员。最终，傅盛面试给予不合格。为此，傅盛发邮件讲了两点原因：

1.这个程序员虽能说会道，但是技术基础薄，名不副实。

2.齐向东开出的高工资对老员工不公平，会对凝聚老员工的人心不利。

对此，周鸿祎认为这是傅盛拿一个靶子搞对抗。

2008年6月，周鸿祎对傅盛说："你不适合做总经理，做产品总监最好，但没人事权。"最终傅盛离职，并辗转接手了金山网络。

互联网内都知道周鸿祎爱才如命，数次给熬夜看小说而不干活的员工机会，但是为什么就是留不下傅盛呢？

要点解析
YAODIANJIEXI

周鸿祎留不住傅盛，在于两人对管理的态度不同，两人的观念无法磨合。周鸿祎认为自己是老板，傅盛得懂得收敛；而傅盛认为自己的行为并没有触动

周鸿祎的利益。因此，在公司做大之后，两人最终分道扬镳。

在群体心理学中，人们把新组成的群体相互之间经过一段时间磨合而产生更加协调契合的现象，称为"磨合效应"。磨合效应的寓意是：要想达到完整的契合，须双方都做出必要的割舍，这在经济管理中同样适用。

周鸿祎和傅盛这一对冤家，正是因为彼此都坚持自己的信念，不愿妥协，因此才无法共事。

专家支招

无论对于创业公司还是开始既得利益公司而言，团队都是重要的。尤其是前者。那么对于创业公司来说，应如何让心高气傲的员工彼此磨合呢？

1.用利益诱惑。开出较高的工资，让利益牵着员工的鼻子走。

2.管理层可以刻意创造机会，让员工之间加强彼此的认可度。这虽是一些政治手腕，但效果不差。

3.对于实在磨合不进团队的员工，应果断放弃，不能为一个员工丢掉一个团队。但应注意原团队的文化是否有问题，一个本能排斥外来势力的团队甚至可以被管理层整体抛弃。

波特定理：乔布斯在苹果公司里的形象如何？

现实困惑

史蒂夫·乔布斯是引导苹果实现其全球最高市值高科技企业梦想的领路人。从苹果公司MobileMe项目组(就是现在的iCloud)前员工Erin Caton发布在Medium.com上的一篇文章中，我们可以一窥乔布斯平日的管理风格：

"……很久以来我们都对发布日期很不安，不能如此仓促就发布这样一款重要的产品。但无可奈何，最高层最终没有采纳我们的建议，似乎不大肆宣扬新品，就不是苹果的风格。我们只能硬着头皮，接着做。

结果（由于时间仓促），发布当晚果然失败了。当一切终于告一段落时，我们(至少有100多人)被招去见乔布斯——大家简直是抱着上断头台的心情，步行走进那座办公大楼的。

他站在我们面前，大声斥责，说我们应该彼此憎恨，并抱怨说，我们没有全力去做好我们曾哭着喊着要做的事——这真是世界上最令人心灰意冷的演讲。

他让自己如此可怕、糟糕，以至于一整群明明既天才又勤奋到难以置信的员工，竟遭到如此粗暴的错怪和责骂。MobileMe的发布如此臭名昭著，不是我

们的错，是他自己造成的……"

通过阅读这篇文章，我们能发现这位在中国被称为"乔帮主"的乔布斯，在管理上存在哪些问题呢？

要点解析
YAODIANJIEXI

毫无疑问，乔布斯是一个英雄人物，无论他的基础是什么，他都颠覆了一个市场，创造了一个时代。但是乔布斯的管理手段也存在明显的问题。

"总盯着下属的失误，是一个领导者的最大失误。"这是英国行为学家L·W·波特提出的波特定理。而乔布斯就犯下了这样的错误。

专家支招

作为领导者，应如何看待和处理员工犯下的错误呢？

1.首先，也是最关键的一步，就是确定这个错误确实是因为这个员工造成的。一名蒙受冤屈的员工足以让全体员工心头蒙上厚厚的阴影。

2.判断错误的性质。如果是纯属意外，或由不可抗力因素影响所致，则不应过多追究。

3.批评人之前应该先把他的优点提出来，为批评铺平道路。这也是波特定理的后半段。

￥ 权威暗示效应：人们为什么愿意相信专家？

现实困惑

程凌峰是一位知名互联网记者，撰稿人。这里讲一个发生在他身上的故事。程凌峰从腾讯辞职后，面对的首要问题是如何养活自己。作为记者，他自然就想到给大媒体自由撰稿，获得稿费。

他敲开了几家杂志社的门，向它们投稿，期望按一个字一块钱的价格获得稿费。这样，一个月写2万字，就有2万的基本收入，但程凌峰被拒绝了。

程凌峰之所以被拒绝，是因为他行文的笔锋过于犀利。他之前的老上司李学凌甚至提醒过他，让他小心受到被他笔伐过的人的算计。以他描写金山转型的《渡过生死线》一文为例，没一家杂志愿意或敢刊登。

他们的顾虑包括：第一，这样带有强烈价值判断的文章，出自一个"外人"，这会让我这个媒体失去对内容的控制。且这篇文章可能会惹恼金山的敌人，犯不着。

就此，程凌峰当时在邮件里对某位私交甚好的主编说："你们保守，不适应新的媒体环境，是必死之恐龙。"

那么，杂志社不愿刊登程凌峰的文章，还有什么其他的原因吗？

要点解析
YAODIANJIEXI

如果说杂志社不愿刊登程凌峰的文章，还有其他的原因，那就是程凌峰的知名度还没有高到可以凌驾于被他口诛笔伐的互联网公司之上的程度。

一般而言，社会大众是会受到权威暗示效应的影响的。即一个人要是地位高，有威信，受人敬重，那他所说的话及所做的事就容易引起别人重视，并让他们相信其正确性。即"人微言轻、人贵言重"。

相对于互联网巨头，程凌峰的地位和威信都不够高，因此他的文章在刺激文中主人公神经的同时，还可能得不到读者的认可，这才是杂志社最担心的。

专家支招

权威暗示效应是存在于人性中的与生俱来的特性，与人性中的完美主义相互呼应。在管理活动中，应如何利用权威效应来实现管理层的目的呢？

1.在需要感召员工的时候，推出一个权威形象来支持某件行动，这样员工就会相信这项行动的正确性。

2.避免出现与运营目的相悖的权威形象。

¥ 彼得原理：聚划算遭查背后有哪些鲜为人知的故事？

阎利珉不是中国互联网大公司里第一个受贿的总经理，却是第一个被警方立案拘捕的互联网大公司总经理。这里有一个关于阎利珉的故事，是围绕这位风云人物的各种述说的版本之一。

阿里巴巴是个大江湖。阎利珉和他带领的聚划算员工，都是80后新人。他们工作拼命、积极进取，虽然十分辛苦，却乐观向上，是最具有创新能力的一群人。但阎利珉和阿里巴巴强调的价值观不能完全相融，对阿里的企业文化理解不深，不善于搞内部的"政治斗争"。

作为阿里巴巴最红火的团队，无数双眼睛都在盯着聚划算和其中掌握巨大权力的员工——团长。同阎利珉沟通过的人都说其身上有着某种江湖义气，容易信任人、好沟通、支持创新想法、卖朋友面子、禁不住各种游说。阎利珉爱帮忙，凡有求于他尽量满足，但不能满足的是抱怨。聚划算团队中，员工也摸准他的脾气，即便背后和商家达成隐秘利益交换，也有办法通过说法、正常的工作流程让这位年轻老板"批准"。

结果，就因为对下面员工的过于放任，阎利珉被牵涉进腐败案件，最终被捕。

那么，阎利珉之所以落案，最大的原因是什么？

要点解析
YAODIANJIEXI

阎利珉之所以因贪渎而被捕，最大的原因恰恰在于，他并不适合从事管理岗位工作。

他作为普通员工起家，当手中没有权力时，他的义气尚不会带来问题。但是当他手中有权力时，他的义气会被有心人士滥用，从而牵涉他本人。根据经济学中的彼得原理，我们知道，在一个等级制度中，每个职工趋向于上升到他所不能胜任的地位。而阎利珉就是一个上升到了他不适合做的岗位的人。

人说打江山的人不一定适合坐江山，也是一个道理。因此，创业者创造辉煌，守业者守住辉煌，这就是管理之道上的分工。

专家支招

阎利珉的故事，应该可以为管理人员敲响警钟：

1.当你的地位被提升时，不要沾沾自喜，先冷静地考虑一下自己是否能够胜任这个岗位。如果完全不能驾驭，还是婉拒更为稳妥。

2.一旦自己已经从事了自己

不能胜任的岗位，又不能急流勇退，则必须引入其他力量帮扶自己，同时提高自己的业务能力，使自己变得能够胜任这项工作。

￥ 华盛顿合作规律：三个和尚为什么没水吃？

现实困惑

2013年1月2日，北京市望京医院，患有股骨头坏死的杨志霞正在接受治疗。"一开始是膝盖疼，接着脚后跟，然后是两个肩膀。发作的话，就跟骨头里长刺一样，连床都不敢沾。" 杨志霞如是说。

与她同时住院的还有杨志霞的几个患有骨坏死、肺纤维化、抑郁症等疾病的"老友"方渤、张文荣等人。而给他们打下相同烙印的，是2003年那场世人关注的公共卫生突发事件——"非典"（SARS）。

在2003年，一场由广东传入北京的"非典"席卷了这个超大型城市，而卫生部门的瞒报和在事故中出现的推诿情况，让"非典"病毒有时间传遍祖国的大江南北。

为什么中央级别的卫生部门的工作效率也会如此低下呢？

要点解析
YAODIANJIEXI

根据著名的华盛顿合作规律，我们

知道，在企业中，很有可能会出现一个人敷衍了事，两个人互相推诿，三个人则永无成事之日的管理情况。

这是因为人与人的合作不是人力的简单相加，相互推动时自然事半功倍，相互抵触时则一事无成。

专家支招

华盛顿合作定律中体现的合作效率低下的情况，如何才能在企业管理中得到避免呢？

1.加强管理人员之间的沟通。

2.明确责任，做好分工。

3.定期考核工作业绩，出现问题及时解决。

￥ 酒与污水定律：为什么说一条臭鱼腥了一锅汤？

现实困惑

2010年前后，消费电子OEM厂商比亚迪电子收购了夏新的手机部门，一批"有经验"的研发工程师有了新的老板。

由于是整体买进，比亚迪公司给这些工程师支付的工资是很高的，达到原公司内部同等工作年限的工程师两倍以上。但实际上夏新的工程师的水平良莠不齐，存在滥竽充数的情况。

对于这些能力不济却拿着过高工资

的外来人，原公司的工程师有了意见。但这种事情又不好明说，只能将怨气埋在心里。因此，一些人因心中的不平而开始对公司失去了信心，继而选择离职。也就是说，作为公司的管理层，在花大价钱雇用了这些不称职的工程师之后，又损失了自身的技术人员，着实是管理中的败笔。

那么，如何才能避免这种情况的发生呢？

要点解析
YAODIANJIEXI

管理学上一个有趣的定律叫"酒与污水定律"。意思是说，酒与污水在一只桶里混合，无论两者的比例各自有多少，最终得到的都是污水。显而易见，污水和酒的比例并不能决定这桶东西的性质，真正起决定作用的是那一勺污水。只要有它，再多的酒都成了污水。

根据酒与污水定律，管理层对员工中的"污水"，即明显不称职的人员应尽快处理，否则不满的情绪会导致企业运营受到不利的影响。

专家支招

那么，根据酒与污水定律，企业应在构建员工团队时注意哪些问题呢？

1. 发现人才、善用人才。在人才大战中占得先机，是精明的企业管理者引领企业走向成功的重要砝码。

2. 对团体中的人才加以指引和筛选，剔除具有破坏力的"污水"。

¥ 帕金森定律：如何避免企业机构的官僚化？

现实困惑

宝钢公司的钢板曾出现过质量问题，导致上海大众汽车公司决定不用他们生产的钢板。由于大众汽车公司是宝钢的重要客户，宝钢因此遭受了巨大的损失。

其实，这个问题如果宝钢能够及时处理，以真诚的态度与大众公司沟通，和大众的合作就可能继续。但是，没人能想到，这样重要的坏消息，直到3个月以后才传到最高决策层。

为此，宝钢当时的董事长非常生气，处理了6个人，其中还有一个处级干部。

宝钢钢板的事件，揭示了企业管理中可能存在的哪种问题？

要点解析
YAODIANJIEXI

宝钢钢板事件反映的就是企业管理的官僚化，即臃肿和低效率。

英国学者帕金森经过研究得出结论：在行政管理中，行政机构会像金字塔一样不断增多，行政人员会不断膨胀。每个人都很忙，但组织效率越来越低下。这条定律又被称为"金字塔上升"现象。

专家支招

为了避免帕金森定律在管理中显形，管理层需要做哪些工作呢？

1.由于帕金森定律适用的范围仅局限在行政管理层面，因此，适度削减行政管理机构，就可以起到很大作用。

2.建立严厉的处罚制度，一旦管理体系中出现官僚化，则以铁腕治理。

¥ 达维多定律：中国博客之父的创业过程是怎样的？

现实困惑

2002年，方兴东被定义为中国互联网的"博客之年"。次年，他又出版了《博客：e时代的盗火者》一书，以"作为个体的博客将如何改变互联网"作为该书主题，第一次全面地向国内人民介绍了博客的概念。因此，方兴东确曾不遗余力地负起了博客"教父"的职责。

方兴东的教父之职是建立在他对博客的运营之上的。他于2002年创立博客中国——blogchina.com，即2005年更名为博客网bokee.com的新闻网站，是名副其实的中国最早的博客新闻网。

一开始，博客网只是方兴东的个人站点，时常报道一些独家新闻、行业黑幕。方兴东也借助这个平台对IT时事表达了一些个人见解。在运营的过程中，他逐渐加入了新闻转载，又吸引一批IT写手加盟。由于其原创性、敏锐力以及深刻的洞察力，博客网在业内获得了很高的影响力。

从建站伊始，一直到2005年，依靠精彩内容和方兴东的号召力，博客网保持了30%以上的增长率。社会资本也被这样一种成长速度所打动。2005年，博客网拿到了1 000万美元的风险投资，主要投资方是风投界赫赫有名的软银亚洲。

正是这一年，方兴东公开宣称，博客网计划于2006年下半年到纳斯达克上市，预计市值10亿美元。

方兴东成功的关键在哪里？

要点解析
YAODIANJIEXI

方兴东成功的关键在于，他推出了之前市场上不存在的一款产品——博客。

英特尔高管达维多认为，任何企业在本产业中必须不断更新自己的产品。一家企业如果要在市场上占据主导地位，就必须第一个开发出新一代产品。

而方兴东的博客正是一款全新的产品。

达维多定律给管理层一个提示，那就是新产品的研发和旧产品的创新是企业获利的关键。那么，如何才能有效地创新呢？

1.时刻留意市场需求，需求本身就是新产品最根本的创意。

2.鼓励员工创新，可以考虑设立创新基金等措施。

3.定期引入新技术资源和技术人员。

¥ 苛希纳定律：如何解决领导层人浮于事的问题？

现实困惑

冯巩和牛群曾经为观众演绎过一段脍炙人口的相声《小偷公司》。

在相声中，牛群扮演的是一名小偷，他隶属于一家小偷公司——"小偷金融股份有限公司"。在这个小偷公司里，一共有一百多人，但不全是小偷。真正坚持在第一线工作的就两个人，而其他的人员全是管理人员。

在这些管理人员中，有一个总经理，四十八个副经理。副经理分管行政、业务、组织、宣传、后勤和计划生育等。除了常设人员之外，还有形形色色的临时机构，如春盗办、女盗办、青盗办、儿盗办等。

最后，小偷公司也发现管理人员过多，影响企业收益，因此进行了精减工作。结果头一回精减剩六十来人，第二回精减剩八十多人，第三回下来剩一百二十人。这些干部之所以精减不掉，是因为他们都是拉着关系走后门来的。他们是上级派来的，来了还得当个干部。

这虽然是一个相声，但是揭示了企业管理中的一个顽疾，那就是管理人员过多。那么，管理人员过多，对企业的运作到底影响如何呢？

要点解析
YAODIANJIEXI

为了回答上面的问题，我们引用一下著名的苛希纳定律。

苛希纳定律告诉人们：在管理中，如果实际管理人员比最佳人数多两倍，工作时间就要多两倍，工作成本就多四倍；如果实际管理人员比最佳人数多三倍，工作时间就要多三倍，工作成本就多六倍。

因此，管理人员过多，对于企业的危害是巨大的。

专家支招

现在，我们都知道管理人员过多可能带来的巨大危害了，那么，如何对企业进行精兵简政呢？

1.建立绩效考核机制。通过考

察各管理人员实际为企业做出的贡献，来决定这些岗位存在的必要性。

2.引入业务外包，依靠外部力量来精简内部机构。

¥ 外汇管理：如何管理自己持有的外汇？

现实困惑

在纽约第五大道，前来购物的消费者络绎不绝。因为这里云集了世界上各种著名的奢侈品。可是人们所不知道的是，一家神秘的中国机构，最近在这里开设了一处办公室。

这家机构便是掌管着中国上万亿美元外汇储备资产的中国外汇管理局。外界普遍猜测，此次外管局在纽约设立的办公室，其主要工作是寻求私募股权、房地产市场等其他另类投资机会。

据知情人士透露，外管局此举是为了进一步促进外汇储备投资多元化，并研究美国房地产及其他投资品类的投资机会。

一向对外界保持低调神秘的外管局，此番入驻第五大道，显然与以往的风格大不相同，其背后的原因是什么呢？

要点解析
YAODIANJIEXI

外汇管理局，是我国负责管理政府

持有的外汇的机构。而外汇管理，涉及外汇的"收"和"支"两个方面。其中防范国际收支风险、促进国际收支平衡是外管局工作的重中之重。

然而近年来，我国外汇的收入持续增加，在长时间里都保持了世界第一的水平，相反这些外汇的利用率却不高。这也是外管局入驻第五大道，寻求利用外汇的最大原因。

专家支招

与政府一样，个人持有的外汇也需要使用起来，才能发挥出最大的价值。那么，个人应怎样发挥外汇的价值呢？

1.直接购买境外资产。

2.投资境外金融产品。

3.借贷给需要外汇的企业和个人。因为政府对外汇的借贷有管制，大宗外贸交易中，企业可能会出现外汇不足的情况。

¥ 扁平化组织：韦尔奇执掌通用公司有何秘籍？

现实困惑

1981年4月，年仅45岁的韦尔奇就任通用电气公司董事长和首席执行官，成为该公司历史上最年轻的领导。

在1981年韦尔奇初掌通用电气时，

该公司的市场价值在全美上市公司中排名第十，销售额为250亿美元，盈利15亿美元。然而经过他十几年的打理，到了1999年，通用电气实现了1 110亿美元的销售收入，位居世界第五，实现盈利107亿美元，排名世界第一！公司的市值位列全球第二。韦尔奇有着如此骄人的业绩，所有的公司管理人员都将其奉若神明也就不足为奇了。

那么，韦尔奇是怎样成功的呢？从掌管通用的第一天开始，他就是官僚体制的挑战者。他最常说的关于企业制度的一句话就是："当你穿着十几件毛衣出门时，你还能感觉到气温吗？官僚体制就是那十几件毛衣！"他始终认为，官僚体制是热情、创造和反应的障碍，所以"任何等级都是坏的等级"。韦尔奇的一腔怒火终于使通用电气的官僚体制在1981年之后走向了末日。

从担任总裁一开始，杰克·韦尔奇就大刀阔斧地改造通用电气的组织结构，迅速砍掉大量的中间管理层，并裁减管理层职位，就连副总也没有幸免于难。最终通用电气从十几个管理层变成五个管理层，通用电气也成了扁平化改造的典范。自此之后，扁平化成为新一代的管理时尚和典范。

管理扁平化能够带来怎样的好处呢？

要点解析
YAODIANJIEXI

扁平化意味着减少管理层次，增加管理幅度，裁减冗员来建立一种紧凑的横向组织，使组织变得灵活、敏捷、更有创造性。它强调系统、管理层次的简化和管理幅度的增加与分权。如今扁平化管理已经成为最受企业追捧的管理方式。

扁平化之所以能在世界范围内大行其道，主要是由其本身的优点来决定的。由于管理层数的减少，信息沟通变得更加快捷，最高管理层可以直接和前线员工打交道，迅速地摸准市场需求，在出现问题时也能快速有效地解决。

专家支招

扁平化管理在短期内带来的效率提升是明显的，但长期下去会出现权力过于集中的问题，容易滋生腐败和个人意志决定企业走向的问题。那么，应该如何处理企业管理层次的问题呢？

1.在不同企业现状的基础上，向扁平化靠拢。

2.为了抵消扁平化带来的腐败风险，应建立完善的监督机制。

3.从根本上解决管理问题的方法就是股份制。股份制可以在最大程度上避免个人对企业影响过大的情况存在。

（三）
营销经济学

¥ 市场细分：淘宝之外，为何又出天猫？

"女人是天生的购物狂"，这句话一点没错。大学生阿兰就是个十足的购物狂，她整天泡在淘宝上。用阿兰自己的话来说，就是"一天不吃饭可以，不能一天没有淘宝"。

阿兰的家境不算富裕，她从不敢涉足淘宝上的高档产品，每次浏览淘宝的时候，都会选择浏览价钱在200元以下的商品。对于那些大品牌旗舰店的东西，阿兰一般都是避而不看的。最近，阿兰注意到淘宝又开了一个叫"天猫"的购物平台，阿兰很好奇，于是就进去溜达了一圈。逛了一圈天猫后，阿兰发现这里面的商品全是品牌商品，是品牌旗舰店直接营销，相比于淘宝杂货铺似的陈设，天猫明显高档了不少。

可是有一点阿兰一直没弄明白，天猫的商品完全可以放在淘宝平台上摆放，为什么要单独开设天猫平台？

要点解析
YAODIANJIEXI

随着经济的发展，消费市场越来越大，每一个企业都做不到满足整个市场的需求。因此企业可以根据消费者需求的不同，将总体市场划分成若干具有共同特征的子市场。处于同一个子市场内的消费者就是企业的目标消费群，这个消费群有共同的消费爱好，方便企业集中服务。

淘宝之外，又出天猫，正是阿里巴巴公司进行市场细分的结果。淘宝大杂货铺的销售方式，导致了商品鱼龙混杂，大量假、次商品混进市场，伤害了许多消费者。而且有部分消费者追求的是时尚、高档的消费体验，追求的是品牌消费，淘宝显然无法满足这部分人的消费需求。阿里巴巴公司开设天猫平台，力求把天猫打造成代表潮流和品牌的品质之城，成功地留住了这部分消费群体。市场细分原则对于阿里巴巴公司的发展，起到了巨大的促进作用。

专家支招

市场细分是牢牢抓住消费者的可行方法，那么在使用市场细分方法时，应注意哪些问题呢？

1.市场细分的客观基础是消费者需求的异质性，一旦全社会的消费者对商品的需求都是同质的，那么市场细分也就无从谈起了。

2.现阶段的市场细分的实质是在异质市场中求同质。市场细分可以把整个市场内的需求相同的消费者聚合到一起，方便企业集中服务。

3.最高级别的市场细分是把握消费者所有的个性化需求并推出有针对性的产品，但这种方式成本过高，现阶段得到的推广还很少。

¥ 消费心理：靠近收银台的货架为什么总是卖不出货？

一名私家侦探受雇用调查某超级市场靠近收银台的货架总是卖不出货的原因。事情是这样的，超市经理发现，靠近收银台的货架上，无论摆放何种品类的商品，销量都很低。为了解决这个问题，他请来私家商业侦探帮助侦查。

冷静的私家侦探老沃克在这些货架旁蹲守了几天，发现了一个规律：在超市一天中顾客最多的时间里，在这些靠近收银台的货架旁边，站满了排队交款的顾客。经常有一些希望选购这些货架上商品的顾客被交款的队伍挡在货架外面，需要挤进队伍内侧才能买到商品。面对拥挤的队伍，更多的消费者选择掉头离去。

老沃克把观察所得告诉给超市经理，经理调整了收银台所在的位置，使交款的队伍不再挡住货架，这些货架上的商品的销量很快升到了与其他货架相同的等级。

那么，这些货架的销售变化反映了怎样一个道理？

要点解析
YAODIANJIEXI

超市模式之所以能够成功，很大程度上要归功于它"一站式购物"的经营理念。消费者很多时候是懒得去一家家商店购买商品的，只要感觉这里的商品大致可以，就会在这里选购。

但是，由于靠近收银台的货架被交款队伍挡住，挤进挤出要消耗大量的精力且购物体验也不好，因此人们宁愿以后再来购买或者换其他店铺购买，这就是消费者的懒惰心理。

超市利用了消费者的懒惰心理增加销量，也因没意识到顾客懒惰心理而使销量下降，可见消费心理对销量的影响是很大的。

专家支招

消费心理对消费者行为的影响是巨大的，那么作为商家如何利用消费心理来提高销售呢？

1.仔细观察消费者的行为特征，推敲消费者的真实心理。

2.经常进行市场调查，通过问卷等形式直接了解消费者心理。

3.对观察和调查所得进行专业的数据分析。这点国外比国内做得要好，很专业。

4.根据观察和调查统计所得的心理倾向，来指导经营，因势利导，从而取得销售上的成功。

💴 物流：售价高出同类品牌数倍的布鲁克林啤酒因何畅销？

现实困惑

布鲁克林酿酒厂已经经营了十几年，它主要在美国分销布鲁克林拉格和布朗淡色啤酒。该公司的特别之处在于，虽然在美国还没有成为国家名牌，但在日本市场却已创下了每年200亿美元销售额的佳绩。

而该公司之所以能够占领日本市场，关键因素是，他们的啤酒有着独一无二的新鲜度。为了保证新鲜，布鲁克林酿酒厂将啤酒航运到日本，并通过广告宣传其新鲜的特点。

海外装运啤酒的平均订货周期为40天。布鲁克林啤酒之所以能达到新鲜要求，是因为他们的物流作业可以使啤酒在酿造后的1周内将啤酒从酿酒厂直接运达顾客手中。新鲜的啤酒能够超过一般

价值定价，高于海运装运的啤酒价格的5倍。因此，尽管该公司的啤酒本身没有特别明显的不同，在美国它也是一种平均价位的啤酒，但在成本方面，它是一种溢价产品，获得了极高的利润。

日本金刚砂公司向布鲁克林酿酒厂提供了增值服务，因而被选为布鲁克林酿酒厂唯一的航空承运人。金刚砂公司在肯尼迪国际机场的终点站交付啤酒，并在飞往东京的航班上安排运输，金刚砂公司通过其日本报送行办理清关手续。该服务有助于保证产品完全符合新鲜要求。

布鲁克林啤酒之所以能够在比同类啤酒价格高出数倍的情况下取得成功，其关键在哪里？

要点解析
YAODIANJIEXI

布鲁克林啤酒在日本取得成功的关键就在于鲜明的经营特色，即新鲜度。而啤酒新鲜度的保证就是物流。

物流(logistics)是指利用现代信息技术和设备，将物品从供应地向接收地准确的、及时的、安全的、保质保量的、门到门的合理化服务模式和先进的服务流程。

物流使布鲁克林啤酒诞生了这种经营特色，因成本高使得目前还没有其他酿酒厂通过航运将啤酒出口到日本。

专家支招

物流是现代商家制胜的关键。不过，在优化物流体验的时候，商家也需要综合考虑其他因素。下面列出一些提升物流体验时需要注意的问题：

1.如何处理提升物流体验造成的成本升高问题。通过装运小桶装啤酒而不是瓶装啤酒来降低运输成本。虽然小桶重量与瓶装啤酒相等，但减少了玻璃破碎而使啤酒损毁的现象。此外，小桶啤酒对保护性包装的要求也比较低，这将进一步降低装运成本。

2.如何充分利用物流优势。一旦物流体验提升起来，商家必须要抓住这个特色进行充分的宣传，用销量的增加来抵销成本的升高，否则单纯提升物流体验无法长久。

饥饿营销：黄牛为何围在苹果的周围？

2011年5月，苹果第二代平板电脑iPad 2开始在北京、上海发售。但苹果产品的缺货却造成了近千人排队购买的情况。

从5日晚间，那些宣称"加价200到500元就可以免去你3个小时的排队时间"的黄牛开始出现。"从这些直营店里出货的iPad 2，预计国内有3/4都在黄牛手中。"一位长期关注苹果的人士表示。

当时，越来越多的人开始以自己拥有一部iPhone 4或iPad为荣。年轻人马克拿到了一台白色的iPhone 4，并得到了人们的赞叹和美慕。"哇，你能弄到一部白色iPhone 4。"不过，像马克这样自己排队购买的人并不总能如愿，很多时候他们需要求助于"黄牛"。

黄牛的存在给一些人提供了方便，但也带来了问题。7日上午，一起黄牛与苹果店的冲突使得长期以来双方的冲突升级。当天，三里屯苹果店门前发生打架事件，一名外国男子从店内冲出，和一个正在排队的男子扭打在一起，期间另有两人被殃及。事发后，三名伤者被送往医院。该事件造成苹果店一扇玻璃门破碎，店内因此暂停营业。

苹果公司为什么明知这种情况会降低用户体验，却仍然允许黄牛的存在呢？

要点解析
YAODIANJIEXI

苹果公司之所以允许黄牛的存在，是因为这些黄牛也可以算得上是他们销售网络中的一个环节，是他们营销模式的一个组成部分。而苹果公司的营销模式就是"饥饿营销"。

在市场营销学中，所谓"饥饿营销"，是指商品提供者有意调低产量，以期达到调控供求关系、制造供不应求"假象"，维持商品较高售价和利润率，以达到维护品牌形象、提高产品附加值的目的。

苹果公司的产品越是难买，消费者就越想买。让消费者适度地等待，能够把这种期待感扩散到更广的人群中，这就是苹果公司的营销之道。

专家支招

饥饿营销的模式可以提升销量，但需要慎重把握。既不能过滥，也不应不足。

1.饥饿营销是把双刃剑，苹果公司的"可控泄漏"战略为其赢得了全球市场，但让消费者过分地"饥饿"，会让用户失去耐心。消费者饿得太久了，就只能选择其他产品。

2.饥饿营销必须有足够的宣传攻势做保障。如果单纯地降低销量，而不进行相应的营销策略活动，那么消费者是不会为商品的产量不足而等待的。

¥ 售后服务：惠普的服务金牌上何时爬满了蟑螂？

现实困惑

售后服务曾经是惠普电脑公司在华最大的营销亮点，而惠普也被称之为"惠普金牌"。但是2007年以来，惠普的这面售后金牌上，逐渐爬满了玷污其名誉的蟑螂。

自2007年以来，我国消费者购买的惠普笔记本电脑大面积出现质量问题。众多消费者投诉称，在使用过程中，惠普笔记本的显卡温度过高，导致死机、黑屏、烧主板等现象屡屡发生，被惠普用户称为"显卡门"、"闪屏门"事件。

面对发现的质量问题，惠普的应对不仅迟缓，而且"傲慢"。他们甚至把罪责推卸给蟑螂。"我们谁都解决不了的，是中国学生宿舍的蟑螂，那是非常恐怖的。"惠普客户体验管理专员袁明在央视的暗访中说。

在百度用"惠普、维权"做关键词，可以检索出来38万多篇相关网页。3月15日，中央电视台"三一五"晚会再度将惠普电脑质量问题重点曝光，使"惠普质量门"事件骤然升温，并且激起新一轮的消费者投诉热潮。由此可见，惠普电脑的售后确实出现了很大的问题。

那么，惠普电脑的售后金牌上何以逐渐爬满了用于遮羞的蟑螂呢？

要点解析
YAODIANJIEXI

曾经，惠普公司的金牌服务的体验是非常好的。用户一个电话过去，惠普人员就会开车运来新配件，用户只需简单签字，就可以直接以旧换新。但后来出现的推诿售后服务的情况也确实存在，可见，惠普公司的售后服务变差了。

售后服务，就是在商品出售以后所提供的各种服务活动。从推销工作来看，售后服务本身也是一种促销手段。一旦一种商品的售后服务变差了，那么它的销售情况也不会好。

专家支招

售后服务是商品营销中很重要的一环。那么，怎样的售后制度才是好的呢？

1.售后服务一定要迅速。很多消费者对返厂后一个月返还这种国内厂商常用的售后政策十分反感。

2.售后质量一定要好。如果自己的商品经过返修之后仍旧出现问题，那么任何人都会对该产品失去信心，进而影响到对该厂家的评价。

3.售后的成本要控制好，惠普之前的金牌服务成本过高，也是造成后面售后变差的客观推手之一。

¥ 企划：古井酒为什么选择自降身价？

现实困惑

1988年，国家放开了名烟名酒的价格，名烟名酒身价随之倍增，但抢购风潮持续不下。

在抢购风之下，大多数厂家都在研究如何一方面提高产量，另一方面同时提高价格，获取利润，安徽古井酒厂当时的厂长王效金却反其道而行。他召集本厂科研人员、销售人员秘密研究古井酒的"降价"问题。

1988年7月底，王效金在全国白酒黄山订货会上宣布，古井贡酒实行降价保值销售，其中55度古井贡酒降价率为69%。客户觉得捡了大便宜，直接在会上签订了5 100吨的销售合同。

由于客户被抢，国内八大名酒厂联名上书国家主管部门，状告古井酒厂"倾销"行为，并要求国家工商部门予以制裁。同年11月，中国白酒厂家聚会太原。经过主管部门最后的审议，认为古井贡酒实行的"降度降价"在法律上不属于不正当的倾销行为。

至此，白酒厂家持续数月的抬价销售走到了终点，酒厂纷纷效仿古井酒降价销售，以提升市场份额。但是，古井酒厂赢得了几个月的宝贵时间，抢先一步占领了大片市场，打了一个漂亮的

"价格时间战"。

由于在这场战役中获胜，在利税排名中，古井酒厂由中国500家最大工业企业排名倒数第三，一举挤进中国500家最大工业企业行业，在白酒行业中排名跃居第三位。

在其他企业都在推行涨价政策的时候，古井酒厂为什么要进行"降度降价"呢？

要点解析
YAODIANJIEXI

因为古井酒厂预测到了酒业终将会走向理性，盲目地抢购必将结束，而第一个提出降价，必然赢得消费者的认可，从而赢得广大的市场。

专家支招

价格企划的运作过程与变数相当复杂，如何在消费者可接受的价格范围里，定出对企业最有利、最能吻合企业目标与政策的价格，是一门需要精心编制的艺术。在进行价格企划时，可以根据以下几点来指导企划活动：

1.价格企划的出奇制胜性。价格企划应该出奇新颖，这样在实施时才能先发制人，达到有效目的。古井酒厂的降价方案虽然早在半年前就已开始策划，但是整个策划活动是秘密进行的。

2.价格企划的目的性。在经济学的价格理论中，强调定价的总目的是为了盈利。

3.价格企划的适时变动性。古井酒厂价格企划方案早在半年前就开始制作了。但是，企划方案执行是在全国白酒销售大面积滑坡下才抛出来。

4.价格企划的区间适应性。企业定价有上限和下限的限制，企业的价格变动应该在这个上下限规定的区间里变动，突破这个区间有可能带来意想不到的副作用。

¥ 电子商务：风投资本为什么力挺大笔赔钱的京东商城？

现实困惑

京东商城素来以能"烧钱"著称。2012年7月18日，京东商城董事局主席刘强东宣称，京东将在"今年第三、四季度会掀起中国电商史上规模最大、最惨烈、最全面的价格战"。

然而，从6月起，价格战便已经进行得如火如荼。包括京东商城、国美商城、苏宁易购、天猫等在内的各大电商企业累计投入了数十亿元的货源在此轮价格战争上。

2007年至今，京东商城的四轮融

资从今日资本、老虎基金、红杉资本等数家风投机构获得了足够的资金支持。而这类需要"烧钱"价格战之所以能够时有出现，确实少不了VC/PE资本的支持。据清科数据显示，在2011年上半年的C轮融资中，京东甚至募得了15亿美元的巨额投资，为其后续的扩张攒足了"弹药"。

我们知道，风险投资人的眼光通常很独到。电子商务到底有什么吸引人之处，让如此之多的风投资本这般青睐呢？

要点解析
YAODIANJIEXI

电子商务领域能够吸引到如此之多的风险投资，倒不是因为它能够马上带给投资人多大的利益，而是因为，投资人都愿意赌，用自己的投资培植起一个大型的电子商务平台。

因为电商平台的号召力是巨大的，而且具备明显的滚雪球效应。由于消费者的购买力是有限的，当他们在这个电商平台上购物之后，就无法在其他平台上购物。一旦某个电商形成了号召力，这家电商就会逐渐吞噬其他商家的市场份额，最终形成寡头，甚至垄断。

专家支招

电商产业能够吸引大量的国际资本，但是这不代表电商企业都可以过得很好。对于电商企

业而言，有以下几点需要特别注意：

1.在发展的过程中，可以大笔赔钱，但是需要看到市场份额的扩张成果。有市场份额的扩张，投资人才会继续投钱。

2.在发展到一定阶段时，应考虑休养生息。如2013年的京东商城，大型价格战已经看不到它的身影。

3.谨慎操作价格战，不能违反政策法规。2012年，就曾有电商企业因打价格战而被政府部门约谈的先例。

￥ 连锁经营：永和豆浆是如何从台湾走向世界的？

现实困惑

20世纪50年代初期，一群远离祖籍大陆的退役老兵搭起经营快餐早点的小棚，磨豆浆、烤烧饼、炸油条，渐渐形成了一片供应早点的摊铺。这就是永和豆浆的雏形。

年轻的林炳生是从小喝着永和老兵的豆浆、吃着永和老兵的烧饼油条长大的，他决定以"永和"为品牌来经营他的豆浆事业。于是，1982年，他先是在台湾地区取得"永和"豆浆类商品的注册商标，同年又创办了食品厂，成立弘

奇公司，开始机械化批量生产各种包装和浓度的"永和"豆浆。

由于林炳生的不断努力，在随后的几年里，永和豆浆陆续打入日本、美国、加拿大、泰国等二十余个国家和地区。由于它口感醇厚、营养丰富、源于自然，在各地广受欢迎，也为林老板带来了丰厚的利润收益。

后来，永和豆浆又引入了连锁经营体系。截至目前，弘奇公司的"永和"豆浆连锁店在大陆地区已突破一百家，产品行销北美、南美、亚洲等二十几个国家。

永和豆浆引入连锁经营模式的目的何在？这对它的经营有哪些好处呢？

要点解析
YAODIANJIEXI

为了弄清楚永和豆浆引入连锁经营的目的所在，我们先来看一下什么是连锁经营。

连锁经营是一种商业组织形式和经营制度，是指经营同类商品或服务的若干个企业，以一定的形式组成一个联合体，在整体规划下进行专业化分工，并在分工基础上实施集中化管理，把独立的经营活动组合成整体的规模经营，从而实现规模效益。

永和豆浆之所以引入连锁经营，正是为了实现规模效应，从而在零售市场上取得竞争优势，最终占领市场。

专家支招

连锁经营对提高企业竞争力有很大帮助，但仍然建议有些企业不使用连锁经营方式。对于其他企业而言，连锁经营方式也往往需要进行适度的调整。比如：

1.生产类企业。这类企业通常需要运行进产销存系统。这些系统适合聚集在一起，单独设立连锁分厂会造成大量的浪费。

2.连锁分布需要根据企业辐射能力而定。当单一连锁单位的辐射能力足够强时，需要适度稀释连锁经营的分布密集度。比如，肯德基的连锁店可以在一条商业街上出现两家以上，但大型超商的两家连锁店却不可能开在同一条步行街上。

¥ 病毒式营销：时尚公司为何恶搞空军一号？

现实困惑

2006年4月，纽约一家时尚公司吸引了众多人的眼球。因为它重金租下一架波音客机，恶搞了布什专机一把。

首先，他们把飞机喷涂成"空军一号"的样子，然后录制了一段短剧。在短剧中，"艺术家"潜入美国空军基地，在布什专机的整流罩上喷上"Still free（要自由）"的大字标语。由于效果极其逼真，美国民众信以为真，以至于白宫和美国空军都展开了紧急调查，但随后证明了并非事实。

这段视频立即被人广为传播，相关的BBS和链接地址都创下超高点击量。在被证明不实之前，美联社、法新社、路透社等权威媒体争相报道，连CNN都特别向白宫求证。以至于最终真相大白之后，这家时尚公司的名字已经尽人皆知了。有赖于这次别样的宣传活动，该时尚公司的服装品牌很快成为国际知名服装品牌。

该公司能够声名鹊起，其中的诀窍是什么？

要点解析
YAODIANJIEXI

该时尚公司使用了"病毒营销"的策略，让自己的知名度在短时间内得到了快速的提高。

所谓"病毒式网络营销"，是通过用户的口碑在网络宣传，信息像病毒一样传播和扩散，它被以快速复制的方式传向数以千计、数以百万计的受众。所以，病毒式营销应算作口碑营销的一种，只是这里的口碑往往是负面的口碑，而非正面的赞美。

但为了能够抢到在公众面前出镜的机会，即便是负面的口碑，很多公司也不惜利用。因为一旦成为公众企业，只要简单的辟谣即可挽回声誉。但如果没

有出镜的机会，就连辟谣的机会都没了。

专家支招

病毒式营销的特点是：成本低，见效快。但在操作时仍需要注意一些问题：

1.如果有正面的"病毒"，尽量不要使用负面的"病毒"来帮助营销，因为"病毒"本身对营销的效果有负面作用。

2.在病毒式营销达到预期目的之后，要果断辟谣，要自己挑出自己的问题，而不是等待其他企业或个人指出。占据道德的制高点，避免被动。

¥ 城市化：城市化是现代的造富机器吗？

现实困惑

孙小姐是北京市通州区九棵树附近的普通村民。自从拆迁以后，孙小姐一家感觉一下子过上了"幸福生活"。"这里以前是个村，现在只剩不到30户。"

"我们村大概平均每户能补到200万元吧，有三四家补到了600多万元，当然也有补偿少的。"孙小姐坐在新买的轿车里，神采飞扬地向别人介绍着。顺着

孙小姐手指的方向,可以看到眼前一片瓦砾,只有少数几间平房矗立在瓦砾堆里。"我们村大概有100多户,今年4月份大部分都搬走了,剩下不走的各有各的理由。"

孙小姐掰着手指头算道,"我们家补的算普通的,能回购一套140多平方米的房。买这辆车用了十几万,还剩90多万。反正够花了。"和那些买好车四处招摇的村民相比,孙小姐的做法比较低调,买辆轿车挂靠在出租公司。

不断攀升的房价和轰轰烈烈的城市化进程的推进,在北京周边的村落制造了一个又一个造富神话。2009年,北京大望京村拆迁。随后因应城市的发展需求,北京市朝阳区金盏、孙河、崔各庄、豆各庄、东坝、三间房、将台乡也展开了拆迁工作。

城市化除了能够带给郊区群众实惠以外,对其他人有什么好处吗?

要点解析
YAODIANJIEXI

城市化是由农业为主的传统乡村社会向以工业和服务业为主的现代城市社会逐渐转变的历史进程。在这个进程中,农村人口逐渐转变为城镇人口,经济结构从以农业为主逐渐转变为以工业和服务业为主。

因为工业的生产率明显高于农业生产,因此一国的城市化水平越高,其高生产率地区的密度就越高,整体生产能

力也就越高。有赖于生产力的提高,全民的生活水平也会变得更好。

就业方面,机械化生产使农业生产需要的人口越来越少,富余的劳动力可以投入到第二和第三产业中去,使稀缺的劳动力资源得到更大限度的利用。

专家支招

城市化在起到正面作用的同时,也存在一些问题,且可能带来一些负面效果。政府应注意改善:

1.小城市缺乏足够的产业聚集效应,对投资的吸引力有限,而且资源利用效率低。

2.作为城市化基础的工业生产更容易对环境产生损害。

3.城市化带来的人口劳动力迁移也是需要慎重处理的问题。

¥ 长尾理论:长尾让世界进入全民广告时代了吗?

现实困惑

曾经,广告对大部分人和小团体而言是一种奢侈的消费。但谷歌改变了这种状况。

当谷歌的adsense广告成功降低了发布广告的门槛,那些让广告商不屑一顾,或者对广告商不屑一顾的人们变得

愿意发布广告了。这时的广告已经变得廉价，操作起来也十分简便。另一方面，广告商也不再局限于传统形式。各种门类的网站、应用程序都以各自的形式宣传着那些支付给他们广告费的企业。而前者在自己的内容中加入广告，只是举手之劳。

谷歌目前一半的广告营收来自于这些小网站。那些为谷歌的广告营收做出巨大贡献的，出现在谷歌搜索界面上的推送广告也因此远不能控制谷歌这个最大的广告商。以谷歌为中心，已经形成了全球最大的长尾广告市场。其长尾有多长，外界无人知晓。

长尾市场是什么？为什么它能够对企业产生如此之大的贡献？

要点解析
YAODIANJIEXI

长尾理论是《连线》杂志主编里斯蒂·安德森于2004年提出的。其核心是：只要渠道足够大，那么非主流的、需求量小的商品的销量也可以和主流的、需求量大的商品在销量上匹敌。而网络时代给企业提供了这样一个平台。它能将不同种类的商品集合成一个大市场，并提供给80%的客户群，以获取和之前企业所关注的20%的客户群所产生的差不多的利润。

也就是说，作为长尾的小市场越多，其产生的利润就越大，甚至可能超过主体市场。

专家支招

长尾市场对企业的贡献很大，但长尾市场是存在局限性的，这点企业在组织营销策略时应予以充分考虑。

1. 长尾理论的产生与发展是建立在网络时代的基础之上的，后者为前者提供了之前所不具备的现实条件。

2. 长尾理论无法也没有否认现实生活中的二八定律，甚至可以说，长尾理论只是二八定律在互联网时代的变体——无论是亚马逊还是淘宝网，都存在对利润贡献较大的20%客户和贡献相对较小的80%的客户群体。

￥ 二八定律：为什么20%的销售人员完成80%的销售额？

现实困惑

一天，一位年近花甲的教授在上他职业中的最后一节课。在课程即将结束时，他拿出了一个大玻璃瓶和两个布袋。布袋中的一个装着莲子，另外一个装着核桃。

老教授先是把核桃倒进玻璃瓶里，直到一个也塞不进去为止。这时候他问，瓶子装满了没有？

有的学生说，装满了；有的学生说

还可以装其他的东西。最后有人总结，如果继续装核桃，它已经满了。

于是，教授又拿出莲子，用莲子填充了装核桃后剩下的空间，然后说道：我先在瓶子里装满了核桃，这样的话，后面还是可以装进莲子；但是，如果瓶子里最先被用来填充空间的是莲子，那么装满莲子之后，还可以继续装核桃吗？

答案当然是否定的。那么，教授做这样一个演示的目的何在呢？

要点解析
YAODIANJIEXI

教授希望告诉学生的是，我们人生中的那些关键的事情，虽然数目不多，但是非常重要。而相对的，莲子则是那些琐事。如果只是专注于那些不重要的琐事，就很可能没有足够的精力去应付那些更重要的事情了。

教授所说的关于核桃和莲子的寓言，在经济学中被称为"二八定律"。其表现为：在销售中，20%的销售人员完成总销售额的80%；在顾客中，20%的大客户享有企业带来80%的收益；市场上，20%的品牌占据了80%的市场份额；在股市中，20%的人盈利，80%的人是亏欠的；在财富的分配上，20%的人是最富有的人，掌握了80%的财富等。

专家支招

在我们的生活中，二八定律无时无刻不发挥着作用。因二八

定律的存在，我们对人们在生活中的行为方式做如下建议：

1.我们在做事的时候要有明确的目标、清晰的发展方向和可行的决策等。先做对的事情，再把事情做对。

2.我们必须用20%的黄金时间去做最重要的事情，用剩下的闲杂时间去做那些琐事。真正地利用好资源，轻松达成目标。比如，对于知识学习而言，上午就是黄金时间。

￥ 蓝海战略：脑白金为什么能够大获成功？

现实困惑

如果要评选中国改革中最混乱的行业，保健品业一定位列前三名。1990年开始，无数的保健品品牌在人们面前出现，然后又迅速消失，如飞龙、三株、红桃K、太阳神、中华鳖精。品牌更替成为常态，过度频繁的兴盛和衰落，使整个保健品市场成为一片血腥的红海。

巨人又是如何进入该市场的呢？在以前的保健品广告中，厂商总是强调保健品的功效，把自己当成"药品"，史玉柱却能看破这种商业模式的弊端，从而开发出自己的蓝海。

他瞄准的是中国巨大的礼品市场，

把自己的产品定位为礼品，一种带给人健康的礼品，而不是像竞争对手那样，一味强调药效。定位为礼品给史玉柱的脑白金带来很多好处：

首先，摆脱了传统上"药品"的认识，就不会受到工商和药监部门的严审和控制。

其次，作为礼品，销售渠道推广，不仅仅局限在药店诊所，而且可以像寻常商品那样在各大超市、商场售卖了。这就增加了产品和消费者接触的渠道。

最后，定位为礼品，使定价空间更加广阔。作为奢侈品的"礼品"，价格可以是同行的几倍甚至十几倍。

史玉柱脑白金成功的关键是什么？

要点解析
YAODIANJIEXI

脑白金的成功，关键在于史玉柱在保健品市场中开辟出了一片蓝海。

所谓的蓝海，指的是未知的市场空间。企业要赢得明天，不能靠与对手竞争，而是要开创蓝海，即蕴含庞大需求的市场空间，以走上增长之路。

史玉柱的蓝海战略使他取得了竞争对手们永远无法达到的成就，脑白金从上市伊始就一直稳坐中国保健品的销售冠军，旗下的黄金搭档则是销售亚军。

专家支招

蓝海的成长性是有目共睹的，然而，蓝海作为没有人探索

① 义乌县现为义乌市。

的领域，也是存在风险的。那么，如何把握机遇与风险的关系呢？

1.在进入蓝海之前，要充分评估风险的构成，运用科学的工具进行统计和分析，并得出结论。

2.必要的情况下，可以引入第三方监督机制，让专业机构客观地为企业进行风险评估。

3.借助对冲工具，如期货市场来对冲风险。

集群效应：小商品如何形成大世界？

现实困惑

"义乌自古是穷地，人多地少缺粮米。为了解决温饱大问题，鸡毛换糖做生意。改革开放春风起，义乌人赶上了好时期。经商做生意，拨浪鼓摇出了新天地。"这是描写义乌的文字。

义乌地处浙江中部。这是一个丘陵地带，人多地少。如果坐火车去义乌，你会发现沿途到处是小山。不过，尽管曾经这里平均两人才能分到一亩地，穷得揭不开锅，甚至连喝水都有困难，但今天，义乌已经是远近闻名的小商品城。这一切都是因为义乌政府做出的开发小商品市场的决策。

1982年，义乌县①开启了小商品市

场的建设历程。当地致力发展特色产业群，大力发展针织、饰品、工艺品……如果是一家两家企业搞，那成不了气候的。于是政府说，都去搞吧，你们都去造这些小玩意，然后去卖。于是，整个县65万人只剩下2万人在从事农业生产。

后来，义乌市建了很多商厦，一种商厦里卖一种类型的产品，光服装一类产品就占据了好几个商厦。据估计有8 000名外国商人常驻义乌市，每年有几十万人来此大批购物。

义乌这样一个穷县城，是怎么发展起来的呢？

要点解析
YAODIANJIEXI

义乌的崛起正是集群效应发挥了威力。如果是一家生产，虽然在本区域内没有竞争对手，但是并不一定能卖得好，因为在稍微远一点的地方就没有知名度了。但是如果整个地区都在搞就不一样了，很快全国各地的商人都知道了义乌卖的小商品很便宜，而且品种齐全，于是慕名的批发商就推升了这里的经济。

集群效应原本指同一种生物生活在一起所产生的有利作用。在经济上则是指提供相同类别的产品和服务的企业聚集在一起更能提高知名度，吸引更多的客户。像大家经常听到的美食一条街、钢铁城等都是集群效应的具体体现。

专家支招

集群效应可以提升区域内产业的知名度，有利于吸引外部商机的到来。但是进行集群化也需要谨慎行事：

1.首先，需要考察当地的交通条件，是否适宜进行集群化。如果当地交通不便，进行大规模的集群化就会不便。

2.考虑当地进行哪些产业的集群化更容易获得优势竞争力。如果参与集群化的产业缺乏竞争力，则集群化也不能从根本上扭转该局面。

3.集群化是一个长期的战略，不能改改停停，否则容易失去凝聚力和持久力。

¥ 规模经济：现实中想要以弱胜强为什么那么难？

现实困惑

1994年，某地区有个小型家电企业生产了3 000台空调。由于市场需求强劲，很快就卖光了。可惜的是，因为生产规模比较小，成本比较高，所以它没有赚钱。

春兰是国内大型空调制造商，每年生产的空调都是几十万台、几百万台的规模。扩大产能，划分到每台空调的成本就低了，这样具有更强的竞争优势。由于激烈的竞争，1995年，空调出现降价风潮，春兰这些大厂商由于产能高，单位空调产品分摊的成本低，从而实现了盈利。而那家小型厂商却是亏本经营。这些小家电厂如果制定高价格，由于知名度没别人高，消费者根本不会去买它的产品。如果定的价格比其他厂商低的话，由于本身单位成本较高又会亏本，实在是很难办。

为什么具有规模优势的企业，对市场价格的变动更具耐受力？

要点解析
YAODIANJIEXI

规模经济指随着生产能力的扩大，单位成本呈现下降的趋势，也就是规模越大，单位产品的成本越低。比如在制造业的领域、厂房、机器、照明等很多成本都是固定的，只要多加些原料，就能多生产出产品，从而使产品的成本降低。

正因为具有规模优势的企业的生产成本更低，因此他们的利润空间更大，于是当市场价格出现下降时，他们仍然能够盈利，这就决定了他们对市场价格的高耐受性。

专家支招

不同企业在不同产品上的规模效应不同，那么我们对相应企业的建议是什么呢？

1.在进入一个行业之前，一定要弄清楚这个行业的特征。在自己企业实力和规模比较小的时候，不要贸然进入一个规模经济很显著的行业。

2.随着经济的不断发展，单纯追求规模经济的时代已经结束了。很多时候，企业之间的竞争不仅仅看规模，还要看策略调整、科技创新、市场整合等。

3.目前很多产品的市场都已经分得很细，每一个细分市场的需求又不会很大，规模经济没有以前那么有影响了。小企业如果专注于某一细分市场，仍然可以使自己具有较大的竞争优势。

市场定位：红旗轿车为何一年只卖出两辆？

现实困惑

国信证券估算，2013年一汽集团只售出了两辆红旗车，远低于2006年的6 085辆销售额，而2012年红旗车也仅售出了127辆。

为了和奥迪、凯迪拉克和宝马在奢侈车市场进行竞争，红旗推出了高端汽车型号H7。红旗H7的起售价约为4.9万美元，2013年4月在上海车展首次亮相，目标直指目前驾驶奥迪A6和奔驰C级轿车的政府官员和富商。

在这款轿车于2013年5月30日北京的亮相仪式上，一汽公司的高管说这款车专为领悟了"中国智慧"的成功商业人士打造，并强调了H7的安全性和质量。

有业内人士指出，红旗轿车也许会获得高端汽车市场一些份额，但很多人对红旗轿车这次进攻豪华车市场的路线并不看好，一些消费者觉得这款车看起来太普通了。虽然政府会把这款车作为政府和国企公车的指定用车，但红旗轿车在短期内拥有大量用户的可能性极小。

业界对红旗轿车的评价为何不高？

要点解析
YAODIANJIEXI

红旗轿车存在的问题在于市场定位不准。如果向高端商业人群来销售这款车，它的营销显得不足；如果按照普通车型来销售，该车的成本又决定了它的售价降不下来。

市场定位是企业及产品确定在目标市场上所处的位置。具体是指企业根据竞争者现有产品在市场上所处的位置，针对顾客对该类产品某些特征或属性的重视程度，为本企业产品塑造与众不同的、给人印象鲜明的形象。

在红旗轿车的案例中，由于大家看不清楚这个车到底是给谁生产的，所以市场处于观望态度。这种观望状态对红旗轿车目前的市场份额是一种很大的伤害。

专家支招

为了给自己的产品进行市场定位，企业都需要做哪些工作呢？

1. 识别潜在竞争优势，并将这种形象生动地传递给顾客。

2. 核心竞争优势定位。

3. 制定战略。使该产品在市场上确定适当的位置。

￥ 政府介入：广药王老吉为什么被指"拼爹"？

现实困惑

2013年，加多宝在其官方微博发表致公众的一封信，指责广药王老吉买版抹黑广告，并在街头散发百万诬蔑加多宝的传单，严重破坏了凉茶产业的健康发展。

2013年5月31日，广药集团在全国各大报纸上刊登了一幅广告，广告的配图是广州市人民政府新闻办公室新闻发布会的现场照片。加多宝指责广药利用政府资源为自己撑腰，有"拼爹"之嫌。这是因为其照片配有三行醒目标题，内容涉及加多宝董事长陈鸿道行贿、潜逃等刑事罪名。

这段广告反映的是，之前广药在广州市新闻中心召开的新闻发布会。在这次发布会上，广州市检察院、国资委、公证处纷纷表态。广告再现的就是这些"表态"。

市公证处：广药拥有王老吉独家秘方；广州市检察院：继续追捕加多宝老板；市国资委：广药是唯一合法传承实体。

加多宝的质疑是，广药让这些权力机构的名字处于广告显要位置，有明显公权介入的嫌疑。

如何看待政府介入市场纷争？

要点解析
YAODIANJIEXI

政府机构由于有着对市场强大的影响能力，因此备受经济界的瞩目。正因为这个原因，政府更应该懂得避嫌。如果被扣上扶植国企、打击民企的帽子，对政府的名声会有很大的负面影响。

政府介入市场纷争最大的危害在于，受到政府保护的企业会对此习以为常，久而久之就失去了竞争意识，经营效率也因此下降，最终造成社会资源的浪费。

专家支招

> 政府受命于民，对社会进行管理，因此，有时会不得不介入市场纷争。那么，在有政府介入时，企业应注意哪些问题呢？
>
> 1.服从政府的指导。
>
> 2.对有异议的问题，先执行政府的决策，之后再通过申诉渠道提出意见。

¥ 渠道：诺基亚高管空降华为为哪般？

现实困惑

2013年7月，前诺基亚高管赵科林空降华为终端，并担负重任。赵科林堪称真正的"中国通"，这位在华工作多年会讲中文的外国人，深谙中国手机生存法则和处世之道，渠道资源深厚。

华为之前的利润之所以能够稳定增长，主要来源于通信设备。目前运营商渠道的出货大约占华为终端总量的80%，剩下的是社会渠道。

运营商渠道的优势在于稳定的出货量和高额的补贴，但目前国内三大运营商的补贴力度呈逐年下降趋势，这对华为而言显然是个危险信号。

华为内部人士曾向有些媒体透露，"尽管华为终端近几年都在盈利，但利润率却每年都在下降，这主要是因为运营商渠道的利润率在降低。所以，为了摆脱'白牌陷阱'、提高利润率，华为从2012年开始高调步入运营商以外的公开渠道。"

诺基亚高管空降华为，能够加强华为哪些方面的能力呢？

要点解析
YAODIANJIEXI

赵科林对于华为最大的价值就在于他运作渠道的实力。当年正是这位高管提升了低迷中的诺基亚手机的销量。

美国营销协会（AMA）对渠道的定义是：是公司内部的组织单位和公司外部的代理商、批发商与零售商的结构。

一般而言，渠道就是指分销商的体系。华为公司之前的渠道主要局限在运营商，引入赵科林的最大目的就在于借助他对渠道的掌控，建立新的销售渠道，从而实现销售的增长。

专家支招

渠道对于企业来说是重要的，那么企业应如何选择和建立它的营销渠道呢？

1.企业应该确认自己的生产和产品特性，这是渠道选择的基础。

2.根据自身生产和产品的特征，在当前可选的渠道中选择最适宜分销其产品的渠道。

3.企业可以通过所有渠道进行分销，随后根据收益情况选出销售能力最强的渠道进行主营。

4.持续关注新兴渠道的发展，并考虑引入。

（四）
财务经济学

¥ 存量和流量：吃大便也能创造GDP吗？

现实困惑

有这么一个笑话，是人们拿来调侃GDP数据的。说有两个富豪，有一天走在街上，突然看到一堆粪便。

富豪赵为了显示自己有钱，就跟富豪钱说："你把那堆粪便吃了，我就给你5 000万。"富豪钱心想，这个生意挺划算，于是就把粪便吃掉了，然后从赵那里拿到5 000万的支票。两人继续向前走。走着走着，忽然又看到一堆粪便。这时富豪赵想起自己的5 000万，有些不舍地对富豪钱说："我把这堆粪便吃掉，你能给我5 000万吗？"富豪钱一听觉得可以，就答应了。于是富豪赵吃掉了这堆粪便，又从富豪钱那里得到5 000万。

然后，两人继续向前走。忽然，富豪赵想到一个问题，就对钱说："刚才好像我们谁都没有赚到钱，反而每人吃了一堆粪便啊。"富豪钱回答道："不对，我们创造了一亿元的GDP。"

吃大便也能创造GDP，说明了什么？

要点解析
YAODIANJIEXI

这里面我们需要提出存量和流量的概念，用以回答上面的问题。

流量是指一定时期内发生的变量变动的数值。如国民生产总值、国民收入均为流量，分别表示某段时间内所创造出来的国民生产总值、国民收入。

存量是指在一定时点上存在的变量的数值。如"国民财富"是一个存量，表示某个时点的一国国民财富的总值。

存量和流量是互为对称的概念。

专家支招

> 以存量和流量的对比为基础，我们建议：
>
> 1.对宏观经济学的分析可以从存量入手，也可以从流量分析入手。
>
> 2.GDP是重要的经济指标，但它只限于表征一国在对应统计阶段的生产能力，而非财富本身。因此，要破除GDP即是整体经济的唯一表征的认识。

¥ 债务：中国为什么会免除非洲国家的债务？

现实困惑

2000年，中国政府首次宣布在两年内减免32个非洲国家总额达100亿人民币的债务，这是在中非合作论坛首届部长级会议上宣布的。时隔六年，在中非合作论坛北京峰会上，中国政府再次宣布免除33个非洲对中国的部分债务。

2007年5月，时任国务院总理的温家宝在非洲开发银行集团理事会年会的开幕式上致辞时透露，中国累计已免除非洲国家欠华债务109亿元，目前已承诺并正在办理的免债还有100多亿元。在中国政府采取给予非洲国家部分对华出口商品免税待遇等加强中非贸易关系的措施推动下，中非贸易在快速增长。

根据《中华工商时报》援引非洲发展银行发布的统计报告得出的结论，中非贸易在2000年仅为100多亿美元，2008年首次突破1 000亿美元，2009年中国已成为非洲第一大贸易伙伴国。

中国为什么经常免除非洲国家的债务？

要点解析
YAODIANJIEXI

为了回答这个问题，我们需要考虑国家在近年来主推的一个项目，即人民币的国际化。一种货币一旦成为国际货币，一方面会有利于该国对全球经济的影响，另一方面也将在相当长的时间里形成黏性，即稳定的影响能力。

债务是通过借贷关系确立的，一般也通过债务清算结束。免除债务也是债务清算的一种方式。我国出于推动发展中国家民生事业发展和拓展与发展中国家的经贸关系的目的，一直在对非洲国家和其他国家地区提供货币借贷。这与我国试图确立人民币作为国际性货币的地位也有一定关系。

专家支招

天下没有免费的午餐，欲取先予，这不仅是生活中的常用准则，在经济领域也是如此。对于企业而言，可以这样利用这条认识：

1.用来构建合理的劳资形式。为了得到工资收入，人们必须先去劳动。

2.破除旧观念，争取客户。比如很多企业都坚持在收到预付款之后交付货物，但某些时候企业可以考虑不收预付款直接交货，从而得到更多的订单。

公证：婚前公证为哪般？

26岁的浙江女孩周乐乐和男友王

旭是经同学介绍认识的。在两年的恋爱中，两人感情一直很稳定，终于决定要步入婚姻殿堂了。王旭的家庭条件不错，北京人，在三环边上有两套住房，有一辆汽车。当看着王旭拿着从新加坡买的2克拉钻戒求婚时，周乐乐觉得自己简直就是世界上最幸福的女人，决定这一辈子就和眼前这个男人过了。

双方父母都挺满意这桩婚事，于是两个小年轻开始着手准备婚礼。周乐乐说，每次到男友家，未来公婆都对她很好，可是，等到他们要结婚了，王旭的父母却提出了一个很"过分"的要求——做婚前财产公证。按照王旭妈妈的意思，家里那两套房子和车，甚至包括王旭求婚的2克拉钻戒都要做公证。王旭妈妈对周乐乐说，娶外地媳妇当然是要做公证啊，他们做家长的只是未雨绸缪。周乐乐觉得受到了一种莫大的羞辱，气得夺门而去……

周乐乐自觉是个懂事的人，"以前他母亲说什么我都没说过不字。她说要把两套房打通，使之成一大套，住一起什么的，我都是点头答应。装修什么的全听她的，酒席定什么样子的、定在哪里也由她说了算。"可是，面对婚前财产公证的要求和方式，周乐乐还是接受不了。

王旭的家人为什么如此坚定地要求进行财产公证呢？

要点解析
YAODIANJIEXI

要求财产公证并不是王旭家人的目的，他们的根本目的在于维护王旭对自家财产的产权。因为婚姻是涉及财产关系的组织活动，王旭的父母希望明确两个孩子在产权方面的拥有权也是很正常的要求。

专家支招

随着经济的发展，人们对于个人产权的保护意识越来越强，甚至在结婚之前都要先做一下财产公证。针对产权公证可能引发的问题，这里给出一些建议：

1.一旦对产权的公证损害双方感情时，应先进行有效沟通，达成一致后再进行公证。

2.政府可以为公证行为设置一些回报，这就有利于双方家庭对公证制度的大力支持。

¥ 利息收入：怎样存款利息最多？

现实困惑

安徽曾曝出企业人员侵吞公款，以获得利息收入的案件。

某大型企业财务部门账户接到总公司的一笔工程款项，但随后被告知该工程延期一年半以上进行，而款项暂放在其财务账户。经手人王某突发奇想，利用职务之便，把这笔款项转账到了同一银行下的另外一个账户名下。后经查证，该账户为王某一亲属所有。

在为期一年的存期中，该笔逾4 000万的款项所产生的利息超过100万元，而这些都流进了王某的口袋。

一年存期到期后，王某认为该款项用于的工程还将延期，因此再次受利益的诱惑续存了一年期存款。不料工程提前进行，总公司要求王某即刻转款。限于银行规定，王某无法完成转款，最终事发。

据公安机关调查，王某在该行的关联账户曾不止一次有巨额款项入账，并以存款的形式获利。

看来，即便是在利息率如此之低的今天，我们仍然可以通过存款获得利息收入。那么，怎样管理自己的存款和利息呢？

要点解析
YAODIANJIEXI

利息收入是指企业将资金提供他人使用或他人占用本企业资金所取得的利息收入，包括存款利息、贷款利息、债券利息、欠款利息等收入。一般来讲，对企业和个人来说，都是通过存款来获取利息收入。其中定期存款的利息要远多于同期的活期存款。

不过，定期存款也有很大差别，整

存整取定期储蓄的利息就比零存整取、存本取息高。而在选择存款品种上也有讲究，期限越长的品种利息越高，因为期限越长，年利率越高。可以做一下比较，同样5万元，打算存10年。目前最长的定期存款为5年期（年息2.79%），如果存两个5年定期，则10年后本息合计为61 782.73元（已扣除20%利息税），而其余各种存法的利息就都没有这么多。如存3个3年和1个1年的，本息为60 576.3元，利息少1 000多元；如果是存1个5年、1个3年和2个1年，本息则为61 063.67元，利息也要少700元。假如全部存活期则本息只有53 557.4元，利息相差8 000余元。

专家支招

长期存款计划并不是一成不变的。因为目前是低利率时期，银行利率水平处于谷底，如果存期太长，一旦银行升息，以前的存单不能跟着调整利息，则得不偿失。那么，应如何进行存款操作呢？

1.比较好的做法是选择3年期的存款，利息既不低，为2.52%，又可以机动处理。

2.当然，如果碰上高利率时期，则存款期限越长越好。

￥ 补贴收入：生活中都有哪些补贴？

现实困惑

高旭在株洲市某小区门口等人时，听到旁边一位衣着时尚的男子说，他已托人办好了失业证和伤残军人证，这样就可以办理低保金了。

待此人走远后，旁边一位老先生气愤地说："这家伙一笔生意就能赚一两万块钱，富得流油，你看他脖子上戴的金链子比拴狗的链子都粗，现在还要厚着脸皮骗低保吃！"

这让一些人想起之前死人领社保的事情。

2012年，某村公示了该村享受农村低保的人员名单共计114人。这里面，有的是一家两口人，甚至有的是一家三口人享受低保。更奇怪的是，其中不少人的家境并不差，不少享受低保的人子女还开办有厂矿。相比之下，有些真正贫困的村民却榜上无名。

最令人费解的是，这批公示的低保名单中竟有8人已经过世。有的村民已离开人世数年，还在领取低保金。关于这些怪象，村主任有点困惑地说，他从2010年起担任村干部，从来没听说村里研究过低保的事，也不知道名单上的人是咋确定的。

群众对富人吃低保问题既愤恨，又

无奈。想参与进去，又无从干涉，只能干着急。

而有人则认为，低保金本也没有多少，从国家整体的角度来看，发错的问题并不大，这种认识是正确的吗？

要点解析
YAODIANJIEXI

对于政府而言，低保金实际上就是一种收入补贴。日常生活中，我们经常可以见到各种各样、名目不少的各类补贴。

而补贴收入是企业从政府或某些国际组织得到的补贴，一般是企业履行了一定的义务后，得到的定额补贴。我国企业的补贴收入，主要是按规定应收取的政策性亏损补贴和其他补贴，一般将其作为企业的非正常利润处理。

补贴本质上是一种缓和社会矛盾的做法。因此，如果补贴错误发放，不仅不会发生应有的作用，还会加强这种社会矛盾，这对国家的长治久安是不利的。因此，错发低保的后果是很严重的，不可轻视。

专家支招

为了保障补贴的顺利下发，除了要避免错发之外，接受补贴的企业还要注意履行正确的接受形式。

1.接受政府补贴的企业，应设置"应收补贴款"账户以及"补贴收入"账户。

2.企业按规定计算出应收的政策性亏损补贴以及其他补贴时，借记"应收补贴款"账户，贷记"补贴收入"账户。

3.企业收到补贴款时，借记"银行存款"账户，贷记"应收补贴款"账户。

4.到期末时，企业应将"补贴收入"账户的余额结转至"本年利润"账户中去。

兼并重组：小鱼为何能吃大鱼？

现实困惑

20世纪70年代初，在香港，和记洋行控制了黄埔和其他三百家公司，然而过度的扩张使得它债台高筑，逐年亏损。随后，它不得不将黄埔公司卖给汇丰银行。但事情并未就此结束，改组后的和记黄埔，被地产大亨李嘉诚盯上了。

不过李嘉诚并未直接收购和记黄埔，而是着手收购当时香港最大的货运港九龙仓。这是为什么呢？大众可以诧异观望，但控股九龙仓的怡和公司坐不住了，马上开始反收购。

不过怡和自己也有问题，如流动资金不足，无法完成反收购。因此，怡和就找到了当时香港的第一财团——汇丰。汇丰并未贷款给怡和，而是帮忙做说客，希望李嘉诚能够放弃收购九龙仓。

事情发展到这里已经显得复杂，而李嘉诚并未罢休。他秘密会见了香港船王包玉刚，提出将九龙仓股票转给包玉刚的建议，代价是包玉刚手中的1 000万股和记黄埔股票。

因为李嘉诚放弃收购九龙仓，给了汇丰面子，汇丰为回报这份人情，让李仅以每股7.1元的价钱，即市价的一半，获得了汇丰手中的9 000万股和记黄埔的股票。最后，加上从船王包玉刚那里购得的股票，李嘉诚终于达到了成功控股和记黄埔的目的。李嘉诚旗下的长江实业资产仅6.93亿，却控制了62亿港元的和记黄埔，他也成了香港第一个控制洋行的华人。

这则收购案最大的亮点在于，李嘉诚上演了一出小鱼吃大鱼的剧目。那么，兼并重组，一定是大公司收购小公司吗？

要点解析
YAODIANJIEXI

兼并案的关键在于财力，而非公司集团的规模大小。李嘉诚之所以成功，在于他联合了众多的力量来帮助他一同实现收购。

专家支招

兼并重组是经济中永恒的主题。在我们的思维中，一般都是

大鱼吃小鱼，有实力的企业兼并较弱的企业。那么，小企业就不能吞并大企业了吗？

1.小企业吞并大企业的案例听来经典，但其中的风险是很高的。谷歌收购了摩托罗拉之后，根本无法融入这家百年老企业的文化，一直都在考虑剥离其专利资产后再度出售。

2.小企业通常没有足够的资本吞并大企业，因此此类案例出现的频率很低。

坏账损失：格力是如何控制坏账损失的？

现实困惑

在20世纪90年代中期，格力空调崛起。作为新入厂商，格力面临的挑战是巨大的。那么它是怎样成功的呢？业内人士认为，格力当时的营销总监董明珠是最大的功臣。

那时，董明珠的业绩是斐然的：带领仅仅23人的营销队伍，抗衡别的空调厂家的千人队伍，销售额远超竞争对手。更为神奇的是，格力竟然没有一分钱的坏账损失！

董明珠的手段就在于：先给钱，再拿货。董明珠在每个省发展一些一级经销商，然后一级经销商可以再发展二级

经销商，每一级经销商要想获得更多的利润，就必须发展更多的经销商，利润空间和价格都有严格的规定。

结果，董明珠依靠经销商的力量组建了庞大的渠道网络，用23个营销人员战胜了其他厂家的千人队伍。

那么，董明珠为什么要极力避免出现坏账损失？

要点解析
YAODIANJIEXI

对于一个新生的企业而言，尤其是那些资本力量薄弱的企业，每一分钱的坏账都是不能容忍的，但这又是很多企业所必需忍下来的。只有拥有董明珠一般的机智和执行力，才能把坏账损失降到最低。

专家支招

坏账损失是指企业确定不能收回的各种应收款项，可能是因为债务人死亡、破产或者无法偿还。一般主要的坏账损失包括企业的应收账款、银行贷款等。格力的成功，给了人们怎样的启发呢？

1.避免坏账损失是每个企业都应注意的问题。

2.做出独一无二的热销产品，能够为规避坏账提供很大帮助。

3.董明珠的做法在规避坏账上取得了巨大的成功，但是也是因

格力的产品而定，并不能被随意复制。

¥ 寡头垄断：为何再强的企业也怕竞争？

现实困惑

上帝把两群羊放在草原上，同来的还有羊群的两大天敌——狮子和狼。上帝对羊群说："你们可以选择要一只狼或者两头狮子作为你们的天敌，和你们一同生存。选狮子的话，每次只能出现一头，另一头由我管理，根据表现可相互替换。你们自己决定选哪个。"

西边那群羊觉得狼没有狮子那么凶猛，于是要了一只狼。东边那群羊想，狮子虽然比狼凶猛得多，但我们有选择权，还是要狮子吧。

于是它们开始一起生活。

狮子不但比狼凶猛，而且食量惊人，每天都要吃几只羊。上帝保管的那头狮子被换出来之后，比前面那头狮子咬得更疯狂。羊群一天到晚只是逃命，连草都快吃不成了。

不过过了一阵儿，情形发生了变化：两头狮子都对羊群慢慢地变得越来越客气，不仅不去骚扰它们，而且只吃死羊和病羊。原来，它们在被更换了几次之后，都不想再到上帝那儿去挨饿了，所以对羊群特好，希望能通过这种

方式让羊群把自己留在身边。

相反，西边的那群羊的处境却变得悲惨起来：狼因为没有竞争对手，羊群又无法更换它，于是开始胡作非为，每天即使不饿也要咬死几只羊玩玩，而且已经不喝水了，只喝羊血。不仅如此，狼还不准羊叫，哪只叫就立刻咬死哪只。西边的羊群后悔了："早知道这样，还不如要两头狮子。"

这则寓言告诉我们什么道理？

要点解析
YAODIANJIEXI

通过上面的故事，我们应该明白：不要去指望那些食肉动物会变善良，它们的本性就是杀戮，唯一能约束它们的就是竞争机制。在我们的生活中也一样，企业的目的只有一个，那就是赚钱，你不能指望企业成为慈善或福利机构专门为你服务。如果没有竞争者，他们就会像狼一样整天地宰消费者而无所顾忌。只有竞争，才会使消费者的获益提升。

专家支招

在本例中，狼就是寡头垄断企业，狮子就是竞争市场中的企业。对寡头垄断，国家要做的工作是：

1.国家应鼓励竞争。再大的企业，只要给它竞争者，它都很难在市场中作威作福。而再弱小

的企业，只要没有竞争，也会欺负到消费者头上。比如，我国的电信运营商的实力都很雄厚，但是在竞争中却不断地向消费者示好。物业公司虽然都很小，却因为可以垄断一个楼盘而不断给业主气受。

2.贯彻执行反垄断法，从法律的角度打击垄断。

托拉斯：标准石油公司为何被解体？

现实困惑

石油工业的兴起彻底改变了近代文明的发展轨迹，而洛克菲勒和他当时的同行就是石油工业的奠基人。

1870年1月10日，洛克菲勒在俄亥俄州创建了股份制的标准石油公司。1879年，该公司控制了90%的全美炼油业、90%的油管生意，又于1891年控制了全国1/4的石油生产。"从最近的交易来看，他们又开始准备吞并原油生产商。"一位石油从业者愤恨道。

到了1984年，洛克菲勒的标准石油公司已经在美国的石油工业中建立了不可动摇的统治地位，形成了一个产、供、销一体化的石油业托拉斯，而且在之后横行全球。在标准石油公司完全控制石油业之后，许多普通民众对它庞大

的规模、巧取豪夺的手段和不可阻挡的发展势头感到惊骇不已，它成了美帝力量的新的象征。

此时标准石油公司的商业对手，甚至是整个社会对这个组织越来越恐惧，要求政府彻查到底。社会掀起了一股反托拉斯的热潮。终于，在老罗斯福总统的《反托拉斯法》的大棒之下，标准石油公司被肢解为如今的埃克森美孚、莫比尔、雪佛龙等34家独立的石油公司。这些石油公司在如今的世界石油工业中依然占据着举足轻重的地位。

托拉斯的力量究竟有多强大呢？

要点解析
YAODIANJIEXI

托拉斯是英文字母"trust"的音译，是垄断组织的高级形式之一，由许多生产同类或类似商品的企业合并而成。主要目的是垄断销售市场，避免同业间的竞争，以获取高额的垄断利润。参加托拉斯的企业在生产和商业上都丧失了独立性，全部由托拉斯的董事会安排生产和销售。

托拉斯造就了世界上第一个亿万富翁，同时世界上第一个亿万富翁开创了托拉斯时代。这个第一人就是洛克菲勒，世界上最早的托拉斯组织——标准石油公司的创始人。至今这个庞大组织的后裔仍然深深地影响着全世界人民的生活。当时洛克菲勒的身价折合成现在的美元，可以达到2 000亿的规模，当今的世界首富只能望其项背。

专家支招

各大发达国家都先后出台了反垄断法，并且各国该法案中对这一垄断形式进行了限制，禁止了过于庞大的托拉斯垄断。同时，一些被认定为并未过度庞大的托拉斯的存在属于法律允许范围之内。关于判断其是否过度庞大，各国各个时期的判别标准不尽相同。

卡特尔：为何卡特尔在交易中可以占据相对优势？

现实困惑

一提到钻石，我们就会想到德比尔斯，这家公司一手缔造了钻石卡特尔。南非一直以来都是一个贫穷的地区，但是它却拥有丰富的钻石矿。1888年，英国人西塞·罗兹在这块土地上创建了德比尔斯联合矿业公司，专门开采钻石矿。而真正将其做大的是欧内斯特·奥本海默，他在英美筹集了100万美元，创建了英美矿业公司，并于1926年收购了德比尔斯矿业公司。

拥有了钻石矿是可喜的事，可是全世界生产钻石的也不是你一家。虽然南非钻石丰富，产量占到全世界产量的

35%，但并不意味着具有绝对的发言权。欧内斯特·奥本海默的名字之所以能流传至今，是因为他于1934年在英国的伦敦创建了中央销售组织。这个销售组织可不得了，全世界钻石有80%是经过这个组织销售出去的，其中包括德比尔斯所生产的。这个销售组织自从1934年成立以来就一直良好地运转到今天。每周都会有3 002名全球最有声望的钻石交易商被邀请到伦敦这个全球销售中心来观赏钻石，并被告知钻石价格。他们只能接受这个价格，不允许还价，否则下次就再也不会被邀请了。

对于习惯了"客户是上帝"的人来说，确实很难理解，为什么钻石卡特尔在交易中可以占据相对优势？

要点解析
YAODIANJIEXI

卡特尔是垄断组织的形式之一，指生产或销售某种同类商品的企业，为了垄断市场，获取高额利润，通过在商品价格、产量和销售等方面订立协定而形成同盟。这样就可以控制市场的供给，抬高商品价格，获取超额利润。

专家支招

2005年，美国《福布斯》杂志公布了全球富豪排行榜，德比尔斯集团董事长欧内斯特·奥本海默以60亿美元的资产位居第72位。欧内斯特本人把成功的秘诀归功于"伙伴关系"。他说："伙伴关系永远是德比尔斯走向成功的钥匙。"并表示在面对新的挑战和竞争时，将依然依靠这种"伙伴关系"来开拓市场，创造财富，使这种"伙伴关系"像钻石一样恒久远。

钻石市场上，供应商取代客户成为交易中的上帝，是因为在这里已经形成了我们常说的卖方市场形式。而钻石市场之所以形成了卖方市场，最大的原因就在于中央销售组织——卡特尔。

¥ 产业链：生产企业如何完成从打工仔到老板的蜕变？

现实困惑

福建晋江是我国最大的运动服、运动鞋生产大本营，号称"中国运动服之都"，世界上每五双鞋就有两双产自晋江。晋江共有贴牌企业三千多家，这里被称为世界鞋业加工厂。但是实际上，他们的毛利率只有10%左右。

这些贴牌企业的市场是出口。随着人民币的升值，新劳动法的出台，金融危机导致的需求减缓，这一切都带来成本的极大上涨，目前很多贴牌企业已经处于亏损的边缘了。

与此形成对照的是一家名为安踏的企业，即使在2008年金融危机这样恶劣的经济环境下，它的利润率也一直保持在30%以上的水平。业内人士认为，安踏成功的关键在于从单纯的加工制造上升到对整个产业链的经营。安踏希望做中国的耐克和阿迪达斯，自己早已不做生产制造，而是转交给东莞的企业代为加工，它自己则坐享最丰厚的利润分成。

安踏的生存和成长说明了什么？

要点解析
YAODIANJIEXI

安踏能够在金融危机中生存下来，关键就在于它开始对整个产业链的经营。

产业链条就是生产制造以及除去生产制造以外的环节，其余的环节包括产品开发、原料采购、仓储物流、订单处理、批发管理和终端零售等。我们看到再低廉的成本也有上涨的那天，再先进的技术也会有被淘汰的时候，只有那些控制了整个产业链的企业才能获得最高的利润，拥有抵抗风险的能力。

专家支招

转变观念，加大对产业链的整合与控制，才是目前中国企业突破重围、重获生机的关键所在。那么，如何整合产业链呢？

1.企业应首先提高自身的技术实力，这样才能有整合高端产业链的能力。

2.较强的融资能力是对产业链

整合的基础，很多时候，资本的多少决定了一个企业是整合别人还是被别人整合。

3.聘用有经验的整合操盘人员，可以有效地提高整合产业链的效率。

二元经济：传统的农业部门人数为何逐渐减少？

现实困惑

1969年7月，鲁冠球带领6个农民，以4 000元起家，创办起了万向集团。鲁冠球素有"商界常青树"之称。2003年，他和他的家族以194亿元的资产控制额荣登中国内地资本市场控制榜第一名。

有心人如果翻看中国的富豪排行榜，会吃惊地发现，前100个差不多都是半文盲农民出身。他们创办的企业还带动无数人完成了由乡下到城市的转变，自己也从一介农民变成城市里的佼佼者。正是在这样的转变过程中，中国的二元经济中传统的农业部门人数逐渐减少，由改革开放初期的80%减少到现在的60%左右了。

二元经济是什么？传统经济占比减少又对国家建设有着怎样的推动作用？

要点解析
YAODIANJIEXI

二元经济是指发展中国家的经济是

由两个不同的经济部门组成，一个是以农业为主的传统部门，一个是以技术较先进的工业、服务业为主的现代部门。传统部门的劳动生产率较低，存在大量的隐性失业，容纳了绝大部分劳动力。现代部门劳动生产率较高，但是容纳的劳动力较少。

二元经济并不是一个稳定的经济形式，谁不想进城里工作呢？那里工资高，生活条件好。所以你会看到无论是经过多年学习有一定知识和技能的高校学生，还是文化水平不高的农民工，都纷纷地往城市挤。这样发展的最终结果就是二元经济的逐渐解体，最后发展成为发达的一元经济。如今美国、日本等发达国家早就不存在二元经济了，这些发达国家的农民比例基本上都不会超过10%。

专家支招

政府对二元经济的处理应遵循：

1. 对二元经济，不应视为洪水猛兽，而要把它当成刺激进步的动力。很多学者都说二元经济是中国发展的动力。

2. 在出现二元经济的时候，政府应该鼓励传统产业的资源向现代产业转移，让稀缺的社会资源得到最有效的利用，发挥出最大的价值，这样才能取得最大的社会效益。

¥ 地下经济：为什么黑车如此之多？

现实困惑

伯格生活在墨西哥城。像很多大学生一样，他在空闲的时间也开出租车。他一走出校门，就在自己的挡风玻璃上贴上"出租车"字样。开出租所得的收入用来支付学费，而且这些收入，他是不需要申报的。

墨西哥城的一位经济学教授说："这些司机没有运营证，没有劳动合同，也没有社会保险，他不给乘客收据，也不申报收入，自然就不用缴纳税收。在墨西哥，有60%以上的劳动者都是在非正规经济部门工作的，比如流动商贩、车夫、印刷工、理发员等。"

问题是，为什么人们一定要在非正规经济部门工作，尽管他们也知道，从事地下经济活动的劳动者得不到必要的劳动保护。

要点解析
YAODIANJIEXI

地下经济也称非正规经济，是一种国民经济中未向政府申报登记，经济活动脱离政府法律法规约束，且不向政府纳税的经济成分。

任何一个国家中，都有一部分人从事着游离于法律边缘的经济活动。究其原因，主要有下面两点：

首先，人口压力和就业压力过大。很多人无法在正规的经济部门得到工作机会，只能通过非正规的渠道自谋生路。

其次，进入正规经济部门的成本太高，也是很多人不得不从事地下经济工作的重要原因。

专家支招

当前世界的产出中约有23%的比例是地下经济，被国际社会公认为"经济黑洞"。那么，如何减少地下经济在整体经济中所占的份额呢？

1.减少企业正规化的成本，治理腐败。

2.搞活经济，扶植和发展新的经济形态，从而促进就业。

3.放松对经济形态的管制，让市场发挥调节经济的作用。

¥ 经济一体化：我国为何长期以来一直鼓励外贸行业？

现实困惑

2013年4月，我国对东盟出口增幅达到71%，是我国外贸史上需要大加记录的一笔。其中纺织品和服装分别增长40.6%和139%。事实上，东盟已连续两个月超过欧盟，成为我国出口第一大市场。中国皮革协会理事长苏超英在"中国-东盟鞋业对接会"上称，从发展趋势看，东盟是中国鞋业企业未来的最佳转移平台。

"随着中国-东盟自由贸易区的建成和日渐成熟，东盟无疑是遭受贸易保护后的最佳出路。"苏超英分析说。对东盟出口的大类商品中，针、梭织服装出口增势较猛，出口量增长48.7%，出口单价提升63%，这都有赖于自贸区零关税的逐渐实现。

我国对东盟出口呈倍数上升趋势，并有望促进中国鞋企业向东盟地区转移生产。

我国企业为什么热衷于与国外企业做交易呢？

要点解析
YAODIANJIEXI

不同国家的企业，进行相互之间的贸易，是经济一体化的大势所趋。

经济一体化指各国彼此开放，商品、资本和劳务能够自由流动，不存在任何的贸易壁垒，形成相互联系、相互依赖的有机整体。

在全球一体化中，各国企业各自生产优势产品，并进行相互之间的交易，这样降低了各自的生产成本，得到成本降低的收益，从而实现互利共赢。

经济一体化放宽了资本、产品流通的限制，扩大了各个国家的市场，从而获得更多的潜在收益。自由贸易还会使得技术交流变得更加方便，从而使得每个国家的技术进步能够得到分享，共同促进生产力的发展。

专家支招

尽管经济一体化拥有诸多益处，但在国家层面上，应推动何种程度的一体化进程确实是很关键的。

1.经济一体化虽然好处很多，但是也要视具体情况而定，不能盲目开放，一下子消除所有的贸易壁垒。

2.经济一体化是大势所趋，是一个全球浪潮，违背这个浪潮和趋势的国家会被踢到历史的垃圾堆里。

¥ 天使投资：软银为何能够获得高回报？

现实困惑

1999年，陈天桥创建盛大，注册资金50万，购买固定资产30万。此时，他手里只有20万了，很快就要耗尽现金。而就在陈天桥着急的时候，中华网CEO叶克勇投资给盛大300万美元。陈天桥用这笔钱来扩大规模，发展动漫，结果失败了。

不过，陈天桥的运气很好，第一笔投资失败以后，他抓住机会拿到了《传奇》。事情是这样的：2001年，韩国游戏代理商Actoz来到上海，将《传奇》交给陈天桥运营。这时，陈天桥利用仅有的30万美金，签了合同。然后使用中国电信的宽带和浪潮、戴尔的服务器，以空手套白狼的形式运营游戏。后来游戏上线，供玩家免费公测，玩家人数飙升，让人目瞪口呆。

陈天桥的成功再次吸引了天使投资。2002年，天使投资人要求投资盛大，最终软银亚洲胜出。这时Actoz看着盛大的利润眼红，要求分享，却遭到了陈天桥的拒绝。双方交恶之后，韩方拒绝修复游戏的漏洞，导致盛大游戏运营出现重大问题。软银亚洲凭借其在韩国的影响力，搞定了Actoz，又顶着压力与满身官司的盛大签订投资条款书，出资4 000万美元，占有股份。

当然，天使投资的收益也是丰厚的。2004年4月，盛大于纳斯达克上市，软银亚洲全身而退，套现5.6亿美元。两年时间，其投资的收益翻了14倍。

类似软银这种天使投资，为什么能够获得如此高的回报？

要点解析
YAODIANJIEXI

天使投资的巨额盈利是其自身特性所决定的。天使投资又称风险投资，是指投资公司在企业的起步阶段对其进行投资以获得企业的部分股权，然后通过企业的上市或者股份转让实现退出盈利的投资方式。这对投资人的眼光、资源、资本运作能力有很高的要求。

换言之，风投的收益之所以大，正应了那句话"风险越高，收益越大"。大名鼎鼎的蒙牛乳业、盛大游戏等上市公司都是这些风投的杰作。它们以几倍、十几倍甚至几十倍的收益率创造着一个又一个资本界的神话。

专家支招

天使投资能让人登上山峰也能让人瞬间跌落谷底，似乎像是一场赌博游戏。想要玩好这场游戏需要具备以下几点基础：

1.独到的眼光。用于发现值得栽培的企业。

2.对各行业踏实的认识。如果没有对行业本身的把握，对企业的投资很容易被行业力量所吞没。

3.全面科学的评估。天使投资的风险通常都很大，可靠的可行性分析是避险的重要工具。

4.熟练的资本运作能力和丰厚的资源。被投资的企业往往都是一穷二白的身家，这就需要天使投资企业在财力方面足够宽裕。

¥ 买壳上市：借鸡下蛋为何要留心风险？

现实困惑

远在欧洲有一家上市公司——UFC。没人能够想到，它的实际控制人、监事会主席宁威，其实是一位来自中国北京的年轻人，而且还是一名地地道道的罪犯。2012年，宁威因涉嫌非法吸收公众存款罪、非法集资诈骗罪两项罪名而成为"阶下囚"。

2012年2月7日早上9时许，上海市第一中级人民法院外聚集了数百名群众。当天，由于前去参加旁听的群众实在太多，法院除保留原法庭审理外，还临时增加开放了两个法庭，他们均为宁威涉嫌的一起非法吸收公众存款及非法集资诈骗案的受害人。

那么，激起如此之大民愤的这起案件，和远在欧洲的上市公司有什么关联呢？

要点解析
YAODIANJIEXI

宁威等嫌疑人受到非法集资的指控。而想要募集资金，就需要募集渠道。而上市正是集资的好方法。宁威就是通过一家在德国上市的荷兰公司UFC Holding NV买壳上市的。

买壳上市是指一家非上市公司通过购买一家已经上市的公司一定量的股票

来获得对该公司的控股权，然后再通过增发股份向公众筹集资金来反向收购自己的业务及资产，从而实现间接上市的目的。

也就是说，在这起欺诈案中，欧洲投资者和中国投资人同样遭受到了损失，这就是两者之间的关系。

专家支招

买壳上市比直接的公开发行方便实用得多，但是它也存在缺点，因此希望买壳上市的企业主应注意下面几点：

1. 首先，壳资源是有限的。只有那些经营不善、股价很低的上市公司才能成为壳资源，这样的壳资源才不会费太多的钱。因此买壳后，原公司应注意提振壳公司的股价。

2. 其次，作为壳的上市公司融资额度很小，一般比较适合小型公司购买。大公司不建议考虑买壳上市。

3. 因为收购壳公司需要大笔资金，成本较高，所以有条件的大企业还是会选择公开发行上市的方式来进行融资。

¥ 管理者收购：国有企业在MBO过程中应注意哪些问题？

现实困惑

宇通客车是在原郑州客车厂的基础上改制而成的股份有限公司，于1997年在上海交易所上市，总经理是汤玉祥。2003年，上海宇通与旗下公司郑州宇通收购宇通集团90%的股权，以汤玉祥为代表的800多名管理人员从哪里筹来一个多亿购买股份成了人们关注的焦点。而汤玉祥之所以能够担任新公司的总经理职位，与他所占新公司的股份是分不开的。

人们获悉，2000年后，公司将原先高级管理人员的报酬从每年50万~60万元提高到每年250万元，而且在与郑州国有资产管理委员会达成协议转让股份后，先后两次10股派送6元。凭借这种大比例的分红，汤玉祥筹措到了5000多万元的资金。

总之，宇通客车摇身变成私营企业的过程充斥着各种疑问。那么，为什么人们盯住宇通客车的收购案不放呢？管理者收购被管理的公司，其中存在着哪些值得关注的地方呢？

要点解析 YAODIANJIEXI

管理者收购，即MBO，是流行于欧美国家20世纪七八十年代的一种企业收购方式，当时欧美国家步入企业兼并收购的高峰期。经过MBO之后，管理层掌握了他们所服务的公司的股权，往往会提高企业运作的效率和盈利能力。完成MBO之后，昔日的管理者就变成今日的股东了。

MBO在国内受到如此之多的关注，与我国的经济结构有关。因为很多公司都是国有企业性质，也就是属于国有资产，被管理者收购相当于全体国民的资产被购买，作为所有人的民众自然关心。

此外，MBO受到关注的原因还在于，很多在国外运行良好的机制，一放到中国来就不行了。20世纪90年代，为了提高企业的运作效率，很多国有企业进行了MBO，结果却使大量国有资产流失，企业性质改变。

专家支招

MBO在中国是涉及国有资产监管的严肃问题，政府应如何定位和审查国有企业的管理者收购呢？

1.国家应严密监管国企管理层的主观意图，是否存在故意将国有企业搞坏再行股份收购。

2.在无法有效监管的情况下，应不允许管理者对被管理的企业进行收购。事实上，国资委确实下发了禁令，紧急叫停了国有企业的MBO。

¥ 首次公开募股（IPO）：中国首富是怎样炼成的？

现实困惑

碧桂园集团创建于1997年，是全国最大的综合性房地产开发企业之一。2007年4月，碧桂园在香港证券交易所上市。首次IPO创内地房地产企业规模最大纪录，总共出让的股权募集到129亿港元的资金。

公司大股东杨惠妍，也因此以25岁的年龄变身为中国最年轻的首富，让素来低调的碧桂园成为一个新的财富神话。她拥有碧桂园的股份，其身家在上市之初达到了600亿元，远超前任首富张茵。

首次公开募股是什么？它缘何能够在一夜之间催生出一个国内首富？

要点解析
YAODIANJIEXI

IPO是Initial Public Offering的缩写，即首次公开募股，指某公司首次向社会公众公开招股的发行方式。公司进行IPO，不但可以得到资金用来扩大业务，而且成为一间公众公司之后，还能很方便地从二级市场募集资金，为公司的做大做强提供保障。

一个企业从小到大，慢慢发展，一般遇到的最大问题就是资金。资金是企业的血液，没有资金企业很难发展。所以在企业很小、还没有上市资格的时候，一般企业家都会寻求风险投资前来投钱，等到慢慢发展壮大后，就需要从更多的人手里筹钱，这时IPO就是一个很有效的方式。

一家企业IPO之后，该企业的股票往往可以连番上涨。随着这家公司的身价倍增，它的原本所有者的资产也很自然地等倍增加。一些公司上市前本身就财力雄厚，一旦得到社会资本的青睐，经过连番升值，催生首富也就并不奇怪了。

专家支招

一旦企业上市，通常都会吸引大量的资金涌入。那么，如何利用这些资金就成了大问题。对于资本市场上募集来的资金，应如何利用呢？

1.要注意钱这东西花出去很容易，但是想在花出去之后赚回来更多的钱却不容易。上市每花一分钱都需要考虑资本市场的支持率。一旦股民不满，公司的市值从天上跌到地下也是一夜之间的事。

2.有了钱，很多决策也会随之膨胀，应避免进行存在过高风险的交易。

¥ 要约收购：谁阻止了汇源卖个好价钱？

现实困惑

2008年9月3日，中国最大的果蔬汁生产商中国汇源果汁集团有限公司发表公告称，可口可乐旗下全资附属子公司向汇源果汁所有股东发出收购要约。

这时，可口可乐提出的价格相当于每股12.2港元，较汇源停牌前溢价1.95倍，收购要约的期限为200天，也就是截止到2009年3月23日。如果此次收购成功，汇源将成为可口可乐全资子公司，从而退出股票交易市场。

对于这次收购，汇源的大部分股东都是赞成的，因为可口可乐提出了让股东们无法回绝的价格，本来只有4元的股票可以卖到12.2元，这真是天大的好事。

遗憾的是，2009年3月18日，商务部认为可口可乐收购汇源公司将会对竞争产生不利影响，就本次收购案反垄断审查做出了最终裁决，一锤否决了此次收购。

商务部为什么否决这项收购呢？

要点解析
YAODIANJIEXI

要约收购是指收购方公开向全体股东发出要约来收购目标公司的股票，达到控制目标公司的目的。要约收购包含部分自愿要约和全面强制要约两种类型。部分自愿要约是指收购者根据目标公司的总股本确定预计收购的股份比例，在该比例范围内向目标公司所有股东发出收购要约。当收购的股份达到一定的比例（一般为30%）时，如要继续增持股份，则要向所有股东发出全面收购要约。

可口可乐提出对汇源的要约收购，本身并不存在问题，商务部则是基于国家利益考虑，不希望本次收购形成可口可乐垄断中国市场的局面。

专家支招

要约收购是很正式的对上市公司的收购形式，那么，在要约收购中有哪些需要注意的事项吗？

1.收购者应尽量使用现金、证券、现金与证券相结合等合法方式支付收购上市公司的价款，单纯使用现金收购，成本过高。

2.注意要约的时效性。相关法律规定，在没有竞争者出现的情况下，收购要约约定的收购期限不得少于30日，并不得超过60日。

3.要慎重要约。我国《证券法》第91条规定，在收购要约确定的承诺期限内，收购人不得撤销其收购要约。

¥ 遛狗理论：你总能拴住自己的狗吗？

现实困惑

2007年10月16日，在投资者的狂热追捧中，沪指收于6 124点，创出历史新高。

然而，此后A股却一蹶不振了。牛市10 000点的豪言犹在耳，沪指却悄然步入长达5年的熊市。6 000点时豪情万丈的无数股民，如今正为股指能够站稳2 000点而紧张。

股市的意外崩盘，使无数股民的身家伴随10多万亿的市值蒸发消散，上亿中国股民、基民被套牢在顶峰，如今其财富早已风干。很多人直到今天仍然相信，股市就应该稳定在5 000~6 000点，但是惨痛的现实给股民上了刻骨铭心的一课，不给他们翻盘的机会。

为什么股市行情能够偏离人们的预期如此之多？

要点解析
YAODIANJIEXI

经济学中，一般用"遛狗理论"来形象地描述这种市场行情超出人们预计的稳态，发生大幅变动的情况。

宠物狗（价格）总是追随于主人（价值）左右，忽而超前忽而落后，但一般不会离主人过远，狗主人对这一现象会慢慢"习惯"。可是有一天，狗忽然因为不甚清楚的原因（也许它贪玩），突然超前或落后主人2 000米开外，而且迟迟没有回到主人身边（也可能走失），那么狗主人对它也就失去了控制力。

2007年前的股市，让人们以为作为狗的股价是听话的，但是随后，狗真的被遛丢了。

专家支招

既然在经济中，"遛狗现象"真的存在，人们应当如何防范或改变这种由于狗（即市场）本身的野性而跑远，脱离主人（即价值）控制的局面呢？

1.给狗的脖子上系个绳索，适当地放开些，让它自由地活动，当它想挣脱控制、跑向更远处时，就要适时收紧一下，拉回到我们认可的距离范围。在股市中，人们需要做的，只是买涨就够了。

2.对于那些买涨也跌的股票，要考虑割肉放弃，不然可能被深度套牢。

¥ 负储蓄：经济状况怎样把大学生推向犯罪的深渊？

现实困惑

魏海刚刚大学毕业半年时间，在一家民营企业上班，月收入3 000元。收入虽然不怎么高，但是魏海的消费意识比较超前。刚上班第一个月就办了信用卡。随后刷卡购买了一台价值5 000元的数码单反相机。当然还是分期付款，一共18期，每期280元。魏海算了算账，每月还了信用卡账单，还可以存下720元钱，而且年终可能还会有奖金等。

然而，半年之后，突遇经济危机，公司的效益开始恶化。魏海被公司以不能胜任现在的工作为由辞退，且只领到了一个月的补偿。没了工作的魏海经济上开始捉襟见肘，每个月的房租、生活费、信用卡账单，像几座大山压得他喘不过气来。工作迟迟找不到，魏海身上的钱快花光。信用卡账单不但没有还上，还透支了一笔现金。

这样又撑了一个月，魏海实在坚持不下去了，而银行又开始三天两头地催他还款，甚至到最后居然给他发来了律师函。身无分文、欠了银行一两万块钱的魏海最后走投无路，在一个夜晚，找到一个偏僻的地方对过往的妇女实施抢劫。他一共抢劫3次，抢得现金2 000元，手机3部。不久，有人报警，魏海被迅速抓获。经过法院庭审，魏海被判刑7年。

在本案例中，使魏海锒铛入狱的罪魁祸首是什么呢？

要点解析
YAODIANJIEXI

魏海之所以最终锒铛入狱，最根本

的原因还在于他的财务状况一直处于赤字状态，也就是支出大于收入。这种情况也被称为负储蓄。

负储蓄和赤字一样，是指某时期消费支出超过该时期可支配收入的部分，通常表现为过高消费。为了追求某些消费而不惜透支自己的收入或储蓄，最后表现成结余为负。在实际生活中，负储蓄一般表现为短期时间内的一种消费高于收入的现象。

负储蓄是有风险的，我们可能偶尔有负储蓄，但是长期来看，负储蓄可能会给我们的生活造成很坏的影响，所以在对待负储蓄时要谨慎小心。

人们都知道，美国政府的财政一直处于赤字状态，人们甚至已经习惯于赤字的发生，但这不代表赤字是可接受的。当融资手段告罄时，处于负储蓄的经济体就会被迫破产。而人们为了避免破产，会比在正常的财务状态下有更大的可能做出冒险的行为。而这些冒险行为往往更可能会加强负储蓄的情况，而不是相反地消减。

专家支招

负储蓄的存在无论对于一国还是个人，都是十分危险的。那么，一旦负储蓄出现，我们应当如何应对呢？

1.坚决杜绝在负储蓄的情况下进行风险投资，如希望借助赌博等形式返回正储蓄等。实践证明，这种尝试在最多的情况下只能让人在负储蓄中越陷越深。

2.在出现负储蓄时，应通过合法的手段寻求金钱援助，并压缩开支，更加努力地工作，从而获得新的货币收入。

￥ 可支配收入：为什么有人拒绝交社保？

现实困惑

李婷的工资收入不是太高，而且因为没人带小孩，她把工作也辞了。现在社保又涨了，各项开销都很大，压力也很大，因此，她打算停交10年社保，然后再继续交。对此，她向亲人这样解释："自我交社保，已经交够15年了，不想交了。社保开始2 000~3 000元/年，现在6 000~7 000元/年，太贵了，不想交了。现在我也35岁了，听说交够15年，60岁后就可以领退休费了。我离60岁还有25年，年年交，年年涨，感觉挺吃力的。况且看看这趋势，60岁能不能退休还是问题。万一将来是65岁退休了，我还能领几年退休费？物价年年涨，家里赚的钱也是缩水得厉害。再考虑到上有老、下有小的情况，处处都用钱，想想还是不交了，剩下的钱还可以填补家用。

人人都知道交社保后，会在退休后领到多于缴纳保费的养老金，但为什么还是有人选择不交社保呢？

要点解析
YAODIANJIEXI

这里就涉及可支配收入的问题了。判断一个人有钱与否，不能光看他挣多少，还要看他能支配多少钱。当一个人交了社保之后，他的收入减少到不足以支付生活费用的时候，这个人就不会选择缴纳社保了。

因此，可支配收入是人们用于生活计划的基础，人们可以忍受总收入的不足，只需可支配收入足够就好。这就是为什么低收入群体更愿意开办信用卡的原因。他们不太在乎将来需要偿还多少钱，只关注当前的可支配收入是否得到了增加。

专家支招

一方面，我国政府为公务员群体缴纳普遍高于其他行业工作人员的社会保险，另一方面，是社会中不断有人退保。怎样才是正确对待社保的态度呢？

1.社保双轨制是暂时现象，统一并轨是大势所趋。广大群众的利益终究会受到保护。

2.社保是国家公权的延伸，具有很高的信用，因此不必太过担心到老领不到社保的情况。

3.按时足额缴纳社保，不是唯一的养老手段，建议和其他养老保障手段一同采用。

地方债务：地方政府举债如何影响民生？

现实困惑

审计报告显示，截至2012年年底，36个地方政府本级政府性债务余额为38 475.81亿元，比2010年增加4 409.81亿元，增长12.94%。其中政府负有偿还责任的债务18 437.10亿元。

当地方政府的一把手们被媒体包围、不可回避地谈论起地方债务来时，他们通常会微笑着告诉那些记者："举债才能发展。"接着补充一句，"我们的债务风险总体是可控的。"

事实真的如此吗？2012年11月至2013年2月，国家审计署对共计36个地方政府本级2011年以来的政府性债务情况进行了审计，公布的审计结果显示，截至2012年年底，36个地方政府本级政府性债务余额将近4万亿元，而有多个地方政府的债务风险达到了国际警戒线。

这份审计报告还指出了一系列问题，包括土地出让收入增幅下降，部分地方政府偿债压力加大；部分地区高速公路债务规模增长较快，偿债压力较大；融资平台公司退出管理不到位，部分融资平台公司资产质量较差、偿债能力不强等。

地方政府还贷压力大，对民生有什么影响？

要点解析
YAODIANJIEXI

一般来说，地方政府是中央政府的延伸，地方政府还债不力，中央政府将不得不对地方进行补贴，否则最终受害的是当地群众的利益。

正是出于这个原因，银行才敢大胆地向地方政府贷款。可是，地方政府缺乏高水平的预算机构，借贷来的资金使用效率往往很低，这就形成了严重的资本浪费。由于资本受到了浪费，用于民生的政府支出就会变少，从而不利于民生事业的发展。

专家支招

为了遏制因地方举债造成的资本浪费，国家制定了一定的规则，并对地方借贷资金形成一整套的规范措施。对于企业和个人来讲，当政府还贷压力过大时，应注意以下问题：

1.当政府还贷压力过大时，不容易启动新项目。因此仰仗政府投资的企业应注意转变思路。

2.就个人而言，应对政府财政压力大造成的公共投资减少，就只能靠自己进行私人投资来实现了。比如当公共汽车数量不足时，个人更容易转向购买私家车。

四

日常生活中的经济学

（一）
消费经济学

￥ 基尼系数：市长为什么向无辜市民索要罚款？

现实困惑

1935年，纽约贫民区的一个法庭，时任纽约市长的拉古迪亚旁听了一桩面包偷窃案庭审。窃贼是一位年事已高的夫人。当法官问老太太是否愿意认罪时，老太太嗫嚅着回答："我需要面包来喂养我那几个饿着肚子的孙子，要知道，他们已经两天没吃到任何东西了。"

尽管所有在场人员都十分同情这位夫人，法官仍然裁定："我必须秉公执法，你可选择10美元的罚款，或是10天的拘役。"夫人选择了拘役，因为10美元的罚金绝非她所能支付得起。就在这时，意想不到的事情发生了。

审判结束后，拉古迪亚从旁听席上站起，摘下自己的帽子，往里面放进了10美元。紧接着，他对旁听席上的人说："现在，请每个人另交50美分的罚金，这是我们为我们的冷漠所付的费用，以处罚我们生活在一个要老祖母去

偷面包来喂养孙子的城市与社区。"

无人提出异议，在场的每个人都默默地捐出50美分。最后，警察选择了"无罪释放"，超市选择了不加追究，而全社会也选择了宽容态度。

美国老太太的故事和市长的陈述说明了什么问题？

要点解析
YAODIANJIEXI

这则发生在美国老太太身上的故事，其背后揭示的是社会中贫富差距过大的问题。同样的问题在今天的中国也是存在的。

一方面，是数不清的穷人在贫困线上挣扎；另一方面，人均GDP排名世界100多位之后的中国内地，却成为世界最大的奢侈品消费市场之一。上海的一套房子卖到了1.5亿元的天价，40多万元一桌的黄金宴也在西安和深圳、广州纷纷登场。

基尼系数是意大利经济学家基尼于1922年提出的定量测定收入分配差异程度的指标。它的经济含义是：在全部居民收入中用于不平均分配的百分比。基尼系数最小等于0，表示收入分配绝对平均；最大等于1，表示收入分配绝对不平均；实际的基尼系数介于0和1之间。

专家支招

如果个人所得税能使收入均等化，那么，基尼系数即会

变小。联合国有关组织规定：若低于0.2表示收入高度平均；0.2～0.3表示比较平均；0.3～0.4表示相对合理；0.4～0.5表示收入差距较大；0.6以上表示收入差距悬殊。

目前，国际上用来分析和反映居民收入分配差距的方法和指标很多。基尼系数由于给出了反映居民之间贫富差异程度的数量界线，可以较客观、直观地反映和监测居民之间的贫富差距，预报、预警和防止居民之间出现贫富两极分化，因此得到世界各国的广泛认同和普遍采用。

对于政府而言：

1.超过0.4的基尼系数都是需要受到关注的。

2.而当基尼系数超过0.6的时候，则应当全力治理。

 恩格尔系数：花的钱一样，生活质量就一样吗？

"民以食为天"，吃是人们获得生存的首要条件，只有这一层次的需求获得满足后，消费才会向其他方面扩展。因此，食品支出的比重从一个侧面反映了生活水平的高低。

过去，中国人见面总是习惯性地问对方："吃饭了吗？"但是随着经济的发展，"吃饭了吗"逐渐被"你好"所代替。这主要是因为人们在饮食方面的支出越来越小，而在娱乐、出行等方面的消费比例越来越大了。这种现象被称为"恩格尔系数"降低了。

2003年是山西人很幸福的一年。这一年，山西的恩格尔系数降到了33.5%。而北京和广州在2005年其相应系数才降到了35.2%和37.3%。

改革开放以来，我国在经济增长的同时，贫富差距逐步拉大。综合各类居民收入来看，恩格尔系数降低到警戒线已是不争的事实。然而，作为中西部省份的山西省，为什么可以在恩格尔系数上领先于北京和广州降低呢？

要点解析
YAODIANJIEXI

恩格尔系数是指在日常消费过程中，食品支出占总消费支出的比例。根据联合国粮农组织提出的标准，恩格尔系数在59%以上为贫困，50%～59%为温饱，40%～50%为小康，30%～40%为富裕，低于30%为最富裕。

人们普遍认为：恩格尔系数的下降是一个国家或地区经济发展和居民生活水平提高的重要标志。一般而言，发达国家的恩格尔系数要低于发展中国家的恩格尔系数，而在同一个国家或地区中，收入水平高的居民群恩格尔系数相对要低些。

而北京无疑从数值上已然率先跨入"最富裕"水平。但恩格尔系数是一个不完全的指标，因为它只说明了食品支出占整体支出的比例，并没有考察食品支出带给人们生活质量的改善程度。换句话说，广州人喜欢吃禽肉类和海鲜食品，而山西人则更多地消费谷物类食品，即便两者在食品上的投入占比相同，广州人的生活质量也是大大超过山西人的。

专家支招

恩格尔定律主要表述的是食品支出占总消费支出的比例随收入变化而变化的一定趋势。近几年来，恩格尔系数这一概念悄然走进了我们的生活，并成为使用频率极高的词汇之一。各级政府也比较关注本地区的恩格尔系数，借此来衡量本地居民生活状况。

分析恩格尔系数，对于研究经济社会运行情况有着重要意义。不过在看待该系数时，应注意：

1.恩格尔系数具有不完善性和片面性，对生活质量的参考意义大于衡量意义。

2.对我国居民恩格尔系数要"慎待"，其参考值值得商榷。

如果过于看重这一指标，往往会一叶障目，误导决策。

¥ 炫耀性消费：人们为什么喜欢打肿脸充胖子？

现实困惑

余小姐在上海一家广告公司工作。她在精品商店购买了一个标价6 600元的香奈儿白色挎包。

在买这个包之前，她犹豫了很长时间。"我刚走出校门，现在一个月收入也不过5 000元左右，为了买这个包，我两个月没有买一件衣服，天天在公司吃盒饭。但是我在外企工作，有很多收入更高的同事都很注重品牌。尤其是一些从港台过来的同事，随便一看就能通过你身上的行头判断出你生活的大致水准。我可不想丢面子。"

"与衣服不同，品牌挎包不仅可以显示出更高的生活水准，而且背好多年都不会过时。还有挎上这些皮包之后，确实整个人的气质就不一样了，特显档次，我觉得这是最划算的消费了。"

可是，就在余小姐买下这个皮包之后，她的信用卡账单就到了。这时她才想起来，自己在上一个月已经刷信用卡支付了大半年的房租。买完这个皮包后，她又陷入了赤字状态。结果，年纪轻轻的余小姐又艰苦奋斗了九个月才实现了收入支出的平衡。现在每每回忆起那段日子，余小姐说只能用一个词来形容，那就是不堪回首。

余小姐为什么会愿意用长时间的省吃俭用来换取一件本身用处并不很大的商品呢？

要点解析
YAODIANJIEXI

余小姐这种消费方式被称为"炫耀性消费"。虽然皮包并不是她的必需品，但是皮包带来的表面社会地位提升，却是余小姐所看重的。

像余小姐这样停留在买品牌包阶段的女孩被称为"包法利夫人"：因为收入不够，她们只能通过购买相对便宜的名牌配件来暗示自己也是富裕阶层的一员。这样的消费者在价位相对较低的奢侈品消费中占有很大比例。

专家支招

关于炫耀性消费的概念，是经济学家凡勃伦在1899年提出的。它指的是富裕的上层阶级通过对物品的超出实用和生存所必需的浪费性、奢侈性和铺张性浪费，向他人炫耀和展示自己的金钱财力和社会地位以及这种地位所带来的荣耀、声望和名誉。

在生活中，出于提升表面社会地位的目的而购买高价商品的

行为是可以理解的，但是人们需要注意的是：

1.很多商家正是抓住了消费者的这种心理，故意提高自己商品的售价。这正是利用了消费者的炫耀心理，也就是商品价格越高反而越愿意购买的消费倾向。

2.人们应该注意区分何种商品是确实能够带来表面社会地位的提升的，而哪些商品的价格只是商家玩的心理战和障眼法。

￥ 冲动型消费：为何花钱买不需要的东西？

现实困惑

秋冬换季，小丽想去商场为自己的靴子配一条好看的靴裤。小丽在各品牌区寻觅，忽然模特随身搭配的一件针织连衣裙吸引了她。于是小丽向售货员问连衣裙的价格。售货员告诉她说：这是今年新款，卖得特别好，699元，喜欢就穿上试一下。

小丽又问这个现在穿不冷吗？售货员很礼貌地告诉她衣服是羊毛的，保暖性特别好。而且这个颜色也适中，搭配什么颜色的牛仔裤都好看。小丽表示她不配牛仔裤，主要想买条靴裤配靴子穿时，售货员环视了一圈说：我家这一季还真没有靴裤。其实这件连衣裙搭配靴

子也好看，有不少女孩都愿意像模特似的，身穿针织裙，下面穿靴子，再搭配一些颜色柔和的针织物，多洋气啊！很多身材苗条的女生都愿意这么穿，你身上穿的这个码是我家最后一件了。

当小丽表示要先去别家转转再做决定时，售货员赶紧说刚才还有个女孩也试了，她也挺喜欢的。等她要是一会儿走一圈回来，可能她就先买走了。小丽看着镜中的自己，咬咬牙买下了那条连衣裙。

买下了连衣裙，小丽心情很好。可走着走着，她忽然想到，原本预算500元左右买条靴裤，结果现在不但多花了将近200元，而且自己的主要购物目标还没实现。因此，她有些懊恼。

是什么让小丽懊恼？她在购买连衣裙的事情上犯下了什么错误？

要点解析
YAODIANJIEXI

小丽的问题在于，消费没有计划性，只是看到有适合自己的，且价钱也相对公道的裙子就买下来，并没有考虑是否实用，是否还有其他相关消费的问题。她的这种消费行为，就是典型的冲动型消费。

冲动型消费是指消费者的购买行为受到商品广告、宣传者情绪的强烈冲击，唤起心理活动的定向，从而在某种急切的购买心理的支配下，仅凭直觉与情绪购买商品的消费。

专家支招

通过这个例子，我们可以得出下面的结论：

1.要学会避免那些无意义的群体依从。某样东西也许你身边所有人都有了，但只要你不是真正需要它，你就完全有理由坚持不买。

2.要有一个冷静的头脑，学会察觉虚假编造的稀缺信息。

3.在行动之前要先花时间思考和推理，头脑中有了这些预防措施，我们才会成为一个理智的消费者。

¥ 消费券：券和钱一样吗？

现实困惑

小高喜欢网购。前些日子他在某网站上购买了一件衬衣，但是出现了破损。经协商，该网站补偿给小高相当于100元人民币的站内消费券。

小高认为自己得到了100元的补偿，很高兴，就在同事圈中分享了此事。但是得到的回复却是他始料未及的。

一个同事告诉他，消费券并不等同于人民币，还是有很大差异的。还有的同事直接告诉他，很多网站都有赠送消费券的活动，他自己手里已经有某网站四五百元的消费券了，却不愿意使用。

这是为什么呢？小高还是不太理解。不过，当他打开补偿给他消费券的那家网站，想要使用消费券购买一些日用品的时候发现，原来他这时刚好并不缺少任何日用品，但消费券却被限定在此后的几天内到期，无奈之下，小高随便购买了一套床上用品。在他看来，想用上这套床上用品，估计得等一两年以后了。

网站为什么喜欢发消费券代替现金呢？消费券和现金又有什么区别呢？

要点解析
YAODIANJIEXI

消费券是一种专用券，一般是由经济组织发放，用来增加持消费券的消费者的购买力和消费欲望，从而达到刺激消费的目的。消费券有时还限定所能购买的商品种类、时间和地点，具有不可兑现、一次性使用、不找零的特点。

从消费券被附加的诸多约束条件来看，消费券的使用范围均要小于现金。因此，其支付能力也是要小于现金的。

专家支招

对于消费者来说，平白无故多了些消费券，可以拿去买东西，自然欣喜万分，而对于企业来说，可以消化库存，增加营业收入，加快资金流转，自然也甚是高兴。同时，由于产品需求的增加，企业自然会增加产量，提

高开工率，这又促进了当地的就业。

因此，消费券的价值是值得肯定的，但是我们仍然要指出：

消费券和现金的关系大家要搞清楚，不能单纯地认为消费券和现金的支付能力是相同的。考虑到厂商之间的返点规则，消费券的支付能力其实要打上很大的折扣。

¥ 捆绑销售：大学生毕业签约何以买一送一？

现实困惑

小静最近很开心，因为本来预计很难签到工作的她，居然发现自己可以轻易地找到工作。

事情的过程是这样的：小静是辽宁某大学测量专业的大四学生。高考的时候，她的第一志愿没有被录取，结果被调剂到了这个并不适合女生的专业。从入学的那一天起，她就在担心，将来毕业的时候怎么办呢？测量的工作，都是要去比较艰苦的室外工作的。虽然她本身并不是怕苦怕累的孩子，但是怎么会有单位要一个女生去从事测量工作呢？

有同学建议她辅修第二专业，但是测量专业本专业的课程她都应付得很

勉强，根本就没有余力去辅修其他的专业，结果光阴似箭，一转眼就到了毕业季。

但是就在小静灰心丧气的时候，同宿舍的小芳告诉给她一个好消息。原来，这所大学的测量专业教学质量很好，每年的毕业生都供不应求——当然，这只限于男生。但是学校从学生利益出发，并没有忽视测量专业的女生。因此，学校提出了一个要求，那就是企业要签走一个男生，就必须签走一个同专业的女生。测量专业的女生本来就少，所以很容易就被男生给"带"走了。而用人单位急着要男生为他们工作，便不得不接受学校的要求，签走测量专业的女生，只是签走之后会安排适合女生从事的工作给她们。

学校为什么敢于采取这样的政策？难道它不怕用人单位不买账吗？

要点解析
YAODIANJIEXI

学校之所以敢于采取签一搭一的推送政策，正是因为它在专业人才的供应中占据垄断地位，换言之，这是一个卖方市场。

但是，除了纯粹的卖方市场之外，买一送一的交易形式也是普遍存在的。市场上经常有各种各样的促销活动，比如大家很常见的"买一赠一"活动。例如，买液晶电视送DVD机等活动，一台日本原装进口夏普液晶电视机报价2万

元人民币，赠送一台DVD机，而一台稍好的DVD要1 200元左右。商家这样促销，实际上就是把液晶电视和DVD机一起捆绑销售。买家买液晶电视所花费用中已经包含有DVD机的价钱在内。所以，类似这样的活动，实际就是捆绑销售。

当然还有一种更明显的销售方式，就是捆绑的商品不分开卖，买其中一件还必须买另一件，商品不单卖，就好像小静学校的例子，这样的销售行为是最典型的捆绑销售。

专家支招

捆绑销售，是共生营销的一种形式，是指两个或两个以上的品牌或公司在促销过程中进行合作，从而扩大它们的影响力。它作为一种跨行业和跨品牌的新型营销方式，开始被越来越多的企业重视和运用。

对于商家来说，采取捆绑销售是有前提的。也就是商家一般要占据优势地位。商家的优势地位越高，才可以越明显地采取捆绑销售的方式。而且，不是所有的企业的产品和服务都能随意地捆绑在一起。捆绑销售的成功依赖于下列条件：

1.捆绑销售产品的互补性。

2.捆绑产品目标顾客的重叠

性。

3.产品价格定位的同一性。

互补品与替代品：想卖胶卷，为什么先卖相机？

20世纪60年代初，柯达公司准备进军胶卷行业，但是有一个很明显的问题，就是当时人们对胶卷的认知度不高，要使新开发的胶卷在市场上获取利润并非易事。

这一时期，相机还未普及，大部分相机都由专业摄影人员使用。而摄影人员的数量有限，极大地限制了柯达胶卷的市场需求。那么，如何扩大胶卷的市场需求呢？

柯达公司有人想出了一个绝妙的办法。那就是先推广照相机，当照相机的数量增加了之后，消耗的胶卷自然也就增多了。

于是，1963年，柯达推出了大众化相机，并宣布其他厂家可以仿制，一时间，那些没有研发能力的厂家也都推出了大众相机，这就导致了自动相机热。就这样，相机不仅在数量上暴增，而且价格也大大下降，人们开始大量使用相机，几乎每个家庭都拥有一部用来记录家人生活影像的照相机。

相机的广泛使用，给胶卷带来了广阔的市场，柯达公司乘机迅速推出胶卷，一时畅销遍及全球，柯达实现了创造胶卷市场的目标。而且，照相机走入家庭，还给柯达公司带来了意想不到的收获：因为家庭用户的照相水平远不如专业人士，他们为了得到一张好的照片需要反复拍照，这就大大增加了胶卷的消耗，使柯达公司的业绩更好了。

柯达公司利用了什么原理，才获得了如此之大的成功？

要点解析
YAODIANJIEXI

胶卷的需求量与照相机的价格有着密切关系。一般而言，照相机价格上升，胶卷的需求量下降，两者呈现反方向变化。如果X和Y是互补品，X的需求量就与Y的价格呈反向变化。

柯达公司利用了产品的互补效应。由于胶卷和相机是互补品，当相机的使用增加时，胶卷的使用也必然增加。于是他们采用发展互补品的办法，在1963年开发大众化相机，相机的广泛使用，也给胶卷带来了广阔的市场。

商品之间的互补关系并不是永远稳定的。当胶卷完全走入了人们的生活之后，柯达公司提高相机的售价，已经很难影响人们对胶卷的消耗了。人们对相机价格的反应，仅仅是更加小心地使用相机而已。这时，相机和胶卷就互为独立品了。

独立品指需求相互独立的物品。更

精确地说，其他条件相同时，如果物品A的价格变化对物品B的需求没有影响，则称A、B是独立品。

专家支招

互补品和替代品告诉我们，对企业来说：

1.在不成熟的市场中，对产品信息了解不多的消费者占绝大多数时，企业容易通过广告宣传等方式强化消费者对互补产品联系的主观感知，从而确立互补产品之间的战略重要性。

2.而在成熟市场中，有充分信息的消费者占多数，互补产品之间的联系较难建立。这时，就应当以独立品的形式来看待它们。

¥ 替代效应：裁缝何以杀人不偿命？

现实困惑

一天，高吉尔城里的裁缝把一个顾客杀了。于是，他被带上了法庭，法官宣判对他处以绞刑。判决宣布之后，一个市民站起来大声说："尊敬的法官，被你宣判死刑的是城里唯一的裁缝！我们只有他这么一个裁缝，如果你把他绞死了，谁来为我们设计衣服？"

高吉尔城的市民这时也异口同声地

呼吁。法官点了点头，重新进行了判决。"高吉尔的公民们，"他说，"你们说得对，由于我们只有一个裁缝，处死他对大家都不利。城里有两个盖房顶的，就让他们其中的一个替他去死吧！"

法官为什么会做出这样荒唐的决定？

要点解析
YAODIANJIEXI

我们清楚，这样的故事只可能在寓言里出现，但是这个故事也从一个侧面说明了不可替代的重要性。在现实生活中，为什么在同一个单位里，大家都是同样上班下班，却由于岗位的不同薪水有很大的差异？有些人干着最脏、最累的活，他们拿的钱却远远不及那些从事既轻松又体面工作的人呢？这其实涉及经济学上的替代效应。

有些岗位和人是稀缺的，而且稀缺到了无可替代的地步。这时，他们在服务市场上就占据了垄断地位。

由于一种商品价格变动而引起的商品的相对价格发生变动，从而导致消费者在保持效用不变的条件下，对商品需求量的改变，称为价格变动的替代效应。比如，你在市场买水果，一看到橙子降价了，而橘子的价格没有变化，在降价的橙子面前，橘子好像变贵了，这样你往往会多买橙子而不买橘子了。

而垄断的存在则使替代效应受到抑制，这并不利于经济发展。

专家支招

替代效应在生活中非常普遍。我们日常的生活用品，大多是可以相互替代的。冰淇淋和雪糕就是最常见的替代品。越是难以替代的物品，价格越是高昂。一般而言，一旦某商品存在替代商品，那么该商品的价格也不会太高，反之，则很难降低。因此，我们建议：

1.作为生产者，出于盈利的目的，应该更多地从事无替代品或有少量替代品的产品经营。

2.而消费者则应当尽量选择那些替代性强的商品去消费，因为它们的售价往往很低。

￥ 间接收益：老总到处送手机意欲何为？

现实困惑

广州与昆仑在线的技术总监项根生有一部诺基亚的E71手机。一次，他在与记者对话的时候，使用这部手机打开了几个网页，并顺口对身边的朋友说，这是雷军送给他的。

接下来，话题很自然地转到了雷军身上。项总告诉朋友，雷军这个人确实不错，人缘很好。雷军的天使投资做得也相当出色，历数Vancl/多玩/UC Web

等一系列公司。

无独有偶，178游戏网的创始人张云帆也收到过雷军馈赠的手机。他提到："雷总很高兴，包里装了一捆iPhone到处给人推荐，让兄弟们体会下什么叫牛叉产品。"

我们都知道，雷军是金山软件公司董事长，小米科技的CEO，正经的一个高富帅。但是，再有钱也不会随便发手机吧？

那么，雷总送手机的行动，真的是不合时宜的吗？

要点解析
YAODIANJIEXI

项根生和张云帆都是中国互联网里真正懂产品懂技术的牛人。雷军的手机都是送给他认为有用的人。首先，这些人迟早会创业；其次，这些人交往的人肯定都是业内有实力的人。这都是雷老板最愿意交往的朋友，也是作为天使投资人的他的核心目标人群。

新潮手机说明雷军对产品和对创新的关注和热忱；但又不是太贵，送起来显得很随意，接受的人没有压力。

如果雷军送人的手机均价是3 000元人民币，那么送给100个像张云帆和项根生这样的牛人，总投入为30万元。因为张云帆和项根生这样的牛人偶尔会在一起聚会交流的业内人士有200人，所以100个牛人就可以辐射两万人。假如其中的重复人数为50%，有1万人会被辐射。

30万除以1万，每人30元人民币。

雷军投入的30万不仅拉近了与100个牛人的私人关系，还以每人次30元人民币的价格辐射了1万互联网业内人士。

因此，雷军送手机，是一件得体，且收益丰厚的活动。

专家支招

通过雷军的故事，相信大家已经明白了：

1.很多事情，我们表面来看直接收益并不明显，但是考虑到间接收益，往往会有大不相同的结论。

2.人们在经济活动中，不仅要考虑直接收益，更要考虑自己行为所产生的间接效益。这样才能准确地评估自己行为的收益，从而判定是否去执行该项活动。

¥ 消费者剩余：团购网站为什么受追捧？

现实困惑

2010年1月，借鉴美国团购网站的成功模式，北京、上海、青岛三个城市，都有了团购网站"满座网"的服务。国内首家团购网站的出现，拉开了中国团购元年的序幕。2010年当年，中国团购总销售额达到25亿元。这25亿元是一点一点积累起来的，因为团购的平均折扣为3.1折，交易的均价为89元。

现在，聚划算每天有1 200万消费者发起品质团购，成为全国最大的团购站点，已累计帮助千万网友节省超过110亿，涵盖在线商品到地域性生活服务。而朋友间出门聚会，无论是吃饭、看电影，还是郊游，一般都会说"那就团一个"？可见，团购有多么深入人心。

同时，团购也带来一些负面影响。1288团购网事件爆发。在一次团购中，由于商家卷款走人，客户付款后发不出货，后又拖延退款，终被警方调查，成为国内首家骗子团购网站，通过自卖关闭。而这仅仅是该站开张两个月后的事情。

为什么团购模式存在安全隐患，却还是受到消费者的高度热捧？

要点解析
YAODIANJIEXI

团购最大的吸引力在于它能够提供明显低于正常采购的价格。在物价飞涨、收入分配失衡的今天，普通百姓对团购表现出格外的热衷也是很自然的。从经济的角度来讲，团购能够增加消费者剩余。

消费者剩余是指消费者购买某种商品时，所愿支付的价格与实际支付的价格之间的差额。比如，一对情侣走进服装大卖场，女子看到199元的裙子觉得足够漂亮，值那么多钱，因此愿意购买；而男子则认为"那不就是一块布，怎么可能值那么多钱"，而由于男方是"出资人"，交易自然无法达成。

专家支招

现实生活中，很多商品都被认为价格虚高，但是人们又不得不接受。比如最常受到诟病的电讯资费和油费，尤其是前者。人们都清楚，目前电信运营商的资费水平是远远高于充分竞争可以达到的低价位的，这个价位通常就是消费者愿意支付的价格。而目前的电讯资费，其消费者剩余显然是负的。

围绕消费者剩余，商家和消费者都应明白：

1.只要有更高的消费者剩余，消费者就应该去实现它。

2.当消费者剩余为负的时候，减小它的绝对值，就可以吸引更多的客户了。

￥ 议价：议价产业为何浮现互联网？

现实困惑

在传统集贸市场上，人们已经习惯了砍价。有时，甚至明知一件商品在低价销售，却还是禁不住砍上一番。最近，网络上也出现了一群人，他们利用业余时间帮网购的顾客杀价，并从差价中收取提成，这就是网购砍价师。

有一位资深网购砍价师末叶，他介绍起了自己的职业。网购砍价兴起不久，"很多网购一族没有时间或者不善于砍价，于是就诞生了我们这一行。"据称，做得好的网购砍价师，月收入达万元。

末叶说："网购砍价师往往并不是以此为主业，很多人都有正当的工作，砍价只是兼职。"不过，砍价师的工作要求有比较多的可支配时间。以他个人为例，他自己就开了网店，平时就把QQ挂在网上，一边管理自己的网店，兼职帮人去砍价。

"做我们这一行的，也要懂得技巧，看清其中的门道，不是随便杀价。也就是说，既要帮买家杀下价来，还不能杀得过分。因此并不是所有的人都适合做砍价师。"末叶说，一个合格的砍价师最基本的素质是，一眼看出其中的利润空间，然后跟老板讨价还价，既要给买主面子，也要给老板面子。"让老板有利可图，让顾客满意是我们的宗旨。"因为，很多商家当利润被摊得太薄之后，都会拒绝交易，或者更严重的以次充好，严重损害砍价师的信誉。

末叶说，做这一行的都不是门外汉，要么是本身就开网店的，要么是从事过物流、营销、电子商务等工作的，深谙其中的门道。

那么，为什么在菜市场上人们喜欢自己砍价，而网购中却会出现代人砍价的"网购砍价师呢"？

要点解析
YAODIANJIEXI

人们之所以能够自己在菜市场中砍价，是因为普通菜市场中的肉菜副食等的批发价格人们大致都清楚，了解零售商家的利润空间，因此可以有较大的把握和商家协商商品的价格。

但是网络上的商品琳琅满目，进货渠道复杂，这就导致商家的进货价和其他成本都在消费者的了解范围之外，这样一来，消费者无法准确地估计商家的利润空间，自然无法有效地砍价。而出身电商的"网购砍价师"，则因其专业知识和经验，能够把菜市场中的砍价经验复制到网购活动中来。

专家支招

议价本身可以增加消费者剩余，因此得到推广。在议价的过程中，消费者应注意：

1.如果能够提高自身的议价能力，就无须雇佣砍价师，这样，自己的消费者剩余就会更多。

2.在短期内无法提升自身议价能力时，可以通过雇佣砍价师来增加自己的消费者剩余。

3.在议价中，掌握信息充分的人往往处于比较有利的地位，而

信息贫乏的人员，则处于比较不利的地位。

¥ 土豆效应：土豆为什么可以违逆需求定律？

现实困惑

爱尔兰有句俗语：世界上只有两样东西开不得玩笑，一是婚姻，二是土豆。爱尔兰人之所以如此重视土豆，是因为他们的祖先曾经因土豆荒吃过严重的苦头。

19世纪中期，一种对土豆有毁灭性作用的病菌被传到爱尔兰，大量土豆腐烂掉而无法食用。而土豆是爱尔兰人的传统主食。这场饥荒导致大约150万男女老幼背井离乡，渡海去了北美和澳洲。

上面是社会学家关注的问题。而爱尔兰饥荒吸引了经济学家的注意，则是因为这一时期土豆离奇的价格表现。一般而言，经济学界认为，当某种商品的价格上升时，其对应的需求应该会走低。但实际上，在这一时期里，由于土豆供应量稀少，其价格也逐渐走高，而消费者依然不减。因此，从经济学的角度来看，这违背了需求规律。

那么，为什么爱尔兰的土豆可以超出需求规律的影响之外呢？

要点解析
YAODIANJIEXI

土豆其实并没有超出需求规律的限制。需求规律中关于商品价格与需求呈反比关系的论述是有条件的,那就是存在该商品的替代品,即需求弹性足够高。但当时爱尔兰的土豆已经是当地居民可以选择的唯一粮食,因此需求弹性极低,属于需求规律的特殊情况。

土豆效应又称为吉芬反论、吉芬之谜,是指商品的需求量与价格成正向关系这样一种状况。

需求定律对经济学十分重要,因为它简单而拥有强大解释行为的能力,且该定律约束价格与需求量的关系。可是,吉芬物品的出现,使需求定律出现问题。

当价格下降,根据需求定律,需求量必然上升。可是由于吉芬物品的出现,需求量可能也会下降。这样,价格下降,我们没法肯定需求量是上升,还是下降。因此无法约束行为而导致失去了解释能力。

专家支招

在知道了土豆效应之后,我们可以从中体会到:

1.当我们面对供给弹性差且又是生活的必需品的商品时,就要多想想爱尔兰人的悲惨往事,不要一厢情愿地相信买的人多了,

价格自然会下降的说法。

2.人们应更自由地追求非吉芬物品,因为这些产品才能使消费者的利益得到最大的保障。

¥ 价格歧视:机票为什么可以比火车票便宜?

现实困惑

晓楠是个刚毕业没多久的大学生,在深圳工作。放长假的时候,很多同事都选择坐火车回老家,只有晓楠选择坐飞机。

一开始,大家都以为晓楠是身娇肉贵,或者比较富有。但后来大家才知道,晓楠每次回老家,路程比大多数人都远,但用来买机票的钱比买火车票的钱要少。

晓楠向大家说明了自己的购票历史。她第一次春节回家是取道北京,订的从广州到北京的机票,一折,加上燃油费等才300元多点。后来她和朋友去旅行,从昆明到南宁,又到湛江,又到广州,又到深圳,又到香港又飞回海口,一个人总共才花了600元。她甚至还订过奥运会期间海口飞北京的0.6折的机票。这些机票的价格不仅要低于火车卧铺的票价,甚至比硬座还要低一半以上,且时间也要短很多。

于是,大家也跟着晓楠开始买飞

机票回家，但是各自心中都还有一个疑问：

为什么提前订飞机票要比起飞前几日内订的机票便宜那么多呢？那花全票价格购买机票的人岂不是很倒霉？

要点解析
YAODIANJIEXI

相对而言，以接近全票价格购买机票的人确实要多损失一些票价。但是出于盈利的考虑，航空公司更愿意制定这种阶梯票价的制度。

一般来说，如果你提前两周或一个月去预订机票，价格会比即买即走要低得多。因为提前订票的大都是经常看报寻找优惠活动的闲人。把这些人甄别出来，就可以用低廉的价格来吸引他们。但是对那些说走就要走的忙人，价格不是最重要的因素，时间才是最宝贵的。经济舱和头等舱的道理也一样。

这就是航空公司的价格歧视。它通过对人群进行甄别，然后对不同群体收取不同的费用来实现自己的利润最大化。

专家支招

价格歧视无时无刻不在我们身边。由于价格歧视的存在，人们在生活中可以运用下面的对策来使自己的结果更好：

1.对于企业而言，在不同地区销售同种产品可以制定不同的价

格，这样能使企业利润最大化。

2.对于消费者而言，跨地区购买那些被指定了销售区域的产品，可以节省更多钱。

￥ 价值悖论：茅台为什么自我限制产量？

现实困惑

2012年度茅台产量

省区	贵州茅台酒		系列酒	
	新飞天 500ml	43度茅台酒	茅台王子酒	茅台迎宾酒
合计/吨	9 500	1 300	4 000	5 000

我们知道，茅台酒的价格是很高的。但是另一方面，作为中国的国酒，茅台酒每年的产量并不高，为10 000吨左右。很多人就不理解了，为什么不继续扩大规模呢？

经济学家会这样告诉你，限制产量的行为，可以在保证质量的基础上扩大营收，扩大企业规模。这要怎样去理解呢？

要点解析
YAODIANJIEXI

实际上，把产量限制在某个范围之内，正是茅台企业经营策略的高明之处。规模不断扩大后，使原材料消耗增大，工艺耗费增大，导致质量下降；另外，按照供求关系原理，供求过大，价

格必然下降。

所以说，茅台集团把酒的产量控制在一定范围内是很明智的。

专家支招

茅台酒的规模政策，与其在市场中所占据的地位是相关的。作为中国的国酒，茅台是无可替代的，因此，茅台酒公司可以按照自己的意志调整定价。这就是垄断的结果。一旦陷入竞争，定价和定量原则又会发生改变。

茅台酒给企业指出了增加盈利的道路：

1.尽量使自己在不违反法律的情况下成为一个市场内的垄断者。

2.一旦形成垄断优势，即可通过自我限制产量的方式来获取更大的利益。

后发优势：怎样打入一个成熟的市场？

现实困惑

腾讯的电商服务在很长时间里一直做得不温不火。虽然腾讯有QQ网购、团购、拍拍和易迅，在电商上的布局是很全面的，影响力却远不如淘宝和京东。为此，腾讯也想了很多办法。

比如，最常用、也是见效最明显的方法：在QQ聊天界面上加广告推广。这种方法很有效，每次推广都会获得很大的流量。但也有一个弊病，那就是忠诚度不够，一旦推广链接撤下，流量马上又下去了。为此，腾讯很是苦恼，并为此被指为"没有电商基因"。

然而，腾讯还是成功了。成功地在电商领域形成了独特的品牌影响力，而帮腾讯实现这个梦想的是易迅。易迅起家的时候，京东的广告已经铺天盖地，淘宝的认可度更是居高不下。在很多企业看来，新进者很难以高姿态打入这个市场。而易迅的套路是：加快订单处理速度。

本着"天下武功，唯快不破"的思想，易迅第一个推出一日两送、一日三送的服务，并先从上海开始深耕市场，逐渐扩展到一线特大型城市。也就是说，易迅的策略是：单点突破。

从易迅的成功案例中，我们能总结出怎样一个结论？如何打入一个成熟的市场？

要点解析
YAODIANJIEXI

在一个成熟的市场中，买者已经形成了固有的习惯，购物模式已经在一定程度上限定在既有卖者的供给上了。这时，要突破该市场上的先发优势，就需要有更强的优势，无论是在整体上，还是在局部上。

淘宝有着极大的现金流，京东背后是舍得花钱的风投资本，易迅早期没有腾讯资源，硬是进入了烧钱的电商领域，靠的就是局部后发优势，专攻3C产品、突出速度和专攻上海。

专家支招

鉴于先发优势概念的存在，我们对企业给出的建议是：

1.如果有可能，就率先进入一个市场，并建立起先发优势，这样让后发者在进入市场时束手束脚，有利于巩固自己的地位。

2.如果不得不以后发者的地位进入市场，就必须突破先发者的优势，这可以靠全面优势和部分优势完成。

3.一般来说，后发者受资源限制，无法全面占优，这时部分优势就是突破先发优势的唯一手段。

¥ 最高限价：平抑物价为何会适得其反？

现实困惑

2009年，根据农民消费水平和消费需求，国家对家电下乡产品规定了最高限价，产品实际销售价格不得超过该类产品的最高限价。部分产品的最高限价

分别如下：储水式电热水器1 500元、太阳能热水器4 000元、微波炉1 000元、电磁炉600元。

但到后来，财政部宣布大幅度提高家电下乡产品的最高限价。其中，彩电和手机的最高限价提高一倍，冰箱等七类产品最高限价提高幅度为25%~75%。

另一方面，国家对于单件家电产品的补贴上限并未提高，售价在原限价及以下的产品，补贴额度仍按销售价格的13%计算；售价超过原限价且在新限价内的则实行定额补贴，定额标准按照该品类产品原来最高限价的13%计算。

国家为什么在政策执行之后，又更改了最高限价的水平？

要点解析
YAODIANJIEXI

政府的意愿是好的，它希望通过最高限价的方式，减轻人们购买相关产品的经济压力。但是经济结果却未必像政府期望的那样进展。

最高限价指政府规定某种产品或服务的价格不得超过某个水平，如规定某种医疗服务的价格不得超过80元。有效的最高限价必定导致供不应求。最高限价扭曲了市场价格，对于生产厂商而言，生产该产品已经不能获得足够的利润，因此厂家转向其他产品的生产。

这样一来，市场上对该产品的供应就会减少。最终结果就是，市场对该产品的供应稳定在一个更小的数量上，人

们虽然可以用更低的价格买到该产品，但更多的人却要面临买不到该产品的窘境。

专家支招

那么，在国家出台最高限价措施时，企业应怎样应对呢？

1.由于最高限价使企业利润降低，企业可以考虑转产没有最高限价的产品。

2.可以留意政策动向，当最高限价政策松动时，预留产能进行生产。

 最低限价：东风标致为何敢于"最低限价"？

现实困惑

价格战早已蔓延到乘用车领域。但是标致307，这个有着宽敞的车内空间的法系车代表，由于操控性方面表现突出，一度拒绝降价。

2009年9月，东风标致对其经销商提出了"最低限价"的要求，部分车型有售价的最低限，要求各4S店严格按照厂商规定的限价空间进行价格调整，并将实施情况与经销商年度业绩挂钩。

就在东风标致出台"最低限价"政策的时候，北京现代、上海大众、长安福特、一汽马自达等大牌厂商纷纷表示

自己的"价格立场"，即不倾向于进行限价处理。

在读过前面最高限价政策结果的故事之后，读者觉得最低限价会导致怎样的结果呢？

要点解析
YAODIANJIEXI

最高限价会导致供给不足，反过来最低限价必然导致需求不足。经过东风标致的最低限价政策，市场对该车型的需求将稳定在低于自由市场价格的水平。

专家支招

企业在何种情况下应坚持推行最低限价呢？

1.一旦限价开始后，企业在这种需求水平下取得的收益如果高于自由市场价格下的结果，则可以考虑继续维持该政策。

2.一旦因为需求水平的下降过于剧烈，导致总收益下降，则应调整限价，直到提出能够获得高于或等于自由市场价格下的总收益的定价政策。

¥ 示范效应：人有我有也是错？

现实困惑

张玲和李园是公司同一部门的同事。一次出差，张玲和李园结伴而行。李园是一位性格活泼开朗的女孩，结识她，让张玲觉得这次枯燥的出差有了新的乐趣。出差的间隙，张玲和李园少不了到当地的商场去购物。李园的出手大方给了张玲不小的触动。

平时购物，张玲都喜欢挑选一些中等价位的产品，普通的衣服一般在几百元，很少有四位数的；购买化妆品，也是挑一些自己可以承受的二线品牌，既实惠，质量也不差。可是与收入相当的李园相比，张玲不由得自惭形秽起来，觉得自己简直太"小儿科"了。李园出手很阔绰，七八百元的化妆品，上千元的衬衫，四五千元的皮包，她买起来似乎眼睛都不眨，还连呼当地的商场比上海的便宜，动员张玲一起血拼。可是在张玲看来，这些打折后的商品尽管比上海的便宜一些，还是远远超出了自己的消费能力。

可是李园毕竟是刚刚认识的新同事，而且自己和李园的收入差不多，张玲心想要是太寒酸不是被别人笑话？出于爱面子的心理，张玲也放开胆子花掉自己近半个月的收入，购买了一个名牌皮包。可是从商场回来，张玲就后悔了。和李园快乐的单身生活不一样，张玲去年新婚，每个月还要和丈夫一起偿还一笔不小的按揭款，可是买一个手提包就花掉了自己半个月的薪水。这么想着，张玲就开始有点担忧。

从张玲的故事中，我们能学到什么？

要点解析
YAODIANJIEXI

其实偶尔购买了一件"奢侈品"算不了什么大事，对张玲来说更重要的是，自己的消费心态受到了不小的影响。女性之间难免进行攀比，想想同事和自己的收入差不多，购物时那么爽快，心里就开始有点不平衡。

由此可见，人们的消费行为不但受收入水平的影响，还受其他人——主要是那些收入与自己相近的人——消费行为的影响。这就是示范效应在起作用。

专家支招

示范效应这个名词最早是心理学家对人类行为研究所做的总结，现在已广泛地被经济学家用于研究人的经济行为，尤其是人类的消费行为。示范效应往往是双向的，这就是所谓"坏"榜样和"好"榜样所起的影响。从动态上看，示范效应最终会使少数人成为主流。

人们应如何对待生活中的示

范效应呢？

1.生活中，人们迫于世俗的眼光，有些时候不得不去跟风消费，但是应注意把握尺度，以免从中损失过多。

2.如果明显感觉到周围存在不利于自身的示范效应，则应考虑换一个环境生活。

（二）
就业经济学

¥ 大锅饭：小母鸽为什么不再烤面包了？

现实困惑

小母鸽在谷场上扒着麦秸，直到扒出几粒麦子。她叫来邻居，说："假如我们种下这些麦子，我们就有面包吃了。谁来帮我种下它们？"

牛说："我不种。"

鸭说："我不种。"

猪说："我不种。"

鹅说："我也不种。"

"那我种吧。"这只小母鸽自己种下了麦子。

终于到了烤面包的时候。

"谁帮我烤面包？"小母鸽问。

牛说："那得给我加班工资。"

鸭说："那我能享受最低生活补偿吗？"

鹅说："如果让我一个人帮忙，那太不公平。"

猪说："我太忙，没时间。"

"我仍要做。"小母鸽说。

她做好五根面包，并拿给她的邻居看，邻居们都要求分享劳动成果。他们说小母鸽之所以种出麦子，是因为从地里找出了种子，这应该归大家所有；再说，土地也是大家的。但小母鸽说："不，我不能给你们，这是我自己种的。"

但是村长还是要求小母鸽和其他村民平分她的面包。

从此以后她们都过着和平的生活，但小母鸽再也不烤面包了。为什么会这样呢？

要点解析
YAODIANJIEXI

牛、鸭、猪、鹅都希望不劳而获，而村长支持这种风气，这就是大锅饭的制度。在大锅饭制度下，人人都能在总体营收中分得大致平均的份额，这样一来没有人会愿意比别人多付出劳动。社会的激励制度不正确，会导致生产效率低下，有能力的人不愿发挥自己的能力来创造价值，文中的小母鸽就是如此。

专家支招

我们应如何处理大锅饭现象？

1.历史证明，大锅饭制度并不利于国家的发展。因此，在宏观经济设计上，就应避免大锅饭环节的出现。

2.大锅饭现象对企业效率的损害更加直接。因此我们在经济生活中，对企业和组织的管理中，都应尽量避免大锅饭现象的出现。

¥ 失业：如何正确面对失业？

现实困惑

前几天，分行的总经理叫赵玉去他的办公室。在此之前，赵玉正谈笑风生地和同事们交流在网上买房、抢车的经验。

赵玉放下内线电话，整整衣裙，走到经理的办公室前。推开门的刹那，赵玉还以为总经理会像过去半年中每一次和自己单独谈话一样，表扬一下自己的业绩，然后布置下一步任务。

谁知，赵玉错了。经理停顿片刻，终于说出口：银行准备先从试用期的员工中开始裁员，由于你的试用期还没过……

赵玉走出经理的办公室后，她将要离开银行的消息也随之传播开来。将近半年了，周围的同事和赵玉已经处熟。接下来的几天，时不时有人关心地问赵玉："接下来你怎么办？"当然，也有不少和赵玉资历差不多的新人，赵玉看得出她们也忧心忡忡。五天的时间很快就到了，赵玉收拾完东西，捧着大纸箱站在电梯前，等指示灯停留在自己所在的楼层。有同事想送赵玉下楼，被赵玉拒绝了。站在电梯里，人依旧挤得满满当当，赵玉不想抬起头。在这个高档写字楼里，捧着大纸箱的人，谁都知道是什么身份。

"我从来没有想过自己会被裁员。"赵玉心里想，"没事，还会有更好的工作的。"

赵玉面对被裁员的态度是否正确？

要点解析
YAODIANJIEXI

在经济生活中，供职于企业的人们既可以和用人单位签订雇佣协议，同样，这份协议也是可以被解除的。在生活中，有些人不希望离开他们正供职的企业，有些则迫不及待地要离职，这和人们的目标和相对于目标所处的阶段是有关联的。

在赵玉的案例中，她认为目前所在的企业能够满足这一时期她在事业方面的要求，因此并不希望离职。但是她也并不是完全无法接受，因为这家公司无法继续合作，还有别的公司能够提供给她施展才华的机会。

 专家支招

怎样对待失业，才是正确的态度呢？

1.赵玉看待被裁员和失业的态度是很正确的，她没有像一些人一样因为被裁员而精神萎靡，一蹶不振，也没有过分粗枝大叶地认为被裁员无所谓。她是以公正的态度来看待失业——对人生来说是一次挫折，但也并非无法战胜。

2.思想认识中的大局观对解决失业困惑有很大帮助。目前我国的经济越发活跃，而活跃的经济必然需要活跃的人事政策来匹配。未来的世界，就职和离职的机遇和可能性都要远大于从前。我们需要认清和接受这个事实，冷静处理由失业带来的挑战，同时对因失业而产生的其他机遇善加利用，这样就能取得良好的结果。

人力资本：怎样充分利用人力资源?

现实困惑

两个捕虾高手一起到水池捕虾。这两人各凭本事，一展身手，隔不了多久的工夫，皆大有收获。

忽然间，水池附近来了十多名游客。看到这两位高手轻轻松松就把虾捕上来，不免感到几分羡慕，于是都去附近买了一些工具来试试自己的运气如何。

没想到，这些不擅此道的游客，怎么捕也是毫无成果。

话说那两位捕虾高手，两个人个性相当不同。其中一人孤僻而不爱搭理别人，单享独捕之乐；而另一位高手，却是个热心、豪放、爱交朋友的人。

爱交朋友的这位高手，看到游客捕不到虾，就说："这样吧！我来教你们捕虾，如果你们学会了我传授的诀窍而捕到一大堆虾时，每十条就分给我一条，不满十条就不必给我。"

双方一拍即合，欣然同意。

教完这一群人，他又到另一群人中，同样也传授捕虾术，依然要求每捕十条回馈给他一条。一天下来，这位热心助人的捕虾高手，把所有时间都用于指导新手，获得的竟是满满一大篓虾，还认识了一大群新朋友。同时，他听着左一声"老师"，右一声"老师"，备受尊崇。

另一位捕虾高手则没享受到这种服务人们的乐趣。当大家围绕着其同伴学捕虾时，那人更显得孤单落寞。闷捕一整天，检视竹篓里的虾，收获也远没有同伴的多。

为什么认真捕虾的人收获到的虾反而不如那个抽空指导别人的人多呢？

要点解析
YAODIANJIEXI

专心捕虾的人，捕上来的虾并不会少于功力和自己持平的对手，但是论及最终收获的虾量，却很容易被对手落下。

这是因为，抽空指导新人的捕者不仅从自己所捕的虾中获得收获，还会从被指导者的收获中分得一定的份额。人们常说人多力量大，众人拾柴火焰高，这些被指导的人，构成了指导者收获虾量的人力资本，作为帮助他实现收获的工具而存在。而有了人力资本的捕者，必然要比没有这种"人力资本"的捕者收获更多了。

专家支招

企业和个人如何充分利用他们所有的人力资源呢？

1.现代社会强调科技是第一生产力，而科技又是由人生产出来的，因此，人力资本的存在，对于任何经济组织而言都是极为重要的。正因为此，企业应该向重要的人才支付高额的薪水，并以这种形式留住人才，让他们在企业中继续贡献自己的价值。

2.对于个人而言，人力资本的

重要性也不容忽视。虽然不存在雇佣关系，但是以"人脉"形式存在的可利用的人力资本，对每个人来说都不容忽视，就好像有些书中提到的："你的人脉价值百万。"

¥ 木桶原理：企业如何看待产品中的零件？

现实困惑

经济学家、物理学家高德拉特先生，在他的《目标——简单而有效的常识管理中》，以主人公罗哥的身份，讲述了这样一个故事。

罗哥的儿子大卫和其他的一些孩子在罗哥的带领下去郊外健行，也就是国内常说的远足或者拉练。他们8点30分出发，计划照着每小时两英里[①]的速度，也就是一般人步行的速度前进。以这样的速度，他们应该可以在5小时内走完10英里。这样一来，即便中间预留一个半小时的休息和午餐时间，他们都应该可以轻轻松松地在下午3点钟以前抵达魔鬼峡谷，也就是该次健行的目的地。

但是很快，罗哥发现事情并未像他预计的那般发展。原来，队伍被一个叫作贺比的男生给拖慢了。而为了照顾到孩子们的安全，作为领队的罗哥要求孩子们必须紧跟着前面的人。为了达到这

---

① 1英里=1 609.344米。

个目标，贺比需要走在队伍的最前面。这样一来，其他人的前进速度都被贺比限制住了。

为了提高整个队伍的前进速度，罗哥后来让贺比把他背负的行李中的物件分给其他的队员，罗哥也帮他拿了几样。这样，贺比的速度提高了，整体队伍的速度也跟着提高了。

健行的故事说明了怎样一个道理？

要点解析
YAODIANJIEXI

整体队伍的前进速度受限于其中行进速度最慢的那个队员，这就是所谓的"短板效应"，也叫作"木桶原理"。

形象地说，木桶能够装多少水，并不取决于围拢成这个木桶的所有长木板的平均高度，而是由所有木板中最短的那一根的长度来决定的。

专家支招

在生活中，很多事情都能够用木桶原理来解释。比如一件产品的使用期限，并非由组成这件产品的所有零件的平均寿命来决定，而是由这些零件中寿命最短的那个来决定的。一旦其中一个零件先坏掉了，那么产品就无法工作和被使用了。

木桶原理告诉生产企业和个人下面几点：

1.应把产品中的各种零件周密组织，让它们的可靠性大致相同，这就能够保证当一个零件损坏的时候，其他零件也快要损毁了，不至于浪费其他零件的使用价值。

2.人取得成功的大小决定于他身上的能力短板。

￥ 首因效应：人们为什么习惯以貌取人？

现实困惑

在《三国演义》中，庞统与诸葛亮是三国时期两个才能相当的谋略家，但是两人的仕途之路却相去甚远。

诸葛亮坐在隆中草庐，有刘、关、张三人去请；而庞统却因为长得难看使孙权不愿意任用，投奔刘备后因为同样原因被派往耒阳做了小县令。《三国志》说："先主领荆州，统以从事守耒阳令。"

孙权、刘备作为一流的割据诸侯要请的是带兵的人才，又不是养眼的金童玉女，为什么还会因相貌而不重用庞统呢？

要点解析
YAODIANJIEXI

在经济学中，有一个"首因效应"的说法，也叫优先效应或第一印象效应。它是指当人们第一次与某物或某人相接触时会留下深刻印象。个体在社会认知过程中，通过"第一印象"最先输入的信息对客体以后的认知产生的影响作用。

首因效应揭示了一个事实，那就是人的本性对长相、言谈等要素的看法会很大地影响到人们对新接触者的看法，这种看法一般将持续相当长的时间，且影响很大。

专家支招

事实上，在企业用人的过程中，首因效应同样存在，这就造成了有用之才的流失。那么，我们应当如何避免以貌取人呢？

1.建立客观的考核制度，而非用主观臆断来决定人才的留用与否。

2.通过人力小组，而非一个人力专员来评估面试者，这样就可以避免主观上的偏颇。

¥ 菲利普斯曲线：通货膨胀与失业之间有什么关系？

现实困惑

赵刚被朋友称为"史上最倒霉的人"，这是为什么呢？原来，现年55岁的赵刚，好像被施了咒语一样，在工作上总是有烦心事。

20世纪90年代初，赵刚早早地从公有制企业辞职，进入了一家民营企业工作。他之所以会有这样的选择，是因为当时私企的待遇要好些。进入到新的工作单位之后，他尽力地施展自己的才华，在这家民企中获得了足够的认可。

但是好景不长，我国很快进入了通缩期，社会对产品生产的需求降低，赵刚所在的民企获得订单的能力不强，很快在竞争中失势，被几乎不存在成本压力的国企挤垮了。赵刚也因此失业。这时的赵刚，已经三十多岁，在各行各业都在收缩编制的这个时期，想要重返国企几乎是不可能的。

赵刚失落了一阵子，痛定思痛，决心提高自己的能力，想培养出"走遍天下都不怕"的工作能力。

也许是有志者事竟成吧，他凭着自己的工作能力，再次进入到一家民企工作。不过，他还没高兴几天，就发现原来几乎所有行业的企业都在招聘，自己只不过是较早地赶上了这一波潮流罢了。

更可气的是，赵刚发现尽管自己有了工作，但是物价却不断地上涨。在工资基本不变的前提下，自己的收入在不断地缩水。

有了这些经历之后，赵刚才被朋友们称为"最倒霉的人"。

赵刚为什么总是赶不上好时候，不是没了工作，就是有了工作却赶上了高昂的物价？

要点解析
YAODIANJIEXI

其实并非赵刚倒霉，所有人都受限于导致赵刚先失业后破财的经济规律，只是赵刚的例子更为典型罢了。

20世纪90年代初，我国还处于通胀期，通胀期的工作机会多，因此赵刚辞职后可以轻易地找到新的工作。而90年代中后期，我国出现了一轮不算太严重的通缩，这一时期工作机会就比正常的经济状态要少了，这才导致了赵刚失业后无法很快地找到工作。

而后来新一轮的通胀又取代了通缩，随之而来的高就业成就了赵刚的职业理想，同样的，高通胀也必然带来高物价。

这种通胀带来高就业，通缩带来低就业的现象被经济学家菲利普斯以数学模型的形式提出，这就是著名的菲利普斯曲线。菲利普斯曲线证明，通胀和失业具有短期交替关系。

另外，值得注意的是，通货膨胀和失业之间的权衡取舍只是暂时的，但这种关系会持续好几年。

专家支招

菲利普斯曲线是理解和解决经济中许多问题的关键。我们要注意以下两点：

1.决策者可以通过改变政府支

出量、税收量和发行的货币量来影响经济所经历的通货膨胀与失业的组合。

2.由于这些货币与财政政策工具具有如此大的潜在力量，所以，决策者应该如何运用这些工具来控制经济一直是一个有争议的问题。

¥ 工资黏性：为什么小熊国比大熊国的生产效率更高？

现实困惑

在大森林的深处，有小熊国和大熊国。这两个王国发展程度很高，已经能够进行工业生产了。

由于两国有相当长的一段国境线是重合的，因此两国的国王都很担心对方会攻击自己，于是希望本国国民能够尽可能快地发展生产，以提高综合国力。不仅如此，他们还不断从对方国家学习先进的技术和体制，因此在不断的竞争中，两国经济都得到了稳步的发展。但是由于大熊国的国民体形大，头脑更精明，其生产能力一直都要优于小熊国，这让小熊国的国王很是不安。

一天，一位道士云游至此，与小熊国国王把酒言欢。席间，小熊国国王把心中的烦闷告诉给了道长。道士给小熊国国王出了一个主意：把原来的年薪制和月薪制改为日薪制和时薪制。

小熊国国王虽然不明就里，但还是按照道士的指示执行了。结果，三年后，小熊国的国力追上了大熊国。十年后，轮到大熊国的国王担心自己的国土会不会被邻国侵占了。

缩短计薪周期，就能提高生产力吗？

要点解析
YAODIANJIEXI

我们先来考虑一下，在特定的计薪周期下，会发生怎样的情况。小熊A和小熊公司B签订了为期一年的合同，双方约定月薪为1 000个小熊币。但是很快，由于经济的发展，公司B把小熊A所从事的工作的薪资提高到了1 500个小熊币。这时跳槽，小熊A需要损失一个月的工资，或者等待较长时间才能办理完离职手续。

在纠结于是否跳槽的过程中，小熊A的生产力下降了，他只付出之前劳动精力的2/3，因为他认为自己只被支付了应得工资的2/3。

在同样的环境下，当计薪周期为日结，结果会有什么不同呢？小熊A在发现自己的薪资被原公司低估了之后，可以轻易地选择跳槽，从而充分发挥自己的能力。因为这时跳槽，最多只是损失一天的工资，这并不算太多。

因此，计薪周期本身不能提高生产力，但是它能够促使人们充分发挥各自的才能，并由此提升整体社会的生产力。

专家支招

现在的职场上，很多岗位的工资标的的是年薪，但是仍然按照月薪发放，这就是长计薪周期对短计薪周期的妥协。越来越多的日工、小时工的出现，也体现出短计薪周期的重要价值。

因此，工资黏性给人们的提示就是：

1.在可能的情况下，国家应更多地提倡短计薪周期。

2.短计薪周期也会带来诸如统计工作量增加之类的问题，就需要政府去协调。

¥ 折现：今天怎样花明天的钱？

现实困惑

2005年春天，刘女士从俄罗斯回到国内，在省内的一个海滨城市买下了一处住房。

为了购买这处住房，刘女士需要支付20多万元。她十分喜欢这一套单门独院的房屋，但是她当时所有储蓄只有15万多元，只靠储蓄是买不下来这套房子的。这时聪明的刘女士把老家的一处房子卖掉，折现了10万元。

2013年夏天，贷款还完。现在这套房屋市场价要50多万元。这样算来，原来的积蓄15万元加上5年来的储蓄，刘女士大概能拥有25万元，如果要等攒够钱再来购买房子，只怕到现在她也买不起这套住房。刘女士就是从金融市场将自己的未来收入折现后，投入购买这套住房，并从中盈利，找回了25万多元的差价。这笔收入，几乎是刘女士这20多年来工资收入的总和。

刘女士的精明之处在哪里呢？

要点解析
YAODIANJIEXI

刘女士的精明之处在于，她把未来的工资收入，折现成当时可用的现金，并通过买房的形式把这些收入作为了房产投资。由于房产投资在这些年里几乎稳赚不赔，刘女士也得到了丰厚的收获。

从经济学的角度来讲，折现是将未来收入折算成等价的现值，折现的过程就是将时点处的资金的时值折算为现值的过程。该过程将一个未来值以一个折现率加以缩减，折现率应恰当地体现利率。例如，如果某人许诺两年后给你121美元。当时，正常的利率或贴现率是年率10%。据此我们可以计算这121美元的现值。所用的折扣因子是$(1.10)^2$。用以折现未来收入的折扣因子或曰比率称为贴现率（Discount rate）。

专家支招

折现是银行的放款业务之一，又称贴现。持有财产的人为了取得现金，可以用财产的所有权票据向银行融通资金，申请贴现。银行按一定的比例，扣取利息后，会将票面余额以现金的形式支付给持票人。

这个故事给了我们这样一些启示：

1.工薪阶层要累积财富，就要把手中的现金、房屋、未来收入折现进行不间断的投资，才能把收益最大化。

2.金融的力量是伟大的。金融本身就可以为人带来财富，而无须从事实业生产。

¥ 现金流量：为何说月光族拿自己的生存开玩笑？

现实困惑

挣多少钱才够花？对于这个问题，不同的人有不同的回答。

马光和赵志是邻居，但他们俩对生活花销的态度截然不同。马光是个谨慎的人，总是担心年景不好，自己会不会被公司除名；而他掌握的工作技能只有在大公司里才能发挥作用，规模稍微小些的公司都没有适合他的岗位。因此，他习惯保留半年左右的生活费用，以应对各种可能存在的风险。

赵志则刚好相反。每个月的工资到手就花光了，好在公司发薪准时。不过还是有一次，因工资改革，发薪日推后了两个星期。这可把赵志害苦了，那段日子他天天到马光家蹭饭吃。后来见到马光，他常会唏嘘，若是没有马光，自己有可能会饿死在公司财务的手里。不过危机过去之后，赵志还是一如既往地大手大脚，严格"月光"。马光提醒过他很多次，他都不听。然而马光也不得不承认，这样的赵志，其生活质量倒是比自己高出不少。

马光和赵志，这对邻居对现金的态度，哪一个更正确一些呢？

要点解析
YAODIANJIEXI

虽然表面上看来，赵志的生活要比马光舒服，不用考虑很多，但是一旦遭遇风险，其抗风险能力也很差，很容易被风险彻底压垮，这种代价是我们承担不起的。一般而言，每个家庭存放在家中的资金，以够支出3个月的生活必需费用为宜，其中包括衣、食、住、行、通信、学费、医疗等费用。背负了银行债务的家庭，还要再准备3个月还款额的资金。

对普通的城市市民家庭来说，前面那些的生活费每月开支约2 000元，3个月即储备6 000元；而后一项银行还贷的开支，很多家庭从每月数百元到数千元不等。总体加起来，一个城市市民家庭的储备金从数千元到两三万元不等。

现金流量是现代理财学中的一个重要概念，是指企业在一定会计期间按照现金收付实现制，通过一定经济活动(包括经营活动、投资活动、筹资活动和非经常性项目)而产生的现金流入、现金流出及其总量情况的总称。即，企业一定时期的现金和现金等价物的流入和流出的数量。

专家支招

现金流量无论对于企业还是个人而言都是很重要的。具体来说：

1.对于个人来说，在生活中我们应保证身边随时可用的现金要在一定程度上多于当前所需。对于企业而言也是如此。

2.现金流量管理是现代企业理财活动的一项重要职能，建立完善的现金流量管理体系，是确保企业的生存与发展、提高企业市场竞争力的重要保障。

¥ 自愿失业：高不成低不就一定是错的吗?

现实困惑

小赵于2009年大学毕业，大学学的

是几年前很热的"工商管理"。毕业校园招聘的时候，一家民营企业向他伸出了橄榄枝。但是小赵觉得民营企业工资低、福利差，工作环境也不好，因此没有入职。此后由于同样的原因，他又错失了几次就业机会。直到正式毕业，他还是没有找到合意的工作。

不过小赵并不在意，满怀"跳龙门"憧憬的他最希望的就是捧上"铁饭碗"，因此也加入公务员考试大军。在几十比一的竞争中，他败下阵来，至今还为参考公务员的自不量力和白花了300元报名费而耿耿于怀。

为此，他降低了目标，去那些效益好的垄断企业自荐，结果人家不做解释就拒绝了他。直到这时，小赵才开始着急了。

慌了神的他赶紧去了几次人山人海的招聘会，结果不是学历还不够，就是不够"三年以上工作经验"，或没有"有利于开展工作的社会关系"而被拒。去找个学历要求"初中"的保安，嫌他不是退伍武警；找"高中学历"送水工，用"5分钟扛两桶水跑上8楼"的面试把他刷了下来。

最后的结果就是，毕业近一年了，小赵仍然是失业状态。现在他只好抱着考公务员的"决心"再下功夫，准备开始如上所述的下一轮循环。

小赵的失业有他个人的主观因素，这也能算是失业吗？

要点解析

小赵的这种未就业状态称为"自愿失业"，严格来说也算是失业的一种，但是与一般的失业有明显的不同。

自愿失业是"非自愿失业"的对称，是由英国资产阶级庸俗经济学家阿瑟·塞西尔·庇古提出的经济概念，指工人由于不接受现行的工资或比现行工资稍低的工资而出现的失业现象。现代西方经济学家则认为自愿失业是指自愿放弃工作机会而不愿意寻找工作所造成的失业。

专家支招

其实大学生自愿失业，除了有自身要求过高的原因外，还有社会的原因。比如大学扩招造成大学生数量庞大、社会就业体制不完善、学校教育跟不上社会需求、社会平均工资过低，等等。

那么，自愿失业是否值得警惕呢？答案并不是完全肯定的。只要对自愿失业妥善处理，人们得到的结果未必比就业差：

1.面对自愿失业，人们应当端正态度，放平心态。对于自愿失业，无须太过紧张，因为长期的失业本身足以推动人们变得不再"自愿"。

2.唯一需要注意的是，在自愿失业期间，失业者不应当懈怠，而是抓紧时间为自己充电，而不能在家放松自己，只图舒适。

第二职业：4S店员工为何盗卖成风？

现实困惑

沈阳市南京街上，有着上百家中小型私营汽修店。康师傅曾在3家4S店修过车，后来自主创业开汽修店。这几年，他每隔两三个月就要在店里进行一笔固定交易：从4S"线人"员工手里收购品牌机油，每次收三四十桶(标准4升装)，付给"线人"的单价为50元，卖给修车客户的单价为80元，4S店销售单价为120元。

"收机油的现象在汽修行业里很普遍，4S店售价越贵的机油，利润空间越大，店主越愿意收。4S店的员工权力往往比较大，只要小店主有需求，大至电脑主板，小至螺丝零件，4S店员工都能把正厂材料弄出来。"康师傅直言不讳地说。

面对汽车4S店员工偷卖机油成第二职业的现象，车企应做怎样的处理呢？

要点解析
YAODIANJIEXI

第二职业原本是指在职职工在业余时间从事的有经济收入的活动，但是很显然，4S店员工的这种第二职业，并不在法律允许的范围之内。

专家支招

汽车4S店员工偷卖机油的诱因在于利益，而条件则是监管不力。因此车企应做的是：

1.联合车主进行筛查。建立车主直接向车企反馈的机制。

2.对4S店进行抽查，防止该现象的发生。

3.严格规范配件的使用登记。

4.尝试引入第三方监管。

5.一旦发现类似情况，则对4S店进行严厉的处罚。

（三）
职场经济学

比较优势：弥勒佛和韦陀为何在同一庙里？

现实困惑

小艾和奶奶去庙里拜佛，一进庙门，她就看见了笑脸迎客的弥勒佛。而在他的北面，则是黑口黑脸的韦陀。奶奶告诉小艾，相传在很久以前，他们并不在同一个庙里，而是分别掌管不同的庙。

弥勒佛热情快乐，所以来他掌管的庙宇参拜的人非常多，但弥勒佛个性随意，甚至马马虎虎，以至于经常丢三落四，无法有效地管理账务，结果最后入不敷出。韦陀则刚好相反，他在管账方面是一把好手，却因为成天阴着脸，太过严肃，搞得人越来越少，最后香火断绝。

最后，佛祖在查香火的时候发现了这个问题，就将他们俩放在同一个庙里各司其职。弥勒佛负责公关，笑迎八方客，由此带来旺盛香火；韦陀铁面无私，锱铢必较，于是负责管理财务。在两人的分工合作下，庙里一派欣欣向荣。

这个故事说明了什么呢？

要点解析
YAODIANJIEXI

由于各生产单位对资源的占有、分配和利用等情况的差别，造成了比较优势的产生。弥勒佛在吸引客人方面具有比较优势，而韦陀则在管理账务上具有比较优势，如果他们两个能够合作，对两个人都有好处。

比较优势的差别直接导致了生产物品的专业化（即所谓"社会分工"）和贸易的产生。弥勒佛和韦陀的分工就是如此。这种专业化的结果是，当每个人都能够专门地从事自己最擅长的事情时，生产就会变得更加有效率，从而更好地增加社会生产的总额。专业化所带来的总产量增量，就是贸易的好处。

专家支招

如果一个国家在本国生产一种产品的成本低于在其他国家生产该产品的机会成本的话，则这个国家在生产该种产品上就拥有比较优势。简单地说就是一个国家相对另一个国家来说更善于生产某种产品，则在此产品上具有比较优势。

社会如何利用比较优势，才能获得最好的经济结果呢？

1.在存在比较优势的情况下，不同的经济体应当选择分工生产，并通过贸易来兑现比较优势带来的好处。

2.为了实现社会利润的最大化，除了分工，贸易方面也需要拆除所有的壁垒，否则分工也会受到负面影响。

瓶颈效应：为什么阳光总在风雨后？

现实困惑

王先生在一家外资零售500强公司做

店铺主管，工作了两年时间之后，感觉自己现在的职位已经没有太大的上升空间了，于是申请转策划岗位。结果他很幸运地被通知去参加笔试，可是当拿到题目的时候，王先生才意识到自己还是差得很远。

通过这件事情，王先生认识到了自己的不足，也知道了很多事情都是自己的原因，没能引起足够的关注，同时自己能力上面也稍微欠缺。于是，王先生放弃了转岗申请，开始专注于本职工作，积极总结经验，并报名参加了某大学的MBA课程。一年之后，王先生工作能力突飞猛进，积累了很多管理经验，同时又拿到了某大学的MBA学历。

这个时候，恰好有猎头公司替另一家著名500强零售企业招聘店铺高层管理人员，王先生通过几轮面试，用自己的实力打动了面试官，最后成功跳槽到这家著名零售企业担任副店长职位。

如果第一次转岗王先生得偿所愿了，会不会获得比后来更好的结果呢？

要点解析
YAODIANJIEXI

如果王先生第一次申请转岗侥幸通过，他会认为自己的能力尚可，因此无须更多的努力学习和工作。这样一来，他的工作能力就不会有没通过转岗，从而努力提高自己之后那么强，也不会有顶尖的企业吸纳他作为骨干员工。

王先生通过不断的学习和总结，

突破了自己职业生涯的一个瓶颈。他的故事告诉我们，遇到瓶颈很正常，并不可怕，只要我们付出努力，勇于拼搏进取，就一定能突破这些个瓶颈，取得成功。

专家支招

我们应当怎样面对生活中出现的瓶颈效应呢？

1.人生中出现瓶颈很正常。遇到瓶颈之后，应该多尝试一下突破瓶颈，从而达到下一个更高的阶段，而不是出现瓶颈就退缩。

2.要知道生容易，活容易，生活不容易，人总是要面临和战胜挑战，才能得到最终的成功。

￥ 蝴蝶效应：小问题为何也可以引发大麻烦？

现实困惑

李强是一家汽车公司的经理，在公司颇受器重，前途一片光明。就在他事业蒸蒸日上的时候，他准备跳槽。因为他觉得凭自己的能力，该有更好的发展。很快，李强就得到了一家热门行业公司的青睐，对方开出的条件也比较诱人。李强没有犹豫，很快便加盟了新公司。

到了新公司，"蜜月期"还没过

完，李强就陷入了困境：热门专业与自己的专长相距较远，原来以为没什么关系，现在才知道并没有那么简单；老板对他这个高薪请来的人才期望很高，数次交给他"不可能完成的任务"，李强很难完成。由于业绩不佳，下属也因为他没有像他们预期的那样出色而少了尊重。

就这样，李强跳槽后的新工作开展得很不顺利。最后在一次较大的决策失误后，李强面临巨大的压力，黯然离职。

李强之前跳槽的决定不正确吗？

要点解析
YAODIANJIEXI

李强因为受到高薪的诱惑而轻易跳槽，没有慎重地考虑转换到新岗位后将面临的问题，从而导致了他的最终离职。

因为一次不合适的跳槽，随后导致了后续一系列的问题。而其中的关键则是发生在职场里的"蝴蝶效应"。本身对任职没有太大影响的"专业不对口"，经过日常工作的放大，其影响不断扩大，最终发展到李强无法控制的程度，导致他黯然离职。

蝴蝶效应是气象学家洛伦兹1963年提出来的。其大意为：一只南美洲亚马孙河流域热带雨林中的蝴蝶，偶尔扇动几下翅膀，可能在两周后在美国得克萨斯引起一场龙卷风。其原因在于：蝴蝶翅膀的运动，导致其身边的空气系统发生变化，并引起微弱气流的产生，而微弱气流的产生又会引起它四周空气或其他系统产生相应的变化，由此引起连锁反应，最终导致其他系统的极大变化。此效应说明，事物发展的结果，对初始条件具有极为敏感的依赖性，初始条件的极小偏差，将会引起结果的极大差异。

专家支招

蝴蝶效应无处不在，因此应注意下面几点：

1.我们在工作和生活中，不能忽视看似无足重轻的问题。因为任何小的问题，经过时间和事件的积累和放大，最终都有可能产生严重的后果。

2.当然，对于小问题的重视不代表对大问题的忽视，人们仍需分清主次。

￥ 吉尔伯特法则：为什么说懒惰是懒惰人的墓志铭？

现实困惑

大学毕业后，田川去了一家外资公司上班。开始的时候，他因为一下子从校园走向社会，不是很适应，所以工作很是投入，恨不得把自己所学的知识都用上。几个月下来后，他已能熟练应付所从事的工作，就有些松懈了，不想再有别的念头。和田川一起进公司的还有几位顶级大学的高才生，开始时田川感觉和他们的差距不小，半年过去，他感觉自己的能力和他们差不多。

正在这时候，上司的几句话对田川产生了难以估量的影响。田川的上司早年毕业于某重点大学。他说："人的一生有许多误区，其中最大的莫过于对一些细微的变化觉察不到。我大学毕业参加工作时做得不错，像你一样。和我一起上班的还有几名普通高校毕业的大学生。在同事中间，我曾自我感觉良好，因此再也不愿上进。结果，几年下来，我们终于退步到同一个水平上，只不过我退得更快点儿罢了。因此，如果你不时刻保持警惕，总有一天，你也会有我曾有的那种感觉。"

上司的一席话深深打动了田川。因此，田川决定进一步深造。两年后，田川考进了研究所。后来田川不断学习新知识和培养自己的能力，如今他已是一家证券公司的副总了。

田川的上司为什么会退步呢？

要点解析
YAODIANJIEXI

人都是有惰性的，当一个人既感觉不到压力，又没有什么特别的动力的时候，他就会倾向于选择舒适地生活，安逸地劳作，而不会再去勉强自己，提高和锻炼自己的能力。但实际上，压力永远都是存在的，只是很多人看不到而已。

田川的上司和田川都犯过目光短浅的错误，因为身边找不到压力源，所以放松自己、纵容自己，从而在进步的道路上落后了。

吉尔伯特法则是由英国人力培训专家吉尔伯特所提出来的，它是指工作危机最确凿的信号，是没有人跟你说该怎样做。它告诉我们一个道理：作为下属或者员工，当有人教训和指点的时候都是福气，都意味着关心。怕就怕没有人说你什么，也没有人教你怎么做。这等于说你没人管了，游离于纪律、规章的制约之外。这看似自由，其实危机四伏。

专家支招

这个故事告诉我们：

1.纵容自己就是毁灭自己，别让你的懈怠、弱点和安逸毁灭了你的明天。

2.一个人不要过早地选择宁静，否则他就永远不能成熟。

¥ 古特雷定理：一屋不扫，何以扫天下？

现实困惑

阿光名牌大学毕业后，进入北京

某外资企业工作，看上去日子过得很光鲜。

然而，阿光不太满足于现在这样平淡的日子，他开始着手出国留学的事情。后来，阿光在拿到了国外某高校的录取通知之后，辞掉了国内的工作，奔赴海外。

结果，来到海外的阿光，忽然发现自己所在的城市竟然是那么偏僻，出门购物、旅游、玩等都不那么方便，而且认识的人也不那么多。于是，阿光感觉有些后悔了。这样矛盾的心理，导致阿光在国外的学业也不那么顺利。

就在这时，一位老师告诉他：现在你不应该郁闷或者沉沦，或者后悔当初的决定，而应该是着眼于现在的目标。你现在的目标应该是用功做好学业，早日拿到学位。

阿光明白了自己来国外学习的使命，于是开始努力学习，积极参与到留学生活动中去。三年后，阿光顺利毕业，加入华尔街某知名公司，开始了一段更精彩的人生。

通过对阿光故事的阅读，我们能够在他身上找到什么特征对他最初的人生有负面影响的呢？

要点解析
YAODIANJIEXI

刚出国时的阿光，往好听了说，是有理想有抱负，往难听了说，就是好高骛远，不够脚踏实地。人的这种特征往往都会表现为对当下所做的事不够热衷，不能踏踏实实地去完成，总是想着更好更愿意去从事的事业。这样一来，就算侥幸实现了愿望，开始从事新的事业，也会再次出现不能全心投入的情况。长此以往，投入的精力不够，取得的成就自然也会大打折扣了。

古特雷定理是由美国管理学家W·古特雷所提出来的，是指每一处出口都是另一处的入口。它在告诉我们上一个目标是下一个目标的基础，下一个目标是上一个目标的延续。也就是说，为了实现下一个目标，当前的任务必须很好地完成才行。

专家支招

这个故事告诉我们：

1.好好做现在的事情，是为了将来，而且不管我们将来有什么目标，也一定要把现在的事情做好，不能逃避现实。

2.一旦逃避了现实，等你去到另外一个地方，你还是会失望。

¥ 列文定理：为何做事要有计划？

现实困惑

东湖镇有一个商人白城，在小镇上做了十几年的生意，最后还是破产了。

这天，债主高强跑来向他要债的时候，这位可怜的白城正在思考他失败的原因。

忧郁的白城问高强："你说，我为什么会失败呢？"

高强说："你从头做起吧。"

"什么，再从头做起？"白城有些生气，"你的意思是要我把门面、地板、桌椅、橱柜、窗户都重新洗刷、油漆一下，重新开张吗？"白城有些纳闷。

"是的，你现在最需要的就是按你的计划去办事。"高强坚定地说道。

"当然，也许你说的是对的。这些事情我一直觉得应该去做，可是我总是发现门面的装修是要以地板的装修为基础的，而地板和窗户之间的关系我一直都没有想好，结果就一直拖到现在了。也许你说的是对的。"白城喃喃自语道。后来，他确实按高强的主意去做了，在晚年的时候，他终于获得了成功。

用一句话来概括，白城最大的缺点是什么呢？

要点解析
YAODIANJIEXI

白城最大的缺点是做事缺乏计划性。

白城之所以经营不善是因为做事没有安排。一旦很多事情没有被妥善地安排好相互之间的关系，那么单独做任何一件都不容易实现。而一件事情得不到实现，又会影响其他需要做的事情的结果。就这样，白城的经营活动终于难以为继了。

列文定理是由法国管理学家P·列文所提出的，指的是那些犹豫着迟迟不能做出计划的人，通常是因为对自己的能力没有把握。同时，也告诉我们如果没有能力去筹划，就只有时间去后悔了。

专家支招

这个故事告诉我们：

1.做事没有计划、没有条理的人，无论从事哪一行都不可能取得成就。

2.做事有计划对于一个人来说，不仅是一种做事的习惯，更重要的是反映了他的做事态度，是能否取得成就的重要因素。

¥ 不值得定律：为何说对小事的态度决定了一个人能否成功？

现实困惑

美国著名的电视新闻节目主持人沃尔特·克朗凯特14岁时，是《校园新闻》的小记者。

那时，为了提高校报的质量，每周学校会请休斯敦一家日报社的新闻编辑弗雷德·伯尼先生来给校园小记者们讲授新闻课程，顺便指导校报的编辑工作。

有一天，克朗凯特的一个好朋友过生日，要举行派对，但他刚好被校报要求写一篇关于学校田径教练卡普·哈丁的文章。为了能够准时参加朋友的生日聚会，克朗凯特仓促地写了一篇稿子交了上去。

结果，第二天，弗雷德来校报指导工作。他把克朗凯特叫到办公室，责备说他的文章糟糕极了，该问的没问，该写的没写，根本就不像一篇采访稿件。最后，他告诉克朗凯特："你应该记住，如果有什么事情值得去做，就得把它做好。"

后来，这句话成了克朗凯特的座右铭。正是因为这句话的鞭策，克朗凯特才在从业的70年中对新闻事业忠贞不渝。

克朗凯特受到伯尼先生的责备是因为稿件的质量问题，但伯尼先生为什么不针对稿件，而是针对他的态度进行批评？

要点解析
YAODIANJIEXI

伯尼先生希望根治克朗凯特的思想问题，而不是稿件问题本身。作为过来人，伯尼先生很清楚人们常犯的错误，即无法同时认真做好所有的事情，而是更多选择认真处理最重要的事情，他们认为不重要的事情、平常的事情则得不到他们足够的关注。

只有认识到了这样会对自己造成的不利影响，人们才能从根本上改变这种习惯。

不值得定律最直观的表达为：不值得做的事情，就不值得做好。这个定律反映出人们的一种心理，一个人如果从事的是一份自认为不值得的事情，往往会持冷嘲热讽、敷衍了事的态度。不仅成功率小，即使成功，也不会觉得有多大的成就感。

专家支招

为了改变这种思想，我们可以从以下三个方面入手：

1.调整自己的价值观。关于价值观我们已经谈了很多，只有符合我们价值观的事，我们才会满怀热情地去做。

2.改变自己的个性和气质。一个人如果做一份与他的个性气质完全背离的工作，他是很难做好的，如一个好交往的人成了档案员，或一个害羞者不得不每天和不同的人打交道。

3.现实的处境。同样一份工作，在不同的处境下去做，给我们的感受也是不同的。例如，同样是打杂的工作，在不起眼的公司会令人烦恼，而放在一家优秀的公司，则会让从事这项工作的人获得更大的满足，从而变得更加愿意工作。

蘑菇原理：蘑菇是新人成长的必由阶段吗？

现实困惑

卡莉·费奥丽娜曾任惠普公司CEO。但没多少人知道，她是从底层做起的。费奥丽娜从斯坦福大学法学院毕业后，第一份工作是在一家地产经纪公司做接线员。每天的工作除了接电话、打字，就是复印、整理文件。

无论她自己还是朋友、亲人，都认为这不是一个斯坦福毕业生所应从事的工作。尽管如此，她还是毫无怨言，在简单的工作中积极学习。因为，她觉得职场的路，要走得从容才好。

后来，因为一次偶然的机会，一个经纪人问她是否愿意做其他的工作，她给出了肯定的回答，于是得到了一次撰写文稿的机会，而她的人生也从此改变。

费奥丽娜的成功是因为运气吗？

要点解析
YAODIANJIEXI

其实，费奥丽娜的情况并非个案。一个组织，一般对新进的人员都是一视同仁，从起薪到工作都不会有太大差别。无论你是多么优秀的人才，在刚开

始的时候，都只能从最简单的事情做起。因此，费奥丽娜也无法因为其斯坦福的出身而获得什么优待。

但是只要踏踏实实地工作，这一段时期总会过去。高效率地走过生命的这一段，尽可能从中汲取经验，成熟起来，树立良好的值得信赖的个人形象，是每个刚入社会的年轻人必须完成的任务。

专家支招

蘑菇原理其实是许多组织对待初出茅庐者的一种管理方法。那么，人们应当如何正确看待人生中的"蘑菇期"呢？

1."蘑菇"的经历，对于成长的年轻人来说，就像蚕茧，是孵乳化前必须经历的一步。

2.蘑菇管理是一种特殊状态下的临时管理方式，被管理者一定要诚心领会，早经历早受益。

3.当几天"蘑菇"，能够消除我们很多不切实际的幻想，看问题也更加实际。

奥卡姆剃刀定律：为什么人们会把简单问题复杂化？

现实困惑

联合利华在生产经营过程中引进

了一条先进的香皂生产线，但是这条生产线有一个弊端，容易在包装过程中漏装，使得生产线上容易产生空盒子……于是联合利华寻求外部帮助，请到一位比较厉害的博士。博士组建了一个由自动化、X光线等许多高科技人才组成的团队，运用高科技手段进行了生产线的改良，创新发明了一套智能系统。这套智能系统能够感知未包装的包装盒，并通过自动化的工业机械手进行筛检，将空包装盒从生产线上推下。

同时，在中国广东有一家同样生产香皂的民企，和联合利华引进的是同样的生产线，当然它也遇到了这样的包装问题。不过，与联合利华不同的是，这家民企的老板并没有寻找高科技人才，而是对生产车间的一个小工说："你，把这个问题解决掉，不然就走人。"这个工人冥思苦想后，很快也解决了这个问题。他的方法是，在生产线旁边放上电风扇，没有香皂的包装盒质量很轻，经过的时候会被电风扇吹掉，只有合格的产品才会流向生产线末端。

同样的事情，采用的是两种截然不同的办法，你认为哪个更好呢？

要点解析
YAODIANJIEXI

联合利华为了实现与民企相同的目的而支付了远高于后者所付出的成本，因此还是民企的方案更好。实际上，这

也是奥卡姆剃刀定律的表现。

奥卡姆剃刀定律又称"奥康的剃刀"，是由14世纪逻辑学家、圣方济各会修士奥卡姆·威廉提出。只承认确实存在的东西，认为那些空洞无物的普遍性要领都是无用的累赘，应当被无情地"剃除"。他所主张的"思维经济原则"，概括起来就是"如无必要，勿增实体"。

把事情变复杂很简单，把事情变简单很复杂。所以奥卡姆剃刀定律对我们的启示是必须深刻记住的。只要我们能勇敢地拿起"奥卡姆剃刀"，把复杂事情简单化，你就会发现人生其实好简单，成功其实离你也并不远。

专家支招

奥卡姆剃刀定律告诉我们：

1.万事万物应该尽量简单，而不是变复杂。

2.这个定律要求，我们在处理事情时，要把握事情的主要实质，把握主流，解决最根本的问题。

3.在处理事务时，要顺应自然，不要把事情人为地复杂化，这样才能把事情处理好。

4.使事情复杂化后，多出来的东西未必是有益的，相反更容易使我们为自己制造的麻烦而烦恼。

¥ 时间管理：不懂得珍惜时间，就是浪费生命吗？

现实困惑

麦肯锡公司是全球最著名的管理咨询公司。它在成长的道路上，曾经得到过一次沉痛的教训。

一次，该公司的项目负责人为一家重要的大客户做咨询。咨询工作做得比较顺利，但是对方还没有最终确定意见。就在咨询结束的时候，该负责人在电梯间里碰巧遇见了这家公司的董事长。如果和董事长谈妥，那么这项业务也就拿到了。兴奋之余，该负责人听到这位董事长问道："你能不能说一下现在的结果呢？"

这位董事长很忙，由于没有准备，该负责人没能在电梯运行的短短30秒内把结果说清楚。最终，麦肯锡失去了这一重要客户。

由于有了这样一次重大的教训，麦肯锡公司要求员工凡事要在最短的时间内把结果表达清楚，凡事要直奔主题、直奔结果。简单地讲，麦肯锡公司认为，一般情况下人们最多记得住一二三，记不住四五六，所以凡事要归纳在三条以内。这就是业界著名的"电梯演讲"。

为什么要进行时间管理呢？

要点解析

YAODIANJIEXI

来自日本的专业统计数据显示：人们一般每8分钟会受到1次打扰，每天大约有4小时的时间被用来处理这些临时事件，也就是约50%的工作时间，这其中80%的打扰是无价值的。

另一方面，有人做过统计，只要每天自学1小时，一年会学习365小时，这样3~5年就可以成为专家。而如果他的办公桌上乱七八糟，他平均每天会为找东西花1个小时，一年就是365小时，即浪费了一个多月的工作日。因此，在日常生活中，学会时间管理是一件很重要的事情。

所谓时间管理，是指用最短的时间或在预定的时间内，把事情做好。时间管理的目的是让你在最短时间内实现更多你想要实现的目标。

专家支招

具体而言，我们应当这样操作时间管理：

1.通常情况下，我们做一件事情实际花费的时间往往会比预期的时间多一倍。因此，我们的工作计划结束时间可以设置在工作要求完成的一半时间左右。

2.我们每个人都应该要学会管理好自己的时间，并且坚持不懈地应用一生。

¥ 经纪人：经纪人就是持有政府执照的专业"黄牛"吗？

现实困惑

春运买不到火车票怎么办？找黄牛！黄牛，也就是票贩子。近年来出名的有"慈溪黄牛"。有人指称，慈溪客运站外，"黄牛"大举囤积前往上海的车票，然后高价出售。因为黄牛包揽了票源，很多旅客只能从他们手中购票。

有人中午12：30去买到上海的车票，得知能买到车票的车次，最早是15：50的那一班，他无奈地买了一张，但出门后竟遇到有黄牛高价出售13：10班次的车票。

返乡大学生志愿服务队创始人胡诗泽在一次出差到慈溪时，也曾有过同样遭遇。他满怀气愤地在微博中写道："8：30到车站，每隔半小时一班的车，居然只能买到10：40的车票，其他都被黄牛买断了。他们每张车票能赚20元。"

有人调侃说，别总是叫人家为黄牛，人家的大名可是"经纪人"呢！

黄牛和经纪人，这两种听来无交集的职业当真是一回事吗？

要点解析
YAODIANJIEXI

说黄牛是经纪人，也许很多人会觉得纳闷，不过，经纪人和黄牛确有很多相同之处。他们不单单是撮合买卖双方达成交易，更是本行业的专家。只是黄牛没有执业资格，而经纪人是通过国家工商行政管理机关的考核和批准，取得经纪执业证书的专业"黄牛"。

在欧美国家和中国香港地区，经纪人的地位非常高。各行各业都存在着经纪人，文艺圈里存在着明星经纪人，地产领域有房产经纪人，投资领域有证券交易经纪人。他们能够理性地对业务进行估值，并为客户提供专业的咨询和建议。很多客户直接找到经纪人，然后就将自己的财产委托给经纪人打理，已经形成了专门的产业。

在我国内地，这个行业还不是很成熟，还没有出现一批专业化的证券经纪人队伍。

实际上，如果按照国际通行定义，目前最多见的券商销售人员并算不上经纪人。因为首先他们不独立，必须挂靠券商，通过券商的平台进行交易。而真正的经纪人是可以选择任何一个客户喜欢的券商进行交易的，他们与券商之间没有太多的利益关联。

专家支招

对于经纪人，应有的态度是：

1.首先确定他们作为经纪人的资质，通过多种渠道验证。

2.如果对方确实有提供经济建

议的资格，那么可以更多地听取他们的意见。

3.对于自称为经纪人的销售人员，他们的投资建议不可轻信。

¥ 薪酬设计：如何实现多劳多得？

高飞科技公司的研发工作是以团队形式运作的，根据市场反馈的情况和机会点，临时组成项目开发小组。这里面的人员往往是一身多职，王君是某职能线的员工，但在最近一年来，基本都是在各项目小组中工作。最多时，他同时在四个项目中担任不同的角色。王君一直觉得自己太辛苦了，可报酬方面却不尽如人意。自己承担了这么多项目中的角色，可工资待遇一点都没有反映出来。

而人力资源部门的意思是，现在缺乏对这类人员明确的衡量标准。在薪酬设计时，只能按原来的职位评估结果进行。最后，通过多次讨论，公司管理层决定以资金的形式对王君等优秀员工的能力和贡献予以表彰。

王君的报酬问题，应当如何解决，才能最好地实现多劳多得呢？

要点解析
YAODIANJIEXI

完美地实现多劳多得，还需要靠科学的薪酬制度来保障。

现代企业理想的薪酬制度应达到三个目的：第一是提供具有市场竞争力的薪酬，以吸引有才能的人；第二是确定组织内部的公平，合理确定企业内部各岗位的相对价值；第三是薪酬必须与工作绩效挂钩，激励员工的工作动机，奖励优秀的工作业绩，利用金钱奖赏达到激励员工的目的。企业的薪酬水平是否合理，直接影响到企业在人才市场的竞争力。只有对外部环境具有竞争力的薪酬，企业才能吸引发展所需的各类优秀人才。

为了实现多劳多得，奖惩分明，企业应当针对员工工资等一系列薪酬所进行分配体系或结构的设计。企业设计薪酬时必须遵循一定的原则，这些原则包括战略导向、经济性、体现员工价值、激励作用、相对公平、外部竞争性等。

专家支招

企业应设计怎样的薪酬体系，才能激励员工最大限度地为企业贡献自己的价值呢？

1.多劳多得。当员工的付出与收获比例明显逊于同事的时候，他们的工作积极性会显著降低。

2.贡献越多，所得越多。这有助于激发员工的创造力，后者在一定程度上可能为企业带来跨越式的发展。

> 3.如果企业长期无法提供正确的薪酬体系，那么员工应考虑换工作。因为工酬不相符，无论对多劳还是少劳的员工，甚至于企业本身都是不利的。

实际工资：为什么工资不变，生活质量会下降呢？

现实困惑

王宁2003年大学毕业，在某市一个企业里做普通职员，每个月的工资含税大概有4 000元。这种级别的工资在该地区算是很高的了。因此王宁的日子过得一直很舒服，花销也很随意，和朋友出去玩时出手也很大方，在朋友圈中人气很高。不仅如此，王宁的出手大方还吸引了女士的注意。很快，他便和一位相熟的姑娘确定了恋爱关系。

也许是生活太过舒适，王宁变得不思进取。几年后，很多同学都升了职，也涨了工资。但王宁一直认为自己的日子已经很好，并不在意别人的升迁。又过了几年之后，他开始意识到问题的存在了。

当他一如既往地和女朋友在黄金周出游时，他发现旅行团的参团费上涨了很多。这本来没有什么，但是由于经常光顾的饭店里的菜式也涨价了，衣服也卖得比之前贵，因此一次出游过后，王宁的荷包就空了。王宁看着旅行社的报价，本想不参团，但看了看女朋友期待的样子，还是狠狠心报上了。

旅游回来之后，王宁静下心来反思，发现自己的工资虽然没有变化，生活质量已经下降了很多。

为什么王宁的工资不变，但生活质量会下降呢？

要点解析
YAODIANJIEXI

虽然王宁的工资没有变，但物价的上涨导致了他的工资在购买力上缩水了。

在物价不上涨且工资保持不变的情况下，王宁的实际工资可以视定为4 000元左右。如果基本生活用品的物价普遍上涨10%而名义工资不变的话，那么王宁的工资的购买力就下降了10%，即等于说他的实际工资下降了大概10%；如果生活用品价格下跌10%而名义工资不变的话，那么王宁的工资的购买力就上升了10%，即等于说他的实际工资上升了大概10%。

也就是说，如果王宁的名义工资上涨的话，那么实际工资也随之上涨；而名义工资下降的话，实际工资当然也会随之下降。可见，王宁的名义工资与他的实际工资成正比，而与生活用品价格呈反比关系。

专家支招

实际工资是指以员工所得的货币工资实际上能够买多少生活消费品、开销多少服务费做标准来衡量的工资。它与"名义工资"相对称，指用货币工资额所能换得的生活资料和服务的数量。在货币工资不变的条件下，其水平决定于物价因素。如物价上涨则实际工资水平下降。可以衡量员工的实际收入水平和生活状况。实际工资是反映人们实际生活水平的一个重要标志。

在知道了实际工资这个概念之后，求职者在求职面试时，就应把对工资的理解应用在实际薪酬谈判上：

1.向用人单位"开价"的时候，一定要考虑实际工资，而不是名义工资。

2.同样的工资，在北京、上海等高消费城市，其实际工资就要少于在中西部地区同样名义工资的实际工资。

¥ 外部性：上海地铁透视装事件被认为有不良影响有何经济学依据？

2012年6月20日，这可能是中国女权运动史上要浓墨重彩书写的一天。这天，上海地铁二运官方微博贴出一张穿透视装女孩的背影照片，并附文字："穿成这样，不被骚扰才怪。姑娘，请自重啊！"

此言一出，引起众多女网友，特别是女权主义者们的不满。她们认为上海地铁二运公司是流氓逻辑，要求删帖道歉。另一方面，上海地铁方则认为他们有权在微博上发表自己的看法。由此双方开始论战，有不少网友表示支持上海地铁的言论。此举甚至引发了线下的抗议行动。

台湾著名作家龙应台称："爱美，是我的事。我的腿漂亮，我愿意穿迷你裙；我的肩好看，我高兴着露背装。"

可是地铁中的男同胞们也有郁闷的：你说你穿得少不是问题，那为什么我多看你两眼就会被骂色狼呢？如果说"着装审查是打压女性的空间权（一澳门大学博士研究生的观点）"，那么一个穿得少的女人站在那里，男人的目光就不能往那里看了，不也是在打压男人的空间权吗？

社会伦理总是公说公有理，婆说婆有理，可是，当真就梳理不出个结论了吗？

要点解析

YAODIANJIEXI

鲁迅先生说过："这世上本没有路，走的人多了，也就成了路。"其实，这世间本没有法，不爽的人多了，也就有了法。

一个人失业了，失去了收入来源，因此出去抢劫，这是他的自由。但这种自由侵犯了他人的利益，因此受到社会的约束。穿着也是如此。女人愿意展露香肩美腿是她们的自由，但是当她们自由的行为侵犯到他人利益的时候，就应当受到约束。在本质上，这和随地吐痰、在公共场所大声喧哗并无区别，只是因为打上了性的擦边球，因此引发高端人士"大声疾呼"。

女人穿着过于暴露，必然会引发男人的本能冲动，这就好像大声喧哗会打扰到他人一样自然。受到噪声干扰的人会无法集中精力，而受到视觉盛宴干扰的男人也是如此。

因此，社会中的人，其穿着受到社会的约束也属正常。那些穿着过分暴露的女性，其实和顶着"危害公共秩序"罪名的极端现象，也是五十步笑百步，"直不百步尔"。

引申到经济活动中。一个经济体从事的经济活动会对自身和活动对象之外的经济元素产生影响，这就是外部性。

不良的外部性可能造成严重的低效率，比如人所共知的环境污染，就是工业生产的副产物。

专家支招

政府需要对外部性做以下规范：

1.对工业污染建立完善的约束制度。在法制不断完善的今天，相信会有越来越多的相关法规出台，让社会活动的负外部性得到应有的控制。

2.允许国民对立法提供建议，因为他们正是不良外部性的受害者和感知者。

¥ 工资铁律：大学生工资为什么低？

现实困惑

近年来，随着我国房地产事业的蓬勃发展，相关从业岗位的工资也是节节攀升。不久之前，网络上盛传一份民工工资表。这里面显示，泥工日工资220元，队长350元，也就是说，队长月工资已超万元大关。而近期月薪过万的现象，在建筑行业一线岗位已经很见。

对建筑从业人员高工资有意见的主要是一些大学毕业的白领。由于此前的意识中，人们都认为大学生的工资总要高于教育程度低的劳动群体，结果事实正在发生巨大的变化。

由于教育与岗位工作脱节，还有我国产业结构、用人方式的问题，导致大学生的专业技能难以在产业上得到施展。他们往往缺乏职业生涯规划以及专业技能，难以融入到工作岗位。另一些人则吃不了苦，或者同时存在职业歧视——认为大学生身份与低收入、高强度的工作不匹配，最终"高不成低不就"，导致了高校毕业生的就业困局。

从经济学的角度来看，大学生的工资为什么低呢？

要点解析
YAODIANJIEXI

从供给和需求的角度来看，大学生劳动力变得廉价，主要与企业对人才的需求少和大学生劳动力不断增加有关。当大学生供给大大超过社会对他们的需求的时候，降价求职就成了必然结果。这种情况在经济学家马尔萨斯看来，则是遵循着"工资铁律"。

工资铁律是马尔萨斯提出的经济学理论之一，即认为过剩的人口会使工资不会大大地高于维持生计的水平。工资铁律后来被卡尔·马克思接受，成为剩余价值学说的一个主要部分。

现在我国处在社会主义初级阶段，生产力不发达，做不到离开工资铁律，倘若生产力非常发达，到了一种非常高的境界，每个人都可以生产大量的产品时，工资铁律也就没有意义了。当然生产力发达的前提是要科技水平发达，国外发达国家就是因为科技水平高从而在全球竞争中占据了有利地位，国内民众的工资也高于其他国家。

专家支招

工资铁律是必然存在的，那么人们应当如何面对它呢？

1.对于个人而言，应当尽可能把自己塑造成为稀缺人才，这样就不会因为人才的超额供给而自降身价。

2.对于全社会而言，想要抵消工资铁律的影响，提高人们的生活水平，则应当从控制人口总量、提高劳动生产率和成立工会组织这些方法入手。

￥ 补偿性工资：为什么中兴、华为的员工愿意去非洲？

现实困惑

2005年，华为在尼日利亚通信市场的知名度不是很高。当时整个通信市场还是以西方厂家垄断为主，包括爱立信、阿尔卡特这些老的公司。

但是华为一直都在努力开拓该国的市场，不断从国内抽调工作人员去尼日利亚工作。由于非洲工作环境艰苦、疟疾盛行、枪支泛滥，中国工作人员的人身和财产安全都得不到像国内一般的保障。如果对在非洲工作的职员发放和国内统一的工资，没有人愿意去非洲工作。即便勉强去了，也很难积极开展工作。因此，华为公司一般都会支付很高的工资给海外工作的职员。很多在非洲工作的华为工程技术人员，其年薪都可以达到25万元以上。

这在国内看来是很高的收入了。华为、中兴的员工去非洲工作三四年，回来就成百万富翁了。所以，即使非洲条件差，也有不少年轻人甘冒艰苦、寂寞而远赴非洲寻找自己的梦想。

那么，补偿性工资应该如何设计呢？

要点解析
YAODIANJIEXI

补偿性工资是指由于某些工作可能具有一些令人讨厌的特征，雇主通常需要向工人支付一个工资补偿。补偿性工资差异属于均衡工资差异，因为它不会引起工人向高工资工作的转移，因此工资率不会趋于均等。

补偿性工资差异用于抵销或补偿工作的非货币性差异的工资水平的差别。因此，决定补偿性工资多寡的因素，就是被补偿的因素在多大程度上会不利于职工。例如，同样的工作，在非洲环境恶劣，因而其工资要比在发达地区支付的高得多。

专家支招

补偿性工资是工资的特殊形式。对企业而言，精确计算补偿性工资的数额是十分必要的。发得多了，对企业而言是增加成本，发得少了，则会影响职工的工作效率。

在设计补偿性工资时，企业需要关注以下几点细节：

1.员工追求的是效用最大化，而非纯收入。

2.员工可以有一系列可供选择的工作机会，即员工的流动性。即企业需要考虑外部企业薪资对自身员工的吸引力。

￥ 财产性收入：如何实现"不劳而获"？

现实困惑

人们都知道，A股市场是我国的造富温床。2012年，虽然A股走出了一个尴尬的"M"形，然而还是有许许多多的亿万富翁在这里被催生出来。

据2012年的统计，截止到统计完成当日，2012年沪深两市首发新股共145只，诞生了561位自然人股东，人均财富数高达2.38亿元。其中有236位身家过亿，28位顶尖富豪更是在今年的IPO盛宴中收获了超过10亿元的财富。

根据胡润排行榜，2005年第100位富豪的资产是17亿元人民币，同样位次在1998年的时候，其资产是5000万元。胡润榜上的富豪，绝大部分拥有上市公司，其中相当一部分涉及房地产。

从富豪的身家中，我们能读出什么信息来呢？

要点解析
YAODIANJIEXI

富豪的财富之所以能够快速膨胀，并不是因为他们从事了高收入的劳动，而是因为他们的财富，通过资本运作在不断增长。他们的资产中有很多是高盈利的股票和不断升值的房产，因此即便他们不劳动，其财产性收入就足以支撑他们位列胡润百富榜中。

不仅富豪，2009年城镇居民人均可支配收入实际增长10.5%。在人均总收入中，工资性收入同比增长10.2%，转移性收入增长15.7%，财产性收入增长12.3%。从农村居民看，其财产性收入比重从2%上升到3.1%。

与我国国情不同的是，在发达国家中，财产性收入是居民家庭收入的重要组成部分。以美国为例，财产性收入所占比重达到40%，仅次于薪资收入，有90%以上的美国人拥有股票、基金等有价证券。中国居民财产性收入来源虽趋多元化，但主要集中于金融市场和房地产市场，收益风险性较高。金融财产性收入和出租房屋收入占居民财产性收入来源的80%以上。

随着中国经济的快速发展，中国居民的收入构成中，财产性收入的构成比率正在逐渐增长，而这也是中国经济越来越发达的象征。

专家支招

财产性收入包括家庭通过其拥有的动产（如银行存款、有价证券）和不动产（如房屋、车辆、收藏品等）所获得的收入。

根据财产性收入的概念，我们给人们提供以下建议：

1.一个人的劳动力是有限的，但他的财产却可以不断地滚动投入到资本运作之中，这也是我们应当采取的争取个人财富的可选方式。

2.财产性收入的前提是财产，这就要求人们必须先具备一定的财产才能获得财产性收入。

3.如果一个人没有足以创造财产性收入的财产，那么他应更加努力地工作，以形成财产性收入。

¥ 有效工资理论：为何说工资越高，成本却越低？

现实困惑

1914年，底特律的平均工资在每天2~3美元，但福特汽车公司已经开始向其工人支付每天5美元的工资了。由于福特的工资远远高于均衡水平，求职者在福特汽车工厂外排起了长队，希望获得这样的工作机会。可是，福特这样做的动机是什么呢？

公司创始人亨利·福特对此这样解释："我们想支付这些工资，以便公司有一个持久的基础。我们为未来而建设，低工资的企业总是无保障的。为每天8小时支付5美元是我们所做出的最好的减少成本的事情之一。"

当时有很多管理人士对福特的解释嗤之以鼻。因为高工资意味着高成本，而不是低成本。不过，福特通过高工资提高了工人的生产率。有证据表明，支付如此高的工资有利于公司。这来源于当时的一份调查报告："福特的高工资让员工摆脱了惰性和生活中的阻力。工人绝对听话，而且可以很有把握地说，从1913年的最后一天以来，福特工厂的劳动力成本每天都在下降。"

福特用高工资实现低成本的奥妙在哪里呢？

要点解析
YAODIANJIEXI

高工资改善了工人的待遇，使他们更忠实、关心公司制度，并提高了他们的个人效率。也就是说，虽然福特公司的人力成本上升了，但其他方面的成本却得到了削减。正是因为这个原因，福特公司才得以用高工资获得降低成本的效果。这依据的正是有效工资理论。

有效工资理论认为充分高的工资可以刺激工人努力工作，避免怠工。根据这一理论，较高的工资会带来较高的生产率。这是因为较高的工资会使工人更有工作动力、士气更高，且可以维持较低的人事变动率。

专家支招

依据有效工资理论，不同地区的企业可以采用不同的薪酬水平：

1.在落后地区，工资影响工人身体状况。多给工人点工资，工人才吃得起营养更丰富的食物，而健康的工人生产效率更高。

2.而在发达地区，高工资减少了劳动的流动性。劳动力的平均素质取决于企业向雇员所支付的工资。

¥ 齐加尼克效应：没心没肺的人更容易成功吗？

现实困惑

1888年，美国第23届总统竞选之日，一个朋友打电话鼓励候选人哈里森，却被告知哈里森已经上床睡觉了。但实际上，哈里森的主要票仓在印第安纳州，印第安纳州的竞选结果宣布时是晚上11点钟。一位总统候选人，居然这样随意起居，让朋友很是意外。

第二天上午，这位朋友拜访了哈里森，并问他为什么睡这么早。哈里森笑着解释道："熬夜并不能改变结果，不是吗？事实上，如果我当选，我前面的路会很难走。而如果我没能当选，多睡一会儿也无妨。因此，不管怎么说，休息好不失为是明智的选择。"

哈里森对休息的特殊强调确实是有必要的吗？

要点解析
YAODIANJIEXI

因工作压力导致心理上的紧张状态，被称为"齐加尼克效应"。它源于法国心理学家齐加尼克曾经做过的一次很有意义的实验。

齐加尼克将自愿受试者分为两组，让他们去完成20项工作。其间，齐加尼克对一组受试者进行干预，使他们未能完成任务，而对另一组则让他们顺利完成全部工作。实验得到不同的结果。虽然所有受试者接受任务时都显现出一种紧张状态，但顺利完成任务者，紧张状态随之消失；而未能完成任务者，紧张状态持续存在。他们的思绪总是被那些未能完成的工作所困扰，心理上的紧张压力难以消失。

齐加尼克效应告诉我们：一个人在接受一项工作时，就会产生一定的紧张心理，只有任务完成，紧张才会解除；如果任务没有完成，则紧张持续不变。

因此，充分休息，释放心理压力，是良好的做事方式，值得提倡。

随着当代科学技术的飞速发展和知识信息量的增加，作为"白领"阶层的脑力劳动者，其工作节奏日趋紧张，

心理压力亦日益加重。脑力劳动是以大脑的积极思维为主的活动，一般不受时间和空间的限制，是持续而不间断的活动，所以紧张与压力也往往是持续存在的。有些压力是良性的，它让我们振作。但更多的来自于我们感到自己无力控制的事物的压力，则往往导致齐加尼克效应，使我们更疲劳。

专家支招

在学习了齐加尼克效应之后，白领们可以更从容地面对挑战了。

1.放松心态，不再过分在乎得失，你得到的很可能更多。

2.放松不代表放弃，其关键是不斤斤计较、患得患失。

¥ 行规：经济领域也有潜规则吗？

现实困惑

年轻的小年师傅10年前就入行搞汽修，曾在通用、梅赛德斯的4S店做过技术工人，他对近年来4S店滥用汽车保养产品的现象有着深刻的体会。

"每推销出去一件保养产品，4S店的员工就会有相应的业绩。因此，新车从第一次保养开始，4S店前台接待员就会各显神通，不断向车主推介汽油添加

剂、油箱清洗剂、油泥清洗剂、方向油清洗剂这些保养产品。甚至有时不经车主同意，就把单子点进电脑。"

小年师傅透露："原本几百元一次的机油保养，多加两小瓶保养液，价格就翻了一倍，不少车主为了爱车还乐意接受。"

但是实际上，汽车保养产品的成本非常低，普通清洗剂的成本价只要三四十块钱，但4S店会以数倍的价格卖给车主。例如成功售出一瓶100多元的油泥清洗剂，接待员、修理工、销售经理均可提成10元，4S店也要提成三四十元，这是行内的"潜规则"。4S店凭借其在品牌内部的优势地位，早已成为汽车保养产品销售商竞逐的对象。4S店前台接待人员均有销售任务。

一个行业内部产生了潜规则，会对这个行业造成怎样的影响？

要点解析
YAODIANJIEXI

行规分为表面行规和潜在行规两种，它们都是行业内部约定俗成的规矩，虽然不一定有法律支持，但在行业内部却具有普遍性。

其中表面行规通常为外界所知，但潜规则在行业内部却是以"心有灵犀"的方式存在的。这些规则通常会有利于行业内部人士，另一方面则对行业外部人员的利益有所损害。

专家支招

由于潜规则的存在会使行业外部利益受到损害，因此会造成整体经济效率不高。监管部门应对此有所行动：

1.发现潜在行规即曝光，让圈内行为的外部损害无所遁形。

2.建立健全涉及行业潜规则的法律制度。

3.鼓励市场竞争，通过透明化竞争的方式缩减潜规则的收益，从而从根本上解决潜在行规的问题。

¥ 失职：企业应如何约束员工的行为？

现实困惑

2013年6月，德国一银行职员在工作时趴在桌子上睡觉，压住了键盘，结果将一笔62欧元的转账付费变成了一笔高达2.22亿欧元的交易。事情发展到这里还没有什么。接着又发生了一件事：一名负责监督的员工由于没能发现该错误被辞退了，这人将银行告上了法庭。

在审理过程中，银行方面指责原告在工作中玩忽职守，未能及时发现这笔巨额交易中存在的问题，但原告则认为此控诉强词夺理，拒绝接受银行决议，并向法院提请重新审理。

经过慎重决议，黑森州地区的劳工法院宣判，责令银行撤回对原告的开除处罚。为此，劳资调解委员解释道："肇事雇员在信息录入时睡着，压住了键盘，未能尽到确认转款信息的责任，因此酿成此大错，并非原告过失。"

那么，企业应如何规范员工的行为，以避免这类大型失职事故的发生呢？

要点解析
YAODIANJIEXI

失职是指工作人员对本职工作不认真负责，未依照规定履行自己的职务，致使本单位造成损失的行为。

面对失职导致大型事故的情况，企业痛心疾首也很正常。但最恰当的方式还是防患于未然。

专家支招

为了做到未雨绸缪，企业应做到以下几个方面：

1.加强对员工行为的监督，即便这是一笔可能不小的成本，因为这才是对投资人负责的表现。

2.在和员工签订合同时，应明确双方的责任与义务。标明一旦出现失职，员工将承担怎样的责任。

3.建立多重审核机制，这样能够最大限度地避免漏查。

¥ 高管危机：企业为何害怕高管离职？

现实困惑

毕业于华中理工大学少年班的港湾创始人李一男是个传奇人物。在创办港湾之前，他曾在华为公司工作。他在华为的升职经历好像坐火箭：两天任工程师，半个月升主任工程师，半年后成为中央研究部副总经理，两年后即被提拔为华为公司总工程师兼中央研究部总裁，27岁升任副总裁。

2000年，李一男领了华为最后一笔1 000万分红，从华为副总裁的位子上辞职，北上创建港湾，选择了与华为有直接竞争的业务领域。港湾的业绩从初创就一直很高，但是能达到这样的高度，跟一些传说中的"灰色"做法分不开，如大量挖掘华为的核心骨干和利用华为资源为港湾所用等。

2006年，有华为内部人士接受《中国企业家》杂志采访，点评了港湾的事情："我们一千多人，搞了两三年的东西，他三五十人出去一年就搞出来了，怎么可能呢！它（港湾）进入电信运营市场，投标价格低，主要就是因为它不用研发，很多技术甚至代码是从华为偷过来的。"

离职创业的高管，为什么能够对原宗主企业造成巨大的负面影响呢？

要点解析
YAODIANJIEXI

从目前我国企业普遍的管理形态来看，高级管理人员对企业的了解是十分深入的。作为前高管，很清楚原宗主企业在哪些方面存在短板，而这些往往都作为商业机密不会被宗主企业的竞争对手所知。

因此，这些竞争对手无法利用该企业的这些漏洞进行市场竞争。而前高管创业时则刚好可以利用这些漏洞和原宗主企业展开竞争。

专家支招

高管危机是大多数企业都害怕出现的情况，因此，各大企业对自己的高管人员都十分礼遇，就是为了避免他们出走。然而，当真出现了高管危机，企业又该如何应对呢？

1.高管出走时，一般都需要和原企业签订竞业协议，这份协议可以保证原企业有一定的反应时间。

2.和高管协商，甚至予以补偿，规劝他们不要做出有害于企业的事情来。

3.想要从根本上解决高管危机，企业结构必须得到有效调整，分权和淡化管理层对企业的全面影响力，是解决高管危机的必由之路。

中产阶层：美国商家为何为中国的中产家庭制订消费计划？

现实困惑

长久以来，在美国商家眼里，中国游客是最受欢迎的。到了近期，美国商人甚至为中国的中产家庭量身定制了消费计划。

据统计，赴美旅游的中国游客家庭年收入在5万~8万美元，这部分中产阶级人群对奢侈品有一定需求，对一般商品的要求也比较高。而这些商品在中国不仅售价高于美国，品种也比美国少。总部位于德国的中国出境旅游研究所所长王立基说："全球其他城市的奢侈品要比在中国便宜20%~30%。如果你打算花1万美元用于购物，而机票只需要1 000美元，那么对于中国游客来说，飞去国外买东西更划算。"

而中国有多少中产家庭呢？人社部劳动工资研究所研究员王宏说：仅就城镇范围推算，我国"城镇中等收入劳动者群体"总人数在6 000万~7 000万，占全国城镇劳动就业人口3.2亿的18%~20%，占城镇总人口的9%~10.3%。目前中等收入劳动者主要分布在北、上、广、深以及一些发展较快的大、中城市中，在北、上、广、深等大城市可以达到30%以上。

那么，中产家庭的概念为什么被国内外所强调？它对经济有什么意义呢？

要点解析
YAODIANJIEXI

中产阶级（或中产阶层），是指人们低层次的"生理需求和安全需求"得到满足，且中等层次的"感情需求和尊重需求"也得到了较好满足，但不到追求高层次的"自我实现需求"的阶级。

以中产阶层为主体的"橄榄形"社会结构，是一个国家或地区稳定发展的重要基础，也是实现高品质民主的前提条件。因此，中产阶层是否壮大，对国家和经济的意义都是重大的。

专家支招

对于一国而言，如何提高中产阶层的比例呢？

1.大力扶持教育。中产阶级大多从事脑力劳动，主要靠工资及薪金谋生，一般受过良好教育，因此，教育是中产阶层壮大的基础。

2.考虑放开计划生育。在中国，城市一胎化的人口政策，严重地阻碍了中产家庭的正常发展，已经成为中产阶层的最大风险，并使现有的中产阶层快速流失。

（四）
社交经济学

¥ 路径依赖：猫为什么不敢去抓鱼？

现实困惑

有人将5只猫放在一只笼子里，并在笼子中间吊上一串鱼，只要有猫伸上肢去拿鱼，就用高压水教训所有的猫，直到没有一只猫再敢动手。然后用一只新猫替换出笼子里的一只猫，新来的猫不知这里的"规矩"，竟又伸出上肢去拿鱼，结果触怒了原来笼子里的4只猫，于是它们代替人执行惩罚任务，把新来的猫暴打一顿，直到它服从这里的"规矩"为止。试验人员如此不断地将最初经历过高压水惩戒的猫换出来，最后笼子里的猫全是新的，但没有一只猫再敢去碰鱼。

猫群中形成的规矩说明了什么？

要点解析
YAODIANJIEXI

起初，猫怕受到"株连"，不允许其他猫去碰鱼，这是合理的；但后来人和高压水都不再介入，而新来的猫却固守着"不许拿鱼"的制度不变，这就是路径依赖的自我强化效应。

路径依赖是指人们一旦选择了某个体制，由于规模经济、学习效应、协调效应以及适应性预期等因素的存在，会导致该体制沿着既定的方向不断得以自我强化。一旦人们做了某种选择，就好比走上了一条不归之路，惯性的力量会使这一选择不断自我强化，并让你轻易走不出去。第一个使"路径依赖"理论声名远播的是道格拉斯·诺思。由于用"路径依赖"理论成功地阐释了经济制度的演进，道格拉斯·诺思于1993年获得诺贝尔经济学奖。

专家支招

人们的习惯都可以用"路径依赖"来解释。根据路径依赖理论，我们应该这样指导自己的行为：

1.要想路径依赖的负面效应不发生，那么在最开始的时候就要找准一个正确的方向。

2.每个人都有自己的基本思维模式，这种模式很大程度上会决定你以后的人生道路。而这种模式的基础，其实是早在童年时期就奠定了。

3.做好了你的第一次选择，你就设定了自己的人生。

¥ 刺猬理论：为什么说距离产生美？

现实困惑

冬天来了，天寒地冻。由于没有遮挡风寒的场所，两只无助的刺猬相拥在一起，企图互相取暖。但由于刺猬的身体长着刺，因此它们都被对方的刺扎得很痛，无论如何都睡不舒服。

为此，它们只好相互离开一段距离，但又因此而无法取暖。在再次冷得受不了之前，它们又凑到了一起。最后几经反复，两只刺猬终于找到了一个合适的距离。在这个距离之下，它们彼此之间既能获得对方的温度又不至于被刺得很疼。

刺猬在天冷时彼此靠拢取暖，但保持一定距离，以免互相刺伤。那么，通过刺猬的取暖行为，我们能学到什么呢？

要点解析

YAODIANJIEXI

刺猬理论告诉我们：人与人之间的交往也应该像刺猬一样保持适当的距离。因为每个人的观念、文化、知识、性格等方面的差异必然会影响到自身的处世态度和交际方式。

如果人与人之间的交际过于亲密，这时的个性差异就会突显起来，就免不了会发生碰撞、摩擦。因此保持适当的距离，会减少不必要的摩擦，使彼此少受伤害。

专家支招

刺猬理论对企业也适用。在职场环境下，依据刺猬理论，作为领导者，如要搞好工作，应该与下属保持亲密关系。

但这是"亲密有间"的关系，是一种不远不近的恰当合作关系。与下属保持心理距离，可以避免下属的防备和紧张，可以减少下属对自己的恭维、奉承、送礼、行贿等行为，可以防止与下属称兄道弟、吃喝不分。这样做既可以获得下属的尊重，又能保证在工作中不丧失原则。

一个优秀的领导者和管理者，要做到"疏者密之，密者疏之"，这才是成功之道。

¥ 专业化：为什么经验主义者不是专家?

现实困惑

赵一明是一位非常专业的咨询师，他在同一个公司工作了10年，多次受到表扬和提拔，客户也经常称赞他很专业。而这个最专业的人说，他自己只不过做好了本职工作。仔细了解他的工作

状况，就会发现他的话并非谦虚之词，例如服从公司制度、得体对待客户、将文案和报表做得简明无误、在办公室政治风波中置身事外，等等。他仅仅有意识地、负责地做好了自己该做的事情，就这么简单地脱颖而出。

赵一明的专业化给他带来了什么好处?

要点解析
YAODIANJIEXI

每个人、每个企业所拥有的时间和其他资源都不是无限的，所以不可能在任何领域都做到出类拔萃。要想有所成就，专业化是必然的选择，也就是说必须把有限的资源集中在某一点上。人们常说："挣不完的钱，干不完的活。"其本意是劝人不要过于操劳，要注意休息。其实这其中也包含了专业化的道理。

"专业化"（professional）指的是一个人在他所选择的工作中表现得如何而不是其所选择的工作本身如何。有科学的理论指导行动就是专业化，经验起到辅助作用，经验绝不是专业化。

专家支招

我们如何在工作中做到专业化呢?

1.做好自己的本职工作，把自己所有的职业素养、职业技能和职业行为通过本职工作表现出

来，这是最负责任、最有效率的职场态度。

2.需要明白一个道理：放着自己的雪不扫而去操心别人的瓦上霜，不是助人为乐；自己扫雪的同时惦记着别人的那片瓦，也不是替人分忧。

¥ 投入产出比：留学的投入产出比为何这么大？

现实困惑

24岁的徐刚，是一名有两年出国留学经历的"海龟"。2010年从天津一所重点大学经济学系毕业以后，他放弃了一份已经找好的工作，选择了去英国耶鲁大学攻读社会学的硕士学位。

耶鲁大学是美国排名前十位的名校。徐刚认为，自己毕业以后，一定能找到更好的工作。但是从2013年10月回国以来，他已经在北京和南京找了好几个月的工作了，结果令人失望。一开始时，徐刚专门盯着知名企业，后来开始把简历投给中型企业。

为了能尽快找到工作，徐刚不仅降低了对招聘单位的要求，连工资期待也是一降再降，底线是税后3 000元。而为在英国念书，徐刚已经花去了三十多万元——即使不吃不喝，要将留学花的钱赚回来，也要十几年。这个投入和产出似乎也太大了点。徐刚是山西人，来南京工作，要租房子，还要应付日常生活，月薪3 000元，已经不能再低了。

尽管如此，他仍然没有找到一份合适的工作。徐刚想从事的是像秘书、助理这样的行政工作。而这样的职位，几乎都要求求职者具有1年以上的相关工作经验。但是，本科毕业就直接出国的徐刚从来没有工作过。不仅如此，因为他所学的社会学专业，是一门理论性较强的学科——在留学期间，他连正式的实习或兼职也没做过。没有工作经验，成了阻止徐刚迈进职场大门的最高门槛。

如果再给徐刚一个重新选择的机会，他应该如何选择？是出国留学再海归，还是直接在国内就业？

要点解析
YAODIANJIEXI

在人们进行选择的时候，需要考虑投入产出比的概念。拿徐刚的例子来说，就是留学的投入产出比和就业的投入产出比哪个更大。不同的人，参与不同的市场活动，得到的回报是不一样的，因此也就产生了不同的投入产出比。

工业上的投入产出比的计算公式如下：总产出是由$C+V+M$组成，其中C是物质消耗价值，V是人工价值，M是剩余价值，其净产值是总产出减去C物质消耗价值。投入产出比=$(V+M)/(C+V+M)$。根据投入直接计算产出，可以计算出费用的效率。

在徐刚的案例中，海归之路的投入是30万元，产出是每月3 000元；而毕业后直接工作的产出和前者相差无几，投入却是0，因此徐刚应选择直接就业，而非出国再海归。

专家支招

这个故事告诉我们：在做各种事情的时候，我们要学会计算投入产出比，以决定最终选择。除了表面上的投入产出之外，其实还有需要注意的问题：

1.我们还需要考虑隐性的投入和产出。比如，徐刚的海归之路的投入还包括去耶鲁大学攻读硕士所花费的时间，而产出还包括对自身知识体系和世界观等构建和提升。

2.对于投入和产出的计算可以相对粗略地进行，但是必须同时粗略或同时精细，否则可能出现计算失准的情况。

¥ 互补效应：为什么说互补共赢就是力量？

现实困惑

彭博和李亮在北京中关村某软件公司工作，两人在公司同一部门任职，彭博是部门经理，而李亮是副经理。该部门下设8个小组，两人接受8个小组主管汇报工作。彭博技术水平高，但为人有点孤傲，说话比较直。有时候开部门会议，会很严厉地点名批评部属，不给对方留一点情面。

而李亮技术水平虽然不如彭博，但很有组织能力和沟通能力，为人和善，能跟下面部属打成一片，受到下属尊敬和喜爱。如果要说李亮的缺点，那可能就是对下属太"好"，施压不够。通常开部门会议时，李亮来主持，而彭博则对事点评发言。每当彭博的发言较为激烈时，李亮就会适当地穿插一些轻松的讲话来缓和氛围。而当看到李亮的讲话对下属施加的压力不够时，彭博也会穿插一些个人看法。

由于彭博和李亮的良好配合，使得该部门能够良好地运转，保质保量地完成各项任务。为此，彭博和李亮多次受到公司奖励。

为什么彭博和李亮的合作能够让这个部门运转良好？

要点解析
YAODIANJIEXI

彭博和李亮的合作，正应了中国古语中的"红脸"和"黑脸"。想要治理好下属，确实是需要恩威并施的，而彭博和李亮刚好各扮演了"威"和"恩"的角色。

从经济学的角度来讲，两人成功地

实现了互补共赢。两人通过性格及工作方式上的互补，巧妙地实现了部门的和谐发展。可见，互补对我们的生活工作有很大的指导意义。

专家支招

互补效应是指具有不同优点或特点的事物通过相互补交，从而实现共赢的一种理想效果。具体来讲，我们应该知道：

1.人的才能是有优劣之分的，世界上没有全才。某个人可能对这方面特别精通，而对另一方面则可能完全不懂。

2.无论做任何工作，都应把"不同类型的头脑"结合起来，相互学习，相互促进，切忌把同一类型的人才凑在一起。

3.人才搭配时要慎重，否则"互补"会变成"窝里斗"，就会产生副作用。

￥ 利他行为：什么是大公无私？

现实困惑

影视剧中经常会出现大公无私的人。比如，《辛德勒的名单》中的德国人奥斯卡·辛德勒。

1939年德军攻占波兰后，辛德勒来到这里，买下一个经营不善的搪瓷厂，希望通过供应军需发财。由于资本家的天性，他雇用最廉价的劳工。由于这一时期犹太雇工最廉价，因此辛德勒的工厂就只雇用犹太人。

1943年，事情发生了根本的转变。这一时期，犹太人遭到了惨绝人寰的大屠杀。亲眼看见这一切的辛德勒受到了极大的震撼，他把他开设的工厂作为犹太人的避难所，试图掩盖这些人存在的真相。不过，他的这种行为还是受到了怀疑，以至于需要通过各种手段来保住这个秘密。为了向德国军官行贿，他的工厂几近破产。为了曾经被视为是廉价劳动力的犹太人，辛德勒的做法已经违背了商业的准则——利益。

辛德勒为了保护犹太人而牺牲自己的利益，这就是大公无私吗？

要点解析
YAODIANJIEXI

利他行为通常指自愿帮助他人而并不期望得到任何回报的行为。利他行为者可能需要做出某种程度的个人牺牲，但会给他人带来实在的益处。

然而，这种认识过分美化了人性。其实，人永远都是利己的。那些所谓的利他行为，从本质上来讲，也是行为发起人缘于对自身需求的满足欲望而选择的行动。从本质上来讲，这种以满足自身欲望需求为目的的行为仍然是利己行为，只是在客观上产生了利他效果。

专家支招

经济学是研究如何更好地实现人们的目的的学科，我们的目的不是戳穿和揭露那些大公无私行为的"面具"，只是要还科学一个真实。具体的方法是：

1.通过对利他行为心理机制的破解，人们可以在生活中善加利用相关人士的"利他"意识来为自身获取更多的利益。

2.在收到来自外部的利他行为的利好情况下，时刻保持清醒的头脑，永远记住"天下没有免费的午餐，利他行为的本质仍然是利己行为"这个道理。

¥ 产权明晰：为何坚持AA制能提高生存能力？

现实困惑

康斯威星州一所中学的两个孩子出去爬山，他们分别来自中国和美国。这两个孩子很不幸，在要下山的时候遇到了坍塌，分别被困在了巨大的岩石与碎石的两边。那个中国孩子被碎石砸伤了左腿，一动就痛彻心扉，他判断自己骨折了。

那个美国孩子开始尝试着向岩石堆上爬去，快要爬上最大的那块岩石的时候，他的伤腿碰到了岩石的棱角，他

重新掉落下来。伤上加伤的美国孩子几乎绝望了，躺在岩石堆里大口大口地喘气。但是十几分钟后，他因为寒冷而开始感觉到麻木了。他对自己说，必须要出去，必须。

这一次，这个美国孩子取得了成功。没有人能想象，这个孩子是如何坚持爬回小镇的。大人们把他送到了医院，然后去救援那个中国孩子。那个中国孩子被找到的时候，寒冷和恐惧已经让他奄奄一息。大家再晚来一会儿，他很可能就会失去生命。

那个美国孩子为什么比中国孩子坚强呢？原因简单得让人无法置信，只因为美国人从很小的时候起，出去吃饭都是AA制。每个人都会告诉孩子一个必须AA制的理由，那就是无论什么事情，人生里没有人替你埋单，就算你的父母、挚爱也不会。所以，这个孩子知道，要活下去必须靠自己，无论有多么危险。而中国孩子则受到太多的帮助，所以，遇到危险，哪怕是不行动就会丧失生命时，他也习惯性地等着别人的救助。

AA制真的有这么大的魔力吗？

要点解析
YAODIANJIEXI

AA制是一种成熟的分配方式，被分配的既可以是债务，也可以是产权。当然，债务和债券从数学的角度来看并无本质区别，不过是一个为正值，一个为

负值而已。

大家一起出去吃饭，以前的话可能人人会争着抢着付账单，但是现在人们开始倾向于AA制结账，即各付自己那一份账单。这样做的好处就是，能够保持交际的纯粹性和可持续性，不因金钱而伤害朋友间感情。如果不实行AA制的话，就必然有人要抢先埋单，对其他人来说固然好，但是对于埋单人来说，就有失公平。这样的交际恐怕也长不了。试想一下，一次两次请客还是没有问题的，但是要经常请客吃饭，估计任凭是谁都会有些意见。

同理，轮流请客也存在每一次消费金额不可能相同这个问题。这样一比较，就有谁吃亏、谁占便宜的说法。长此以往，就会伤害朋友间感情。而如果AA制的话，就没有这样的问题了。

专家支招

产权明晰是指产权的所有权、使用权等明确无分歧。产权明晰在现代经济生活中，越来越显重要。对于企业和个人来说：

1.在企业经营中，如果理不清企业的产权性质，就可能导致利润的流失和浪费。日常生活及交际中，如果理不清产权，就可能导致矛盾冲突，并影响到社会交际。

2.对于个人来讲，AA制也非

常重要。比如说拼车上班。偶尔一次免费坐朋友或邻居家的车去单位上班是可以的，但如果次数较多，就容易与朋友或邻居之间产生不愉快。这时，实行AA制就能恰当处理这件事。

¥ 优势策略：为什么说放长线钓大鱼才是真理？

现实困惑

纳什是一个伟大的天才数学家，是继冯·诺依曼之后最伟大的博弈论大师之一。他提出的著名的纳什均衡的概念在非合作博弈理论中起着核心的作用。

也许，越是智力高超的人，就越是容易在精神方面患上一些奇怪的病症。当纳什30岁的时候，他患上了妄想型精神分裂症，直到60岁才康复。纳什的妻子艾利西亚是麻省理工学院物理系仅有的两名女生之一。在纳什患病之前，她被纳什的特别魅力而吸引，追求纳什，最后与纳什结婚。

结果，婚后不久，纳什就表现出精神分裂的症状，可是这时他们的第一个孩子已快出世了。艾利西亚十分关照纳什，可是由于纳什神志不清，他居然认为妻子在迫害他，提出离婚的要求。

这还不算，让艾利西亚意想不到的是，他们的儿子随后也得了同样的病。

不过，面对一连串的打击，艾利西亚还是坚持了下来。30年之后，她的耐心和毅力终于创下了不起的奇迹：纳什渐渐康复，并且获得迟来的荣誉，成为诺贝尔奖得主。而艾利西亚也光荣地成了诺奖夫人。

艾利西亚苦尽甘来的故事说明了什么？

要点解析
YAODIANJIEXI

一个博弈当中，无论对手采取什么策略，你若有几个策略，而其中一个策略可以使你得到比采取其他策略更好的结果，那么，这个策略就是你的优势策略。

纳什的故事就是一个生动的例证。表明在人生的漫长博弈当中，无论命运对我们如何不公，让我们遭受疾病或其他挫折，献给爱人与朋友的忠贞之爱将使我们得到比采取其他策略——比如抛弃病人或自暴自弃——更好的结果，爱是我们的优势策略。 如果说婚姻是一条空船，我们应该拿什么来压舱？艾利西亚的忠贞之爱，给了我们一个最好的答案。

专家支招

纳什的故事说明了下列道理：

1.在生活中，很多表面上看起来具有优势的策略，实际上却未必是最优的。

2.人们在做选择的时候一定要谨慎。在慎重地考虑了所有的因素之后再做出选择，这样才不会在以后的日子里后悔自己当初做出的决定。

¥ 韦奇定律：为什么说人要天助，必先自助？

现实困惑

三国时期，群雄逐鹿，剑拔弩张。

就在这时，曹操准备起兵南下。在南下征战之前，曹操向孙权修书表示，欲"与将军会猎于吴"。东吴大臣们开始人心惶惶。

吴国朝野大臣们分成了两派，有人主战，有人主降。孙权支持主战派的意见，但张昭等老臣却力劝孙权降曹。

在进退两难的关键时刻，周瑜向孙权建言，坚定了孙权与曹操战斗到底的信念。孙权当场拔出宝剑，砍下了案头的一角，斩钉截铁地说："孤意已决，再有言降者，如斯！"

后来，在孙权的带领之下，加上刘备力量的参与，吴军终于在赤壁一战打败百万曹军，让不可一世的曹操败走华容道，离开了江南。

孙权为什么能够做出正确的选择，从而保住了自己的江山？

要点解析
YAODIANJIEXI

孙权的优点在于有主见，并且坚持必胜的信念。对于任何人来说，生死存亡关头，一定要当断即断，这几乎是所有伟人功成名就的秘诀。

韦奇定律是由美国洛杉矶加州大学经济学家伊渥·韦奇提出来的，它是指即使你已有了主见，但如果有十个朋友看法和你相反，你就很难不动摇。

所以仅有果断的信念还不够，成功者还需要正确的辅助性意见，周瑜就是提出那个有效意见的人。

专家支招

> 韦奇定律告诉我们：
>
> 1.多数人认同的，不一定就是正确的。
>
> 2.平时尽量让自己周围存在一些真正的贤者，这样在关键时刻，他们才能为自己提出正确的建议。

¥ 利润最大化：结交的朋友如何在关键时刻用得上？

现实困惑

王伦是一个很有上进心的小伙子，很爱交际，熟人很多。朋友们都很羡慕他，王伦自己也很得意。然而，当王伦想要辞职创业办自己的公司去找朋友们借资时，朋友们一个个地拒绝了王伦的借款要求，这让他很沮丧。他认为自己在外朋友那么多，交际那么广，居然没有一个能够在自己需要帮助的时候帮到自己，感觉自己以前的人际关系算是白混了。

不过，后来通过和朋友们深入交流，他得知其实并不是朋友们不想帮他，而实在是有心无力，有点钱的早已投入房市、股市，没钱的自身难保，谁还顾得上他。从这点看，王伦显然没有实现交际活动的利润最大化。

人们常说，在家靠父母，出门靠朋友，王伦怎么就没靠得住的朋友呢？

要点解析
YAODIANJIEXI

王伦的错误在于，没有高含金量的交际关系。例如，王伦如果有意创业的话，就应该提前结识一些志同道合的朋友，一些对创业有激情、有想法的朋友，或者结识一些风险投资家等，这样才能实现他交际的利润最大化。

现代社会城市化水平高，人与人之间的互动交往和经济联系也越发频繁与密切。人们也在不断对外交往中磨炼和提高着自己的思维，让自己变得越来越精明。

但是在社会生活中，人们的利润意识还相对淡薄。

专家支招

　　在生活中，人们如何应用利润最大化的理论呢？

　　1.从经济学的角度来看，无论是工作还是生活，都是无差别的经济活动；而只要是经济活动，就应当做到利润最大化。

　　2.在交朋结友方面，当一个人追求的利润是肝胆相照，那么为人义气的朋友可以为他实现利润最大化；如果追求的利润是钱财，那么其交友对象则应是那些可能给予他物质帮助的人。

¥ 弗里德曼定律：天堂和地狱的差别在哪儿？

现实困惑

　　阿斯利不知道天堂与地狱的区别，于是他去求教上帝。

　　上帝先带他去了地狱。

　　在地狱里，他看到这里的人在吃面条。不过，他们的吃法很有特点。他们围在一口装满了面条的大锅旁，每个人的筷子有两尺长。筷子能夹到面条，却无法放进嘴里。为此，他们整天因饥饿而苦不堪言。他们愤怒着、谩骂着，相互仇视着，地狱里怨声载道……

　　接着，上帝又带他去了天堂。他发现天堂与地狱环境是一样的，食物也是一

样的。这里的人也是围在一口盛满了面条的大锅旁，同样拿着两尺长的大筷子。不过，与地狱里的人有所不同的是，他们从锅里夹起面条后，并不是往自己嘴里送，而是相互喂对方。你喂一口，我喂一口。由于人与人之间的距离要超过筷子的长度，人们只需调节距离，就能吃到别人筷子上的面条了。由于吃得饱，天堂里的人过得和和美美，其乐融融……

　　这个寓言对我们的经济生活有什么帮助吗？

要点解析
YAODIANJIEXI

　　这个寓言故事告诉我们：天堂与地狱的差别就在于人们之间是否合作。仅仅依靠个人的能力是很难达到自己的目标的。生活在这个社会里，人与人之间要善于互相合作，要学会利用他人的长处来实现自己的目标。我们在帮助他人、与人合作时，其实就是在帮助我们自己。一个有想法、有追求、有目标的人，要能够积极帮助他人，满足他人的需要。只有乐于满足他人的人，才能得到别人的帮助和支持；也只有这样的人，才能最终实现个人的目标，获得成功。

　　当一个人的需要可以满足另一个人的需要时，两人就趋于互相喜欢。它的提出者是美国心理学家弗里德曼。而互相喜欢的两个人，其合作的融洽程度也更高。这样，两人各自的利益就进入了

一个良性的循环之中。

专家支招

> 弗里德曼定律给人们的启示是：
>
> 1.我们在生活中，应注意满足别人的需要。比如，商家把商品的定价调低一些，会招来更多的买者，最终的结果就是商家能够收入更多。
>
> 2.那些以满足别人需求为最终目的的企业，往往可以做得很大。相反，那些单纯逐利的企业，则很容易陷入经营困难。

¥ 250定律：每一个人代表着250个资源吗?

现实困惑

徐梁在一家大型国有企业任职，负责人事管理工作。徐梁工作认真负责，一丝不苟，与大部分同事都能和睦相处。但徐梁有一个不好的习惯，就是有时候会仗着自己资格老，在新员工面前摆一摆谱。

2014年，该国有大型企业又招来了一批新员工。这批新员工按规定必须到徐梁那里报到并填写相关资料。新员工小顾因为填写某资料格式不符合要求，被徐梁给退回重写。等到小顾第二次写

完提交给徐梁时，由于慌慌忙忙，还是有个别疏漏的地方。这次徐梁当面批评小顾不认真负责，做事马虎拖拉。小顾年轻气盛，就顶撞了两句，结果两人言语不和，在办公室里吵了起来。之后，在同事劝和下，事情总算了结了。

但从此以后，徐梁发现部分新同事对自己的态度有些冷落了。原来，徐梁和小顾吵架的事情很快在公司传开，再加上小顾私下向同事说徐梁的一些坏话，结果导致徐梁在新员工中的形象越来越差。年末，公司要评选优秀员工，获奖者可能会被外派进修半年，同时还有丰厚的奖金可拿。本来以徐梁的工作能力，他应该获奖的，但是在公司投票时，有人反映徐梁此人脾气不太好，有些傲，在新员工中影响不太好。于是，公司高层决定不选徐梁。

徐梁偶尔忽视一个同事的感受，为什么会产生那么严重的影响呢?

要点解析
YAODIANJIEXI

人非圣贤，孰能无过，且人的精力是有限的，在正常情况下很难保证会照顾到所有的人。可是，为什么一次的疏忽就会产生如此恶劣的影响呢?

美国著名推销员乔·吉拉德在商战中总结出了"250定律"。他认为每一位顾客身后，大体有250名亲朋好友。如果你赢得了一位顾客的好感，就意味着赢得了250个人的好感；反之，如果你得

罪了一名顾客，也就意味着得罪了250名顾客。这一定律有力地论证了"顾客就是上帝"的真谛。由此，我们可以得到如下启示：必须认真对待身边的每一个人，因为每一个人的身后都有一个相对稳定的、数量不小的群体。善待一个人，就像拨亮一盏灯，照亮一大片。

专家支招

人们应当如何运用乔·吉拉德的250定律来帮助实践呢？

1.应该尽量做到尽善尽美，不留工作死角。

2.周全照顾和自己有过接触的所有人的感受，尤其是当我们希望和绝大部分人搞好关系的时候。

3.不要随便得罪身边的每一个人，哪怕这个人再怎么平庸。

4.要善于与每一个人友好相处，只有这样，职业生涯才能越走越顺利。

¥ 最大最小策略：高考填报志愿有何高招？

现实困惑

从小到大，张华一直是个品学兼优的好学生。进入高中后，张华的高考目标十分明确，要上就上最好的大学——

北京大学。2004年年初，张华参加了北京大学的冬令营活动，获得了保送推荐生的资格。可是高考成绩出来后，他心里却没了底——636分，比预料中的成绩少了20分。

老师们都劝张华，报复旦吧，那也是咱们国家最好的大学之一。可是张华根本就听不进去，耳旁只有"黑鸭子"的歌声——"就算是人间有风情万种，张华对你仍然情有独钟"。狭路相逢勇者胜，张华就不信自己会吊死在一棵树上。于是，张华不顾老师们的善意忠告，义无反顾地在志愿表上填上了北京大学英语系。第二志愿张华没有丝毫犹豫，选了北京外国语大学。

很快，北京大学的分数线揭晓了，张华的北大梦彻底破灭。在伤心之余，张华又把希望寄托在北外。只要能进北京就行，四年后再考北大的研究生。但是由于北京外国语大学第一志愿录满了，张华这个全校闻名的高才生最终还是名落孙山。

张华的反思是：明知道"心里没有底"，却还要蹲下去往上蹦；明知道比预料中少了20分，还要爬上大树攀高枝。

填报志愿的事情，怎样做才更加保险呢？

要点解析
YAODIANJIEXI

在高考填报志愿时，有两种方式，

一种是此前广为使用的估分式填报志愿，即高考后分数尚未公布之前填报。另一种是高考分数公布之后填报志愿。但不论哪一种，都面临着一种填报策略问题。第一种方式，不仅要充分估计好自己的分数，还要估计这个分数可能的名次以及高校的录取分数以及填报情况。第二种情况，尽管知道分数，也知道大概排名，但是不清楚学校录档线分数以及报考人数，所以同样存在这个问题。

某年北京大学在湖北的文科投档线是590分，而不少人在填报志愿时估计北大在湖北的文科投档线可能要到615分左右。这导致众多估计分数610分左右的同学由于谨慎过度而未能填报北大，相反，有个别590多分的考生由于估分时估计过高，而自信地填报了北大，结果考上了北大。

最大最小策略是指博弈者所采取的策略是使自己能够获得的最小收入最大化。所谓最小收入指的是采取某一种策略所能获得的最小收入。

从保险的角度来看，大部分人的选择都是正确的。因为就低不就高的填报方式至少可以保证自己考上一所差不多的大学，而不至于一下子错失很多机会。这就是最小收益的最大化方法。

专家支招

人们应当怎样运用最大最小策略呢？

1.最大最小策略是一种保守的策略而不是利润最大化的策略，因此不适于追求利润最大化的情况。

2.在信息不完全对称的情况下，最大最小策略是值得建议的操作方式。相反，在信息完全对称的情形下，利润最大化的策略则会成为首选。